MONEY
VOTE·STATUS

金钱·选票·门阀
星条旗下的"民主"盛宴

京虎子 著

图书在版编目（CIP）数据

金钱·选票·门阀／京虎子著.－北京：北京联合出版公司，2016.10
ISBN 978-7-5502-8860-7

Ⅰ.①金… Ⅱ.①京… Ⅲ.①选举制度－研究－美国 Ⅳ.① D771.224

中国版本图书馆 CIP 数据核字 (2016) 第 238743 号

金钱·选票·门阀

著：京虎子

责任编辑：徐　鹏

特约编辑：孟　通　刘艳艳

封面设计：杨　宇

北京联合出版公司出版
（北京市西城区德外大街 83 号楼 9 层 100088）
三河市百盛印装有限公司印制　北京长江新世纪文化传媒有限公司经销
字数 289 千字　710 毫米 ×1000 毫米　1/16　20.25 印张
2016 年 10 月第 1 版　2016 年 10 月第 1 次印刷
ISBN 978-7-5502-8860-7
定价 39.80 元

未经许可，不得以任何方式复制或抄袭本书部分或全部内容
版权所有，侵权必究
本书若有质量问题，请与本公司图书销售中心联系调换。电话：010-58678881

目录

前言／1

一、美国"民主"的盛宴——大选前戏／3
1. 总统选举本来就是一场戏 …………………………… 3
2. "变色龙"希拉里 …………………………………… 6
3. 希拉里的第一次空欢喜 ……………………………… 10
4. 政治分赃与"铁娘子"的总统梦 …………………… 12
5. 桑德斯，政治家族的"掘墓人" …………………… 14
6. 喧闹中的"局外人" ………………………………… 19
7. 一只老黄雀 …………………………………………… 21
8. 影响"美式"民主的变数 …………………………… 25
9. "美式"民主大变革的前夜 ………………………… 28

二、美国独立的侧面之一
——《独立宣言》的背面／31
1. 一张白纸，几个老画师 ……………………………… 31
2. 从弗吉尼亚到北上费城的几位亲友 ………………… 33
3. 一桩异族婚姻带来8年和平 ………………………… 36
4. 弗吉尼亚公主的公关之旅 …………………………… 39
5. 第一家庭不仅仅是传说 ……………………………… 41
6. 《独立宣言》中的不臣之心 ………………………… 44
7. 值得破釜沉舟的梦想 ………………………………… 47

1

8. 既然战了一场，就不妨再战一场 …………………………… 49

三、美国独立的侧面之二
——以革命的名义 / 52

1. 1776 年 7 月 4 日的三种境界 ………………………… 52
2. "五月花"：民主真的不能当饭吃 ……………………… 54
3. 逃税的富人们 …………………………………………… 57
4. 让税法成为废纸 ………………………………………… 59
5. 发小和兄弟 ……………………………………………… 62
6. 革命是我的事业 ………………………………………… 64
7. 功亏一篑 ………………………………………………… 67
8. 聪明的约翰 ……………………………………………… 70
9. 便宜茶叶不能喝 ………………………………………… 72
10. 决裂 …………………………………………………… 75

四、识时务者为俊杰
——不当国王的华盛顿 / 78

1. 民主的圣人 ……………………………………………… 78
2. 少年华盛顿的理想 ……………………………………… 81
3. 华盛顿的豪门之路 ……………………………………… 83
4. 大陆军司令的由来 ……………………………………… 86
5. 危机到来 ………………………………………………… 88
6. 当一份天下摆在面前 …………………………………… 92
7. 胜利之后的一团散沙 …………………………………… 95
8. 一念之差，众叛亲离 …………………………………… 97
9. 那是一场"表演" ……………………………………… 100
10. 天下为"公" ………………………………………… 104

五、人人生而平等吗？
——建国的那些纵横 / 107
1. 平等的定义 …………………………………………… 107
2. "旧瓶装新酒"的制宪会议 …………………………… 109
3. 僵局：怎么才算"人" ………………………………… 113
4. 和谐：100%的支持率 ………………………………… 115
5. "民主"不是天生的 …………………………………… 118
6. 独立不是革命而是分裂 ……………………………… 121
7. 发财才是硬道理 ……………………………………… 124

六、翻云覆雨
——建国后美国的政治斗争 / 128
1. 公园里著名的生死决斗 ……………………………… 128
2. 内阁是用来挑战地方政治势力的武器 ……………… 130
3. 汉密尔顿的理想 ……………………………………… 133
4. 反水后的南北之争 …………………………………… 136
5. 美人计、瘟疫、性丑闻 ……………………………… 139
6. 伟人的"小人"一面 …………………………………… 142
7. 杰弗逊的"连环计" …………………………………… 145
8. 汉密尔顿虽死梦想犹在 ……………………………… 147

七、争夺边陲
——新领地的政治风云 / 150
1. "叛国"的副总统与三封通缉令 ……………………… 150
2. 一家子打官司 ………………………………………… 153
3. 让伯尔和杰弗逊"退避三舍"的谢尔曼家族 ………… 155
4. 罗杰·谢尔曼编织的一张大网 ………………………… 158

5. "美式民主"游戏规则的创始人……………………162
6. 三十功名"西北王"……………………………165
7. "强龙过江"的哈里森家族……………………167
8. 一笔写不出两个弗吉尼亚……………………170
9. 角逐俄亥俄……………………………………173

八、走入战争
——美国内战的前因后果／177
1. 南北战争是美国政治的统一战争………………177
2. 好战美国的40年………………………………180
3. 墨西哥战争与奴隶制…………………………183
4. 两个男人为了一个女人的总统之争……………185
5. 美丽传说下的庸俗背影………………………188
6. 林肯因为时势成为伟人………………………191
7. 将军们究竟为谁而战…………………………194

九、王朝的兴起
——俄亥俄的美国／200
1. 来自俄亥俄的"蒂皮卡诺诅咒"…………………200
2. 两个豪门所促成的内战………………………203
3. 格兰特的晋升…………………………………206
4. 辉煌的俄亥俄王朝……………………………210
5. 王朝消失，豪门犹在…………………………212
6. 响彻政坛的洛克菲勒家族……………………216

十、游戏规则
——美国民主选举的真相 / 221
1. 美国政治从建国开始就不以"民主"为核心……………… 221
2. 最不民主的"民主选举"………………………… 224
3. 两级选举制度的漏洞………………………… 227
4. 俱乐部搞政治………………………… 230
5. 有两党但没有两党政治………………………… 233
6. 豪门内斗勇于外斗………………………… 236
7. 罗斯福的上台和洛克菲勒家族的计谋……………… 238
8. 戴维·洛克菲勒是如何操纵选举的……………… 243

十一、"新闻自由"
——谁控制美国的舆论 / 247
1. 新闻真的自由吗………………………… 247
2. 两性、金钱和丑闻，典型的美国式新闻……………… 250
3. 游走在公正与政治之间的新闻媒体……………… 252
4. 推广美国文化和价值观，赚全世界钱的新闻自由…… 255
5. 美国主流媒体的"造神"运动………………………… 259
6. 肤色的真相 ………………………… 261
7. 当神化变色脱落后………………………… 264
8. 新闻与民意之间的巨大鸿沟………………………… 266

十二、家族的制度
——为政治家族服务的美国政治制度 / 270
1. "跑马圈地"的美国议员………………………… 270
2. 居住资格的无限诱惑………………………… 273
3. 政治家族的"新陈代谢"………………………… 276
4. 美国的地区代表制度………………………… 279

5. "多数服从少数"的选举 ·················· 282
6. "超级代表"和政治酬劳 ·················· 285

十三、政治"基因"
——美国政治的世袭 / 290

1. "美国式"的政治基因 ·················· 290
2. 成功家族背后的女人 ·················· 293
3. 英格兰的第一个政治家族 ·················· 296
4. 改变历史的政治遗产 ·················· 299
5. 搅局者："既然政府无能,我自己干" ·················· 302
6. 戈尔和布什的对决 ·················· 305
7. 政策上的改变还是人的改变 ·················· 308
8. 一代不如一代的政治家族 ·················· 310

后　　记 / 315

前言

任何一个国家都存在由谁统治的问题，我们今天这个世界的霸主美国也不例外。早在美国建国的柱石《独立宣言》里就已经回答了这个问题：all men are created equal。按美国官方的中文翻译：人人生而平等。这句话的意思是说：美国是按照多数美国人民的意愿进行统治的。

为了达到人人平等的原则，美国在建国后的200多年中不断完善改进，形成了一套民主选举制度，从国会议员到州长、县长，甚至小到社区居民委员会，都是通过民主选举的办法，按得票多少产生的。唯一例外的美国总统选举，出于技术上的考虑，采取两级选举制，归根结底也是选民投票选举产生的。

美国建国以后，在政治上并非风调雨顺，各种政见和区域性的矛盾层出不穷，甚至出现了分裂。但即便在南北双方各自为政的内战时期，南方政府几乎照搬美国联邦政府的政治体制，说明在美国历代政治人物的心目中，由开国先贤们创立的这套政治体制是最符合美国建国原则和具体情况的体制。在美国从孤立到强大，然后到巨无霸的过程中，美国朝野的政治人物和媒体始终极力向外输出这套政治体制，让其他国家自愿或者被迫效仿。在很多人眼中，美国的政治体制是当今最成熟、最健全的民主体制。

但是，从美国建国到今天，在美国国内，有关"谁在统治美国"的疑问从来就没有平息过。从华尔街金融家到石油寡头、从共济会到犹太社团等，人们不断地发现所谓的真相和幕后黑手。其根源在于，虽然在表面上每个美国人都享有选举权和被选举权，但真正融入美国社会的人们就会发现，每个人享受到的宪法授予的人人平等的权利的比例是不一样的，其差距比美国的贫富差距还悬殊。无数的事实告诉人们，美国绝对不是通过真正的民主进行统治的,它的民主是一种"美国式"的民主。

近半个世纪以来,改革政治的呼声在美国一直很响亮,也颇有几位高唱改革的总统入主白宫。但是美国的政治体制依旧像一头蹒跚的巨兽,沿着固有的轨道爬行。世界上效仿或者全套照搬美国政治体制的国家,则基本上没有成功的例子,甚至往往比他们原有的政治体制还糟糕。

在本书里,我们将要仔细研究一下"美国式"的民主的核心是什么。

谈这个问题,首先要从美国政治的金字塔的最顶端,也就是美国总统谈起。

美国总统候选人的条件非常宽松,选举规则既透明又貌似很公正。但是,迄今为止的44位总统居然有两对父子、一对祖孙、一对堂兄弟。既然是民主选举制度,为什么会反复出现这种情况?

再进一步统计,结果更是让人吃惊:其中有24位总统起码和另外一名总统有亲戚关系,其中只有2位是通过婚姻找到政治大树的,其余22位是含着政治金钥匙出生,占总数的50%。有30位(68%)有政治背景,其中20位是政治人物的儿子,2位是政治人物的侄子或孙子。只有不到1/3的总统没有家族政治背景,明显占少数。也就是说,大多数美国总统是靠着家族的背景起家的。

这些数字告诉我们:大大小小的政治家族才是美国政治的主体。美国从建国以来,出现过300多个政治家族,美国的政治史其实是这些政治家族的兴旺和衰败史,美国的民主在某种意义上就是为了政治家族"合纵连横"而制定的游戏规则。通过这些政治家族,可以看懂"美国式"的民主,普通大众只不过是看客而已。

进入21世纪后,受时代大潮的冲击和互联网的影响,现有的"美国式"民主及寄生其上的政治家族正承受着巨大的冲击,2016年大选,很可能是一场巨变的开端。

一、美国"民主"的盛宴——大选前戏

1. 总统选举本来就是一场戏

2016 年，对于美国的很多人来说是一个非常令人振奋的年份，因为这一年是大选年，在大选年里最重要的事情是选举美国总统。而且这次选举肯定会产生一位新总统。因为根据宪法规定，奥巴马的任期满了。

美国总统是民选的最高级公职。不管谁当总统，总会有很多人不高兴。克林顿、小布什和奥巴马都让非常多的人愤懑了 8 年之久。除了非常极端的人以外，其他人再不高兴也能忍，因为宪法说了，无论是谁只能干满两届，到时候不管大家高兴不高兴，必须拍屁股走人，换一个新面孔。所以到了大选年，上面说的这几位都过得很轻松。

美国《宪法》第 2 条第 1 款规定了新任联邦总统宣誓就职的誓词，新总统必须这样宣誓："我谨庄严宣誓（或郑重声明），我必忠实执行合众国总统职务，竭尽全力，恪守、维护和捍卫合众国宪法。"

宣誓之后，不是全家住进白宫就完了，而是要履行总统的义务。美国总统的主要义务是什么？

对于现任总统奥巴马来说，他的主要义务似乎是作为美国自由平等的象征。所以不管真心还是假意，有机会他都要表现一下。对于前任总统小布什来说，他的主要义务似乎是充当全美国以致全世界人们的笑料，以及谩骂和发泄的靶子。这也许是小布什作为总统最为称职的一点，因为联邦总统最初的主要工作就是为选民减压的。

现代社会，生活压力越来越大，心脏病、糖尿病、高血压、肿瘤的

越来越多和压力的增多都有直接关系，抑郁症和焦虑症也普遍到每5个人里面就有一个，经常发生不是把别人杀了就是把自己杀了的极端犯病事件。竞争越来越激烈是一个原因，减压的途径比过去少了也应该算作另外一个原因。

和小布什相比，美国的另外一名总统林肯，在为民众减压方面做得似乎更亲民一些。林肯总统遇刺之前，美国联邦总统日常工作最主要的一项是接见选民，每天起码半天时间要在白宫的客厅里面和老百姓握手。任何人都可以自由进入白宫，只要按先来后到的顺序排队，就能和总统交谈。老百姓到白宫并不是为了追星，也不是为了握完手以后十天半个月不洗，到处向人炫耀，而是有话要说。国家是大家的，因此每个人都可以对国家大事说三道四，民众们把对治国的建议、对政治的看法、对现状的怨气都告诉总统，甚至个人的事，比如做买卖赔了、让恶霸欺负了、和老婆闹矛盾了，也一股脑儿跟总统诉说一番，顺便还可以自卖自夸地公开跑官。于是美国总统就成了心理医生，要倾听安慰大家，让人家一脑门子压力来，轻轻松松地离开。至于他自己是否郁闷得要自杀，则没有人关心。

"位卑未敢忘忧国"，美国的民主治国让老百姓因为忧国而多了很多压力，做总统的义务首先就是要为大家减轻这种压力。因此做美国总统的最大素质就是要宠辱不惊、唾面自干，无论天下人怎么说，我还是一副忠厚的傻子模样。从这一点来看，小布什是一个非常合格的总统。

小布什第一次竞选总统时，我去听了他在美国在线公司做的讲演。他不侃美国是否需要改变，也不侃自己有什么能耐，就是看人下菜碟，光谈减税："如果我上台，一定要求国会改革税制，把最高税率从39%减到36%。"

台下掌声雷动，因为那是科技股最牛的时候，台下坐着人的手里都有价值上百万上千万，甚至上亿美元的股票。主张增加支出的候选人就不能来这儿了，要去巴尔的摩，把吃联邦救济的黑人召集起来："如果我当选，提高救济标准，每人每月多给200美元。"

前几年，石油价格疯涨，专家说这是因为中国和印度的经济发展造成需求量的增加所引起的，可是老百姓没几个人信，大多数人认为这是布什搞的鬼，因为他是石油公司的代理人。

石油工业主要集中在布什家族的老巢德克萨斯州，这父子两人都从事过石油工业，代表石油业的利益是理所当然的，他要是不代表石油业的利益就让人奇怪了，估计还会有人问他是不是有什么别的企图？

这一点上奥巴马就吃亏了，他代表的利益集团没那么明显，所以老让极端派诬陷。

除此之外，他们还代表了国防业的利益，这个就更没有哪个政客敢说了。大谈从伊拉克撤军的政客和反对伊战的政客有的是，可是没有一个建议裁军或者大幅度削减经费的，解决美国的财政赤字最快的办法就是削减五角大楼的经费，而且并不影响美军的战力。苏联解体后，世界上没有一个国家在军事上能和美国匹敌，美国即便停止发展军事科技10年，照样没有一个国家敢和他正面开战。但是国防工业养了好几百万人，绰号"幽灵"的B2轰炸机每架的造价高达12亿美元。这么贵就别造了，这么多年就炸南斯拉夫用过一回，还是为了看看能不能用。可是这话没见哪位特有头脑的议员说过。

即使在这些年，美国其他地区经济不好的时候，唯独大华府（华盛顿）地区因为吸引了大批联邦资金而一枝独秀。如果说不发展国防高精尖了，不要说国防业内人了，连我这个非国防业内人都反对。大华府地区干IT的老美，只要没有太严重的生理缺陷，全被五角大楼雇用了。这批人要是出来抢饭碗，我们不要说高薪了，能不能保住饭碗都成问题。至于底特律或者是其他什么地方的人，家里揭得开或是揭不开锅就不是我们这种小老百姓所关心的了。从这一点就能看出，所谓的利益不仅仅是富人和寡头的，也是受益受惠的百姓的。坚持强军的政客，就代表了国防业的老板和员工的利益。同样，给希拉里捐款的大药厂们也是希望她代表自己的利益。

要说大选最热闹的地方，就不得不说新闻界了。新闻界这么起劲地在选举中搅和，也是为自己的利益，别看几位候选人手里都攥着上亿美元的竞选经费，可是其中大部分都用在媒体上打广告互相攻击了，这些钱还是流进了媒体老板的腰包，对他们来说，选战越激烈越好。美国近几次选举，金钱的"声音"越来越大，竞选人花钱越来越没有节制，媒体的作用不可低估。选举在他们眼中，不过是一场大戏，每四年一次的让他们腰包鼓起来的大戏。

2016年的大选，同样是这样一场戏。

2. "变色龙"希拉里

美国总统选举这场戏，虽然没有预定的结局，但其过程和结局是没有什么让人感到意外的。无非是两个各自代表着一些政治势力和利益集团的利益、也共同代表着另外一些政治势力和利益集团的利益的候选人在台上表演，我们作为观众，看得入迷的时候忍不住吆喝两声。但不管我们吆喝的声音多大，都无法改变结果。能够改变结果的是那些坐在舒服的包厢里的人们，他们的公开交手和私下交易改变着剧情和结局。

但是，2016年大选则不一样，究竟有什么不一样呢？这还要从2008年大选说起。

2008年总统大选的最大的意外，无疑是希拉里在初选中落马。

希拉里可以说是迄今为止美国女权运动的巅峰，先帮丈夫入主白宫，8年后又开始了自己的总统之路。她不仅不是被动的，而是主动的，并且她丈夫都没有她主动。

正是她，创造了民主党冷战后的一个奇迹。自从艾森豪威尔当选之后，总统大多把握在共和党人的手中。肯尼迪靠着新英格兰政治势力上台，约翰逊靠着肯尼迪遇刺，才有了民主党的8年之治。卡特以弗吉尼亚豪门之后，利用"水门事件"，当了一届总统。只有克林顿什么都不靠，干够了8年。可是，明眼人都知道，这是希拉里的功劳。

关于希拉里，美国的八卦小报对她的报道也是乐此不疲。以前经常登出小布什脸上有伤的照片：大家看看，又是被劳拉打的。

克林顿家如果出现家庭暴力的话，被打得满地找牙的肯定是比尔先生。

克林顿当政的时候，美国有一个政治笑话。说克林顿夫妻来到一个加油站加油，希拉里下车和加油站的工人聊了半天，回来以后克林顿问老婆："你怎么认识这种人？"

希拉里说："这是我的初恋情人。"

克林顿非常得意："你当初如果跟了他，就当不成第一夫人了。"

希拉里反唇相讥："如果我当初跟了他，当总统的就不是你了。"

毫无疑问，如果没有希拉里强烈的政治欲望，克林顿是不会成为总统的。每个成功的男人背后都站着一个女人，克林顿背后的这个女人政治野心比他还大。克林顿的当选，实际上是她迈向总统之路的第一步，这是美国建国后很多有政治野心的女人的终极梦想，希拉里曾经是200多年来实现这个梦想的最佳人选。

但是2008年大选中，一度风光无限，曾被举世认定起码民主党党内提名非希拉里莫属，却在初选之中一路落后，到了最后不仅提名权输给了奥巴马，还欠了一屁股的债。希拉里是前第一夫人，算得上响当当的豪门中人，竟然输给了没有背景的奥巴马，成为2008年大选这场戏的一大看点，这是不是也意味着家族政治即将走向末路呢？

想要深入地了解这精彩的一幕，还要从希拉里的政治出身谈起。

2008年7月中旬，CNN（美国有线电视新闻网，以下简称CNN）兴高采烈地发表一条消息：6月份奥巴马募捐总数为5200万美元，超过麦凯恩的2200万美元一倍多，而且民主党现在在银行里有7200万美元的现金。

这个消息和CNN其他选举的消息一样是报喜不报忧，失去了新闻媒体的公正性。同样的消息，YAHOO是这样报道的，在讲述了5200万美元对2200万美元这个上月募捐数额对比之后，YAHOO还说共和党对今后几个月大选的财务问题非常有信心。

一个月之内比人家少募了3000万美元，还有信心？是不是打肿脸充胖子？YAHOO解释了，因为初选阶段过了，现在是两党对决，除了候选人自己出线，党组织也要出钱，因为选民可以捐给候选人，也可以捐给党的全国委员会，这些钱都要用在大选上。共和党全国委员会在银行里有6800万美元现金，而民主党全国委员会只有400万美元现金，因此共和党现在手头的竞选经费将近一亿美元，民主党只有7200万美元。

由于民主党主张提高社会福利而共和党主张减税，因此人们普遍认为前者代表穷人而后者代表富人，这是一个错误的印象。别的不说，从募捐数额来说，民主党并不比共和党少，甚至更多。2008年大选，民主党的政治募捐比共和党多几倍，奥巴马在初选阶段就拿到了两亿多美元的捐款。看看上面的数据，如果不算6月份的捐款，民主党存了2000万美元，共和党存了7800万美元。麦凯恩获得2200万美元的月捐款数额，已经表现得很出色了，但奥巴马每个月获得3000万美元的捐款就算是很不理想了。从烧钱的角度来看，民主党是共和党的几倍，一旦捐款数跟不上，民主党的大选活动就很有可能出现财政问题，而共和党如果没有人捐钱的话，也能坚持下去。

那么民主党的钱花到哪里去了？2008年7月，两党的全国大会还没有召开，大选活动还没有开展，在媒体上还见不到大选的广告，没有什么花钱的地方。可是民主党的竞选经费还是如水一样流失。这就是民主党在总统选举中败多胜少的一个原因：管理混乱。

这也是希拉里的出色之处，因为她不是民主党培养的精英，而是共和党的叛徒，对共和党的那一套知根知底。她是共和党从13岁开始培养的选举人才。

希拉里在穿衣品味上一直被人批评，穿朴素了让人讽刺，穿花哨了更让人嘲笑，其实这不怪她，这是她父母的责任。希拉里出身芝加哥一个保守而且反共的家庭，从小不仅才华出众，而且对政治很热心，13岁的时候就参加了芝加哥共和党的活动。那一年是1960年，尼克松和肯尼迪争得难解难分，伊利诺伊州的选票成了胜负的关键。肯尼迪他爸出面和芝加哥的黑手党接洽，结果共和党的"传统票仓"伊利诺斯失手。共和党紧急动员收集大选中的作弊行为，希拉里就是志愿人员之一，结果尼克松还是认输了。

4年后，17岁的希拉里再次作为志愿者参加共和党总统候选人戈德华特的竞选活动。共和党竞选失败后她上大学去了，而后突然变成了民主党。造成她这次叛变的人是马丁·路德·金。1962年希拉里见过马丁·路德·金，几年后马丁·路德·金遇刺，她受了刺激，便去支持反战的民主党人麦卡锡竞选总统。没过多久，她又回心转意，回到共和党，投身洛克菲勒的竞选团队。

政坛和职场一样，讲投机也讲跟对人。在总统大选之中，无论是两党各自的初选，还是最后的大选，各自阵容之间都争得你死我活。老政治家无所谓，即便是支持错了，靠着自己在本选区的势力，对方也得买账。可是刚刚削尖了脑袋进入政治圈的希拉里则不同，她要是跟错了人会影响上升的速度。

1968年大选，民主党让越南战争折腾得失尽了民心，大家都知道又该变天了。共和党内经过一通搏斗后，就剩下三巨头——尼克松、里根、洛克菲勒。当过8年副总统的尼克松自输给肯尼迪之后，8年之间一事无成，在世人眼中已是个过气的政客。加利福尼亚州州长里根虽然是好莱坞明星，可是他是民主党的叛徒，而且还嘴硬："我没背叛民主党，是民主党背叛我。"只有执掌纽约州10年的尼尔森·洛克菲勒竞选成功的希望最大。

从家庭的传统上看，希拉里应该是里根的支持者，为何却选择了支持洛克菲勒呢？1968年，共和党候选人的三名领跑人正是代表左中右三种理念。里根代表极端的保守派，洛克菲勒代表温和的自由派，而尼克松则代表中间派。希拉里第一次从事竞选活动是帮尼克松，可是这一次却选了洛克菲勒，从这时开始，她就表现出在政治上的变色龙性格。

3. 希拉里的第一次空欢喜

希拉里追随尼尔森·洛克菲勒并参加了1968年共和党大会。可惜，洛克菲勒的权势和财势敌不过尼克松这位过气政客，尼克松不仅赢得了党内之选，也在总统大选中险胜对手。

这次选举之后，希拉里脱离了共和党投身民主党，理由是在共和党全国大会上，尼克松团队的肮脏招数让她对共和党彻底失望。1968年共和党党内开始初选，在开全国大会的时候，尼克松虽然领先，可距获得提名的法定票数还差11票。里根和洛克菲勒私下交易，希望联手取代尼克松，可是这两位谁也不愿意当副手，结果没谈成。尼克松团队借此机会策反几位关键人物，拿到了提名。看似里根和洛克菲勒这种不低头的架势和尼克松团队的肮脏招数没有关系，其实是他们两家企图靠搞手腕来以少数票赢多数票。希拉里也算经历过选举了，现在看来这样的指责显得太没品位了。

她背后的牢骚没法说出来，洛克菲勒上不来，她的政治前途也成"画饼"了。选举之后，获胜的团队就地分赃，失败的团队就地解散，希拉里得自谋出路。一位比她年长几岁的竞选团队的同事克里斯汀·图德投身尼克松门下，在共和党全国委员会中负责尼克松的竞选活动。希拉里也想这样，可是人家挑肥拣瘦嫌弃她，她只好走叛变这条路了。

希拉里是位难得的政治人才，怎么就看走了眼呢？对于当时共和党挑人来说，上门的年轻人都是人才，总得有个标准吧？就拿克里斯汀和希拉里相比，前者是新泽西两个政治家族图德家族和施雷斯家族联姻的产物，要谁不要谁，这不是明摆着吗？

克里斯汀后来嫁给了曾任纽约州州长的查尔斯·惠特曼的孙子，她哥哥娶了老布什舅舅的继女。1993年，克里斯汀成为新泽西州第一位女州长，随后又出任了环境署署长。

而希拉里只能去上学了，她进入了耶鲁法学院学习。1970年她和克林顿在学校相识。1972年俩人一起到德克萨斯州为麦戈文竞选，再一次输给了尼克松。选举总是有输赢，克林顿认为要先齐家，于是向希拉里求婚，而希拉里一肚子新仇旧恨，认为要先治国，便一次又一次拒绝了克林顿的求婚。终于等到"水门事件"这个机会，她便跑到华府投身"水门事件"的调查中去。

希拉里既是法学院的高才生，又是知道对方根底的人，而且还公报私仇，民主党需要的就是这种人才。于是，大家齐动手终于把狡猾的尼克松给弹劾了。仇也报了，应该结婚了吧？可是希拉里有平天下的理想，这么一露面，她已经被视为政治新星。民主党有名的组织者沃尔特意从德克萨斯州搬到华府来包装她，认为她早晚会成为参议员，甚至成为总统。就在这个时候，她通过了阿肯色州律师资格考试，却没有通过华府律师资格考试，这位法律界的奇才认为这是天意，是老天让她用心去选择而不是用脑子去选择。于是希拉里随克林顿去了阿肯色州，一年后才成为克林顿夫人。

1979年希拉里成为阿肯色州州长夫人，在法律界和生意上也一帆风顺，于是喘口气生下了切尔西。没想到家庭幸福却是政治毒药。1980年克林顿落选，希拉里下定决心再也不要孩子了，从此克林顿再也没有输过一场选战，1990年克林顿当州长当烦了，不想连任。希拉里打算竞选州长，可是民意调查结果支持率太低，克林顿只好披挂上阵，再次连任。

希拉里在选民眼里的最大问题就是让人感觉可信度不高，指手画脚的样子之下一副十足的投机嘴脸，这其实是她这类出身贫寒挤进政治上层的人士的通病，属于先天不足造成的后天失调，而她作为一个女人，自然就更加营养不良了。

希拉里放弃自己如日中天的政治前途，使克林顿成为美国近代最出色的总统，在某种程度上也实现了自己的政治野心。因为作为第一夫人，她比其他第一夫人对国事的参与程度都大。离开白宫后，她马上在纽约竞选参议员，借助这个民主党为主的大州来实现自己的总统之梦。

可是，希拉里的竞选能力在2008年初选中成了银样镴枪头，一点用处都没有，这又是什么原因呢？2004年大选，尽管希拉里有不弱的呼声，但她却没有参选，实现了自己对纽约选民的承诺。因此在2006年以压倒多数的优势连任。在共和党焦头烂额的 2008 年，民主党占据参众两院多数席位的情势下，似乎是希拉里实现总统之梦的最理所当然的时刻。在准备阶段，希拉里一直领先其他民主党候选人，竞选经费也非常充足，共和党的几名候选人怎么看也不是她的对手。共和党的宣传机器也把矛头指向她，毫无疑问她是夺取下届总统的大热门。

可是万万没有想到，初选一开始，奥巴马异军突起，两人的竞选成为你死我活之势，让很多人非常不解。奥巴马形象清新，能够让人产生热情和希望。可是希拉里也不是那种看起来腐朽得如同百年老宅的候选人，她那种知识女性的形象一直受人们喜爱。在克林顿的"拉链门事件"中她很好地扮演了忍辱负重的怨妇角色，得了不少印象分，加上在民主党内几十年的经营，以及和她具备同样政治天赋的克林顿的协助，为什么对付不了奥巴马呢？

4. 政治分赃与"铁娘子"的总统梦

看看在 2008 年初选中，是什么人投了奥巴马的票，你就会知道了。黑人投票给奥巴马是理所当然的，但黑人占人口的比例太小，很难成大气候。奥巴马主要靠争取白人的票，而且是教育程度较高的白人。这些人出于什么目的支持奥巴马呢？难道就因为他改革的承诺？这些空洞的承诺，希拉里说得更多、更具体，为什么就不能骗来人心呢？

究其原因，在于百姓对豪门政治天生的反感。一位比较关心政治的选民，他会从经济、战争和从政经历等各个方面考虑。可是那些对美国的政治体制都一知半解的百姓，不会花很多时间去考虑这些东西，也考虑不清楚，他们投票是凭直觉。2008 年大选的最大的直觉就是"豪门"。

如果希拉里当选，那么从 1998 年以来的 20 年间，美国总统等于在两家人之间传来传去，老布什传给克林顿，克林顿传给小布什，小布什再传给希拉里，这都可以写成一部传奇大剧了。民主国家的总统选举，变成了两家人的政治的"接力赛"。对于很多美国人来说，特别是美国的左派人士来说，这是他们最最不愿意看到的。谁能阻止希拉里回到白宫，他们就支持谁。很多人并不讨厌希拉里甚至很喜欢她，他们支持奥巴马就是为了不让克林顿回到白宫。

希拉里在2008年的大选中，不仅败给了"豪门"，还败给了党内豪门的内斗。虽然克林顿一家在政坛经营多年，有很多人脉，并获得了重量级人物的支持，但也树立了很多政敌。比如民主党内的大政治家族肯尼迪家族。和奥巴马相比希拉里难以控制，所以党内主流的心里希望推举新人，在她占上风的时候大家为了将来的利益表示支持，一旦落下风就树倒猢狲散了。

2008年大选，也使得基层选民的意愿得到了体现。因为2008年民主党内出线者成为总统的希望极大，所以成败的关键在党内初选。在初选过程中，最让选民们反感的是民主党的"超级代表"制度，这给奥巴马争取了很多选票，对民主党主流也产生了巨大的影响，违反选民意愿很可能导致未来选民流失，所以很多"超级代表"不得不遵从本地多数选民的意愿。

奥巴马当选后，提名自己在党内最大的竞争对手希拉里出任国务卿，其实这就是政治交易的一部分。奥巴马利用克林顿家族的势力为自己赢得大选，作为回报将内阁最重要的职位作为政治酬劳给了希拉里。希拉里则败而不馁，利用这个机会为自己增加对外关系的背景，以图8年之后东山再起。果然，通过这一届国务卿的运作，希拉里为自己添加了对外关系的筹码，虽然有利比亚和"邮件门"等丑闻，但在2016年大选中，对外关系是她的一个主要卖点。

奥巴马当选后，还将内阁的职位和一些重要位置分给了党内的实力派，剩下的那些政治任命的位置就酬谢给鞍前马后的那些人。本地一位印裔的美国人为奥巴马助选立下大功，得到了联邦某部的CIO（首席信息官）的职位。这种位置手里有大笔的联邦项目，通过这些项目的给予，可以为自己下半生做好打算。

然而，并不是所有人都能在这场政治分赃游戏中善始善终。加利福尼亚州的一位律师在竞选初期投奔奥巴马，获得了某总局主管的职位。谁也没有想到没过多久，该部门下属某单位公款吃喝的录像被曝光了，还是布什当政时干的。可是，国会在共和党手中，抓住这件事情不放，白宫赶紧丢卒保车，一个电话与此事相关的几位政治任命的官员立即辞职。还有FAA（美国联邦航空管理局）的头头，某天晚上酒后逆行开车，被本地警察拦下。美国地方警察就愿意碰上这种事，因为地方上根本不理联邦官员。于是，负责美国航空安全的人物在本地拘留所睡了一夜后又接到部长指令：辞职。

政治分赃有政治分赃的游戏规则，遇上这种事只能自认倒霉。

希拉里没有这些问题，"邮件门"只能算马虎并没有给她带来严重后果。还没等到奥巴马连任竞选，她先辞职了，把全部精力放在2016年大选上，这一次准备得更充足，也吸取了上次的教训，并且注意使用新媒体，在筹款上更不在话下。最难得的是党内没有重量级人物出面，从造势开始，民主党就是她一个人唱独角戏。

民主党内部对希拉里的反对势力还是不少，他们也在寻找能与希拉里一搏的人，副总统拜登就是候选人之一。但这些人经过权衡利弊，都知难而退了。这还不算，共和党那边一次不如一次，2016年居然找不出有什么众望所归的人物。这么一来，希拉里更是势在必得，党内众多强人和奥巴马也纷纷表示支持"铁娘子"的总统梦。终于到了瓜熟蒂落的时候了，只是和8年前相比，68岁的希拉里老态毕现，少了朝气。

可是令人没想到的是，2015年4月参议员伯尼·桑德斯宣布参选。桑德斯当时是两党之外的独立人士，而且比希拉里还大6岁，他的经历和背景也没法和希拉里相比，可是居然成了希拉里的强硬对手，使得一度唱独角戏的民主党初选成了决一雌雄的战场。

5. 桑德斯，政治家族的"掘墓人"

伯尼·桑德斯看起来就是政治家族的"掘墓人"。

桑德斯是犹太人，但他属于犹太人的大多数，不是少数的犹太富人，也因此代表了犹太人的另外一种特点。和唯利是图的犹太人形象相反，有很多犹太人是左派，桑德斯就是其代表，左到社会主义者的地步。

桑德斯1941年出生在布鲁克林区，父亲是波兰移民，中学时是一名体育健将，大学上的是名校芝加哥大学。在大学期间，他加入美国社会党，参加民权运动、争取种族平等、反战等活动。毕业后回到纽约工作。几年后因为羡慕佛蒙特的乡村生活而移居那里，这期间从事多种工作，包括当木匠。

1971年他加入自由联盟党，作为其候选人参加了1972年和1976年州长竞选和联邦参议员竞选，开始了他的政治生涯。美国是两大党的政治天下，他这种小党候选人得票率很低，看到自由联盟党没什么前途，于1977年退党。

1980年，他出马竞选伯灵顿市市长。现任市长是民主党的，已经干了10年，之前在市议会干了13年，是本地的政治大佬，在本市树大根深和共和党合作也很好，以致于共和党居然找不出合适的候选人。以黑马姿态崛起的桑德斯，获得了大学教授、社会主义者和警察工会的支持，居然出乎意料地以超出对手10票获胜。

桑德斯这次胜利是美国地方政治选举中常见的变数，源于选民的喜新厌旧心理，正是这种变数使得新人有出头的机会，也使得不思进取的地方政治豪强下野。之后桑德斯连任三次，每次都大胜，一次赢了共和党候选人，一次赢了民主党候选人，一次赢了两党都支持的候选人。

独立候选人在全国范围内的选举很难出头，但在地方县市选举中不乏获胜的机会。这是因为美国的两大政党是全国性的政党，在一些地区并不占有政治优势，选民在选举本地官员时更注重个人而不是所属的党派，两大党也不会把资源用在地方选举上，相对来说，小党候选人和独立候选人在资源上比起两大党候选人来不会差太多。

桑德斯在任期间干得不错，伯灵顿被评为"美国最适合居住的地区"

之一，他也曾被评为"全美最佳市长"。任了8年市长后，桑德斯不寻求连任，因为他有了新的追求。1987年，桑德斯竞选州长失利，1988年竞选联邦众议员失利，卸任市长后去哈佛教书，但那颗政治的心还在。1990年，桑德斯竞选众议员获得成功。40年来，他是第一位以独立候选人的身份成功进入众议院的人。之后的16年，每次连任竞选他基本上以大比例战胜对手，以反战、反华尔街、反联储会而闻名，成了佛蒙特州政治大佬之一。

2005年佛蒙特州联邦参议员出缺，桑德斯宣布参选。他先获得民主党参议员选举委员会支持，此举导致任何民主党人竞选此职位将无法获得本党资助，而后又获得了参议院民主党领袖和民主党主席的支持。桑德斯在民主党初选中被列名，但不接受民主党的推选，他要保持独立候选人的身份。

民主党全力支持一名党外人士的情况确实很少见，这和当时的形势有关。2000年大选后，参议院两党议员一半一半，加上副总统切尼的决定性一票，共和党控制了参议院。民主党的办法是挖墙脚，希望对方议员出现叛徒。

在美国政坛上，最好找的就是叛徒，从建国初期开始，政治人物常常为了个人利益改换门庭。这次民主党成功地说服了共和党的佛蒙特联邦参议员吉姆·杰福兹叛变，但杰福兹并没有加入民主党，而是成为独立派。因为他和民主党站在同一条战线，使民主党在参议员的席位占了多数，可惜没有持续多久。杰福兹之所以脱离共和党是因为佛蒙特从红变蓝，他这个参议员的位置自1857年起一直被共和党把持，但随着时间变化，佛蒙特州成了蓝州。到了今天，州一级和联邦民选官员和议员除了桑德斯外均为民主党。杰福兹只能顺从这种趋势。

2005年，杰福兹因病宣布退休，佛蒙特政治人物中桑德斯的希望最大，民主党和他的这笔交易，保证民主党没有其他人初选而分散票源，他同意当选后在投票时跟着民主党走，桑德斯顺利当选，使得民主党掌握了参议院多数席位。

在参议员中，桑德斯在全国范围内很有声望，到 2015 年年底，他成为最受欢迎的参议员。桑德斯以彻头彻尾的左派范儿出马竞选总统，声称要改变亿万富翁把持政治的局面。桑德斯宣布参选后，马上获得民主党左派的支持，希拉里也终于迎来了真正的对手。

独立候选人在美国两党政治中往往只是"搅局者"，但桑德斯不同。他不是以独立候选人身份参选，而是以民主党的身份参选，几个月后干脆改变多年来的独立形象加入民主党，和希拉里竞争民主党总统候选人。

桑德斯的参选，改变了几十年来美国总统选举的局面，出现了第一位社会主义者，马上从希拉里手中挖走了民主党的一大支持群体和最有活力的群体：年轻人。

大选是个烧钱的游戏，很多颇有潜力的候选人比如现任副总统拜登，就是因为缺乏筹钱能力而无法问鼎总统宝座。希拉里竞选团队在筹钱上做得很好，但 8 年前奥巴马还是战胜了希拉里，其雄厚的政治捐款是原因之一。桑德斯想和希拉里争斗，必须有强大的经济基础，但桑德斯不是豪门出身，一向以仇富言论招摇，很难获得大公司和富豪的资助，凭什么和希拉里斗呢？

社会主义者，走的是群众路线。

为了突破法律对政治捐款的限制，竞选者多借助超级政治行动委员会，这样企业、工会和其他利益团体（PAC）可以不受限制地捐款，此举导致竞选的花销越来越大。桑德斯则不借助超级 PAC，而主要靠小额捐款。

2008 年大选时，奥巴马的竞选经费中的一部分就是来自小额捐款，这一次桑德斯也尝试着用主要吸引小额捐献的方式募集资金，这个策略非常成功。24 小时内获得捐献 150 万美元，到 2015 年年底获得捐款 7200 万美元，2016 年前三个月获得 10500 万美元捐款，超过了希拉里的 7500 万美元。有了这样的经济基础，桑德斯就能够在全国范围内和希拉里角逐民主党提名。

桑德斯的突然崛起，还得益于近年来的民众情绪。一方面对华尔街和大公司不满，另一方面对现状和未来不满。不仅年轻人，很多中产阶级对未来也很担忧，有不稳定感。这两方面奠定了桑德斯的群众基础。

民主党本来就是打着为穷人出头的幌子，面对桑德斯，已经和利益集团脱不开关系的希拉里在很多方面很难采取主动。

从很多有理想的美国人的角度看，美国贫富不均很严重，作为最富强的国家，在社会福利上远不如一些欧洲国家。无论从感情上还是理智上，桑德斯都能有很大的盘面。对于那些更为理智的人来说，桑德斯的主张在美国却是行不通的，那样会导致美国进入衰退期，他所举的丹麦等例子都是一些国土小、社会结构简单的国家，并不适合美国的情况。

但是请不要以此认定桑德斯是个理想主义者，在初选阶段是为了压倒希拉里，但到了大选阶段他很有可能会换策略。如果真的当选总统了，能不能实现竞选诺言就两说了，反正大权在国会手中，到时候屎盆子扣在国会头上就是了。

可是，对民主党主流来说，如果桑德斯出线很可能导致民主党失去大选。在今天的形势下，极端的候选人赢面很小，因为无法争取到中间派的支持，使得很多中间派的本党选民不投票。最近几次胜选，无论是克林顿还是奥巴马，都是中间派，希拉里也一样，所以民主党的"超级代表"绝大多数支持希拉里。

然而今非昔比，互联网特别是社交媒体的兴起对美国传统政治模式产生了巨大的冲击。它们使得政治变得透明起来，其快速的传播效率也有改变"美式"民主游戏规则的趋势。虽然目前还处于过渡阶段，但其在民主选举上的威力越来越明显。桑德斯很好地使用了以年轻人为主要用户群的社交媒体，利用其快速传播的优势，推销自己的政治思想，在这上面占了明显的上风。对于民主党主流来说，这是一个定时炸弹，一旦处理得不好，会得罪本党的大批选民，所以断不敢利用"超级代表"来改变初选的结果，只能指望希拉里自己争气，在初选中获得多数。

桑德斯所代表的一是年轻人的政治热情，二是人们对经济状况的不满，尤其是对贫富不均的不满。但他也有明显的弱点，就是票源不够广泛，尤其拿不到历来是民主党票仓的少数族裔的选票，所以一直落在下风。

但桑德斯的崛起，让本来一潭死水的民主党初选沸腾了，让很多基层选民有了选举的热情。也正是这种热情，这种美国民众对政治体制的不满和愤怒，把他推上了潮头。2016年，必将是这种不满和愤怒尽情宣泄的一年，而真正领导这种情绪宣泄的并不是桑德斯，而是另有其人。

6. 喧闹中的"局外人"

2016年大选，民主党的热闹还算少的，共和党的热闹更大。

对于在野党来说，由于没有限制往往群雄并起，这一次共和党没有大选的"老运动员"，更是乱成一团。

2008年大选，共和党有和小布什角逐本党候选人的麦凯恩，后来因为财力不济而认输，重新出马占据优势。这一次共和党主要输在背负布什的包袱上。

2012年大选共和党有罗姆尼，他是上一次和麦凯恩竞争的，这一次占据优势。但却输在了罗姆尼是摩门教以及共和党内的"茶党运动"。

2016年大选，没有了麦凯恩和罗姆尼这类人物，其他人也补不上位。一直处于传闻阶段的杰布·布什真的出马了，布什家族的募捐能力果然厉害，但时过境迁，这一次布什家族有能无力，小布什一直就没有起色。南卡罗来纳州初选结果出来后，小布什只好退选，布什家父子三总统的梦想彻底完蛋了。政治家族中人参议员兰德·保罗在第一场初选后就退选。共和党出马竞选总统的还有几位现任和前任州长，都不成气候。

大浪淘沙，经过前几场初选，能看到希望的只剩下三位了。一位是商人唐纳德·特朗普，一位是来自德克萨斯州的参议员泰迪·特鲁兹，还有一位是来自俄亥俄州的州长约翰·卡西齐。

从政治角度上看，这三个人都是新人，一个老牌政党的党内初选到了这种地步，足以说明美国的"政治生态"正在发生着巨大的变化。

这三位政治新人中，名气最大的是特朗普，他既是商人又是真人秀明星，但却毫无政治选举经验。特鲁兹是西班牙血统，勉强算得上是西语裔。他毕业于盛产政治家的普林斯顿和哈佛大学，有法院特别是最高法院工作的经验。因为帮助小布什竞选成功，特鲁兹获得政治酬劳，出任司法部助理部长和联邦贸易委员会政策计划主管。2003年出任德克萨斯州副检察长，2008年卸任后当律师，2012年竞选联邦参议员成功。卡西齐长期担任众议院议员，2000年为了竞选总统放弃议员连任选举，结果没有筹到多少钱，很快就安静了。2010年成功竞选俄亥俄州州长，2014年连任。

特朗普根本没在华府"混"过，特鲁兹的从政经验比2008年的奥巴马好不了多少，卡西齐算最有经验的，可是他一直是三人内垫底的，铁定无望出线，只是抱着捡漏的心态，盼着那两位打得难解难分之际共和党能够团结在他周围。卡西齐有这念头是因为特鲁兹和特朗普是极右派，特朗普还是大嘴巴，这两个人之中无论谁出线，共和党都恐怕会丢掉一次大选。这是共和党主流人士的一致认知。可是，偏偏几次初选下来，特朗普领先。

特朗普和桑德斯一样，代表了2016年大选的广大选民的态度，很多选民对"美式"民主选举的传统规则厌倦了，对那些为了赢得大选不择手段、言行不一的候选人厌倦了，对那些除了政治背景一点能力都没有的候选人厌倦了，他们支持特朗普主要是想选个游戏规则的"局外人"。

美国总统选举的历史上，富豪很难出头。因为人们普遍有仇富心理，富豪的主张往往是减税，虽然大家都希望少缴税，但从有钱人嘴里喊出来就不是那个味儿，结果富豪候选人往往成了打酱油的。特朗普则不然，从宣布参与竞选开始就一直在党内领先，同样支持减税，但并没有影响他的民调。

出现这种情况，有以下几种原因。首先，特朗普在体制内折腾，没有像佩罗特那样另起队伍，因为他走体制内路线，共和党主流就只能让他玩，否则就坏了规矩。其次，他有一张多年参与真人秀练出来的铁嘴，嘴皮子上的功夫和临场发挥能力无人能及。第三，他有钱，犯不上花时间去募捐，可以全力以赴在竞选上。最后，也是最重要的一点，他抓住了选民的心理。

在美国有些话是不能随便说的，尤其是政治人物，一不留神就会被扣上歧视的帽子。这使得政客们越来越小心谨慎、越来越圆滑，对这一趋势，很多选民心怀不满。特朗普则公开地把他们的不满、他们在私下里说的话喊出来，比如反移民，让他们听着很解气，获得了他们的支持。特朗普敢这么做，是因为他不必像那些职业政客那样考虑自己的后路，选不上还得继续混下去。特朗普选不上大不了继续做自己的商人就是了。

特朗普没有政治经验，反而成了好事，让他可以尽情地攻击政客们，我没干过所以没有污点，可以爱怎么说就怎么说。特朗普的减税政策获得有钱人和一部分中产阶级的支持，他的大嘴巴获得了白人中底层阶级的支持，因此在共和党内处于领先地位。

在别人眼中特朗普最大的弱点是有钱，但这恰恰也是他最大的优点。有钱就可以讥讽其他候选人收了我的钱，有钱就不会被利益集团收买。有不少多年没有投票的选民，这次投了特朗普，就是认为他已经很有钱有势了，还出来竞选总统这个苦差事，就是因为想做点实事。

靠着"局外人"的清新形象，特朗普成功地搅了2016年大选的局。特朗普很会迎合选民，竞选策略很成功，支持率居高不下，尤其是反对出兵伊拉克的他能够在南部获得胜利，并且成功地将网上的支持率转换成投票率。

特鲁兹代表共和党的极右派，现在右派潮流已过，这种候选人是选举"毒药"，党内主流是不愿意见到他出线的。同时也不希望特朗普出线，因为特朗普也是极端派候选人，出线后赢面不大。此外更不情愿的还有一点，特朗普自己掏钱竞选和桑德斯一样走草根路线，靠新媒体获取支持，有钱有实力就犯不上进行利益交换，民主党那边的"超级代表"还可以用自己的票去交换利益，共和党主流就拿不到好处，没好处的事自然就不支持了。

算来算去只有卡西齐靠谱，可是他人缘实在太差。

两党各有一肚子苦水，已经这样了，竟然还有其他隐患，即将爆发。

7. 一只老黄雀

"螳螂捕蝉，黄雀在后。"2016年大选除了两党各自的苦衷外，还有其他变数。

2016年大选，如果两党主流的愿望落空的话，民主党桑德斯胜出，共和党特朗普或者特鲁兹胜出，就会出现两党各推出一名极端候选人的现象，这样一来广大的中间派选民选左不是选右也不是。

有人看出了这是一个机会，这个人就是前纽约市市长麦克·彭博。

特朗普很富，具体有多少钱众说不一，10亿美元是肯定有了，彭博则比他富多了，身家超过400亿美元，在美国富豪榜上排名第6，全球排名第81，是名副其实的巨富。

彭博不仅有的是钱，还有政治经验。民众普遍认为纽约市市长是比美国总统还具挑战性的工作，彭博连干了三届，最后一届靠的是修改了任期只能两届的法律，在任期间纽约各方面发展良好，犯罪率很低。

彭博竞选纽约市市长成功，靠的是砸钱，三次竞选共自掏腰包2.6亿美元，每次都比对手多花几倍甚至十几倍的钱，遇上这种财大气粗的，任你政治背景多雄厚，也只能认输。彭博在任期间，只领一块钱薪水，还自掏腰包给市长助理们提供早、午两餐，出差有自己的私人飞机，整个团队的交通不花公款，还大笔捐献，任期内给纽约捐了几亿美元，这种自带干粮的市长当然受拥戴了，他一个有钱人，愿意花大价钱图这个名，老百姓落个实惠，挺好。

彭博表示,参选美国总统的话,自掏10亿美元竞选,还是用钱砸死你们。他有这个雄心已经很久，但一直没有迈出这一步。原因之一是彭博是犹太人，和桑德斯的情况不同，他是个很有钱的犹太人，这会影响他的公众形象。二是他也属于犹太人的左派，但比桑德斯温和，当年为了竞选纽约市市长，在本党内没有空间，叛逃到共和党，是共和党内的民主党，所以在任期间和民主党关系很好，2007年变成独立派人士，但仍然依托共和党。在今天的大局下，他这种中间派人物很难在两党初选中出头，民主党那帮有了希拉里了，共和党内右派势力强硬，因此两大党都没有他施展的空间。

为什么不搞第三党呢？

关于美国的政治制度，许多人是按两党制来理解的，于是效仿美国政治制度的首先得建党。有了执政党，有了在野党，然后轮流执政，就很像模像样了。

两党制让人产生一个疑问，就是不是一党独裁的政治制度，那么到底应该是两个政党还是一堆政党？在美国历史上，有一段时间确实出现过好几个政党，不过大部分时间主要政党只有两个。民众对此也认可了，两个党都不认可的就自称独立选民。美国结党自由，现在还有改革党和绿党等小党，但和民主、共和两党比较起来，这些都像是村社团练一样，不成气候。

两个党自然比一个党好，可是选择余地也不多，这很像美国的手机市场，刚兴起的时候竞争得一塌糊涂，用户可以在众多的手机服务商之间换来换去。现在就剩下几家了，价格也差不多，让人看来看去都像"一丘之貉"似的。美国的选举也一样，前些天两党初选，公司的同事问我："你为什么不去投票呀？"

"我想投票呀，可是两个党的候选人我没一个喜欢的，你叫我投谁呀？"

许多美国选民不投票，就是跟我一样，瞧着没一个顺眼的。初选的时候分党，大选的时候每党就推举一个人。既然如此，为什么不多几个党，选举的时候没有一个连也有一个班，竞争多一点不就更民主一点吗？

政党多有政党多的弊病，比如有12个政党，选举的时候得票最多的政党得票率为15%，就让他组阁了？政党多的国家一般规定得票要占到一定比例，达不到比例的就得联合执政。这样的结局就是一些小党成了香饽饽，一国之政要看小党的眼色，这些小党往往代表小集团的利益，民主反而成了一句空话。相比之下，美国的两大政党制度在党派政治中算比较好的一种。

百年老党，虽然满屋子的尸臭，却有着无数的传统势力。看看本地报纸上的追悼文章就能知道，那些两党基层组织的积极分子多是祖孙三代的党棍。树大根深有一套系统，外人难免有不服气的，不就是建个党吗，有什么难的？于是，就出现了新党，例如改革党刚兴起时，俨然是第三势力，然而十几年之后，还是不成气候，内部的团结就更别提了，连创始人佩罗特都宣布破党出门了，改革党也处于解散的边缘。除了这个彗星一样的政党外，美国现在还有自由党、宪法党和绿党，等等。2008年大选，这三个党都推举了总统候选人，此外还有一个人以独立候选人的身份参选，就是拉尔夫·纳德。

拉尔夫·纳德是位社会工作者，代表极左派也就是极端自由主义的选民，从1992年开始连续参加总统竞选。1992年时他同时参加两党的初选，1996年和2000年作为绿党的候选人，2004年绿党推选了别人，他宣布独立参选，但实际上受改革党的支持。从这段经历来看，纳德是一定要参选，但却是个没有什么党派认同的人。

共和党输了1992年大选，把原因推在佩罗特的头上。而许多民主党人一提起纳德就咬牙切齿，美国经济成了这样，伊拉克战争成了泥潭，油价这么贵，等等，都是他造成的。因为如果不是因为他在2000年拿走了2.74%的选票，小布什就当不上总统，国家就不会成为现在这个样子。

2000年的"王侯之争"，最后集中在佛罗里达那25张选举人的票上，谁拿到谁就是总统。经过重新点票，结果小布什比戈尔多了537票，靠着这537票，共和党执政8年。纳德在佛罗里达州拿到了97421票，因为他的票源以民主党人为主，所以民主党认为，他要是不参选的话，佛罗里达就是戈尔的，总统也是戈尔的。纳德自己也承认，他的选民中有25%的人本来打算投给小布什，38%的人本来准备投给戈尔，剩下的37%本来谁也不想投。这么一算，在佛罗里达州纳德从戈尔手中拉走了12665张选票。

彭博想自费竞选总统，谁也拦不住他，最终他会像纳德那样做一个搅局者，这很可能会导致民主党失利，又没有深仇大恨，干吗做这种费力不讨好的事呢？可是2016年的大选情况不一样，民主党这边如果桑德斯胜出，会导致大批温和派选民无所适从。共和党这边如果特朗普或特鲁兹胜出，同样会导致大批温和派选民无所适从。两党的温和派选民加起来占选民的半数以上，这时候他出马，很可能在"三国演义"中得票最高，美国大选没有得票必须过半数的规定，谁得票最多谁就赢，因此他的赢面很大。随着选情的进展，希拉里在党内也开始讨人嫌了，那么共和党看来除了极端派也没有别人了，因此彭博一直在观望，口风越来越松。

不管他最终是否出马，2016年是犹太人对总统宝座冲击最大的一次。

8. 影响"美式"民主的变数

对于犹太人的看法，有很大一部分是谎言。

就拿2000年总统大选来说，犹太人的选票戈尔得到了81%，布什只拿到了19%。当年历次全美民意调查中，支持海湾战争的美国人最高时达到78%，但犹太人中支持战争的只有52%，低出全国一般民众支持率26个百分点，这还是在萨达姆有事没事向以色列扔颗飞弹的情形下。

"犹太人控制美国"，这是一些别有用心的人散播的一种谎言，以此把阿拉伯人的视线，从其内部的专制问题转移到外部。这个说法正好符合欧洲的反犹传统，因此被欧洲的一些人接过来大肆渲染。

美国这种政治体制的一大特点，就是防止少数族裔主导全国政治。因为政客是选举出来的，少数族裔没有足够的选票。犹太人只占美国人口中不到2%，是无法垄断美国政治和外交的，如今的美国还是欧裔白种人的天下。

但是，对这种由来已久的说法，美国保守派并没有大力反驳，任由别人抹黑。这种非正常现象，直到公开20世纪70年代尼克松任总统时的白宫录音带才露出马脚。其中有一段美国当代最著名的宗教家葛培理和尼克松的私下谈话，这位保守派宗教家表示，他对左派犹太人主导美国媒体的现象很担忧，并感叹："犹太人是美国的癌症。"

美国的保守派在反犹上和欧洲的乡亲是一致的，美国虽然没有出现大规模排犹事件，但也不是永远宽容。南北战争时，北方为了打击南方经济，禁止购买南方的棉花，以致走私猖獗，其中自然有犹太人。负责西部战区的格兰特因此下令，驱除本战区内所有犹太人，这个行动因为反响太大，最后让林肯废止了。

犹太人人数虽少，但绝大多数处于美国的上层社会之中，多以教师、医生、律师、商人、演员、艺术家、大学教授为职业，也确实是对美国政治最有影响的少数族裔。犹太人和亚裔一样，讲个人奋斗、重教育，可是他们偏偏绝大多数是民主党，和他们"唯利是图"的民族招牌格格不入。

其实，以色列的犹太人也一样，他那个国家如果不是为了防卫的话，肯定是世界上社会福利最好的国家了，整个就是一个社会主义，要不是阿拉法特老闹动静，以色列的右派早就土崩瓦解了。犹太这个民族的几千年失国，正是因为这种乌托邦的民族幻想。

犹太人最扬眉吐气的年代是克林顿执政时期，犹太籍的部长级官员不在少数，其中包括女国务卿奥尔布赖特、国家安全顾问伯格、国防部部长科恩、劳工部部长拉宾、商业部部长萨默斯以及联储会主席格林斯潘等。就连克林顿性丑闻的主角莱温斯基也是犹太人。所以希拉里身后的犹太势力也很庞大。虽然他们不能控制美国，但并不表明他们不想控制美国，更不表明他们不想通过美国实现他们的乌托邦梦想。

犹太人不仅是美国民主党候选人的重要票源之一，更是该党的主要选举经费来源之一。民主党总统候选人的政治捐款，三分之一来自犹太人，三分之一来自被称为"左派大本营"的好莱坞。他们给希拉里和奥巴马捐的竞选经费，就有上亿美元。

桑德斯也好，彭博也罢，都带有犹太民族理想的烙印。2016年大选，他们处于风口浪尖，这也和美国近年来政治生态有关。因为美国政治体制到了日久生变的时刻了，因而这种改变对犹太人越来越宽松。

桑德斯的革命、特朗普这个"局外人"，都是选民求变的产物。以往大选，选民求变只是喜新厌旧，这个党执政一段时间，就选另外一个党，两党轮流换，干得好坏反而不是很重要。但是近年来，众多选民对两党都失望到家了，这种失望情绪已经快要影响到延续200多年的美国民主体制的稳定了。

究竟是什么东西维系着"美式"民主的稳定？

美国基层政权的民主机制没有大的危机，因为从殖民地时期就建立的自治传统并没有因为政党的出现而发生大的变化，党派因素在基层选举中还没有起到绝对作用，美国两大党的基层组织极其松散。在基层民主选举中，关键是地方经济和发展，不考虑意识形态，也很少出现党派站队的情况，这是美国之所以稳定的最主要因素。不管世界风云如何变化，不管全球还是全美经济形势如何，各县市镇有自己的小天地，这也是很多国家不具备的稳定因素。

但是，联邦一级的选举在建国时还没有先例，完全是新建的。当时的美国和现在的美国截然不同，根据当时的情况制定的政治体制就存在着很大的不稳定因素。当时考虑的是豪门式民主体制，政党是建国后才出现的，"美式"民主体制并没有像很多国家那样彻底地政党化，而是豪门加政党的民主体制。

政治家族在"美式"民主中的影响很大，但美国没有出现地方政治家族永久性把持某些地区政治权力的现象。这是因为政治游戏规则和政党因素的影响。政党在"美式"民主中的影响也很大，但美国政治家对党的忠诚度很差，转换党派是家常便饭。这是因为他们必须代表本地选民的利益，否则就会落选。这两者结合起来，保证了联邦一级"美式"民主的稳定性。美国的霸主地位正是靠政治稳定性来维系的，南北战争之后美国再没有出现大的政治危机，说明这套体制运转得不错。

但是近些年来，国会的意识形态之争越来越严重。在大选投票的时候，两党议员站队的情况极其严重，这种听党号召的做法其实对"美式"民主的危害极大。选民选的是代言人，不是职业政客，不管是革命也好，选局外人也罢，都是选民们向职业政客化的政治人物示威。

9. "美式"民主大变革的前夜

近年来，美国两大政党的极端化是"美式"民主很难化解的难题。

民主党偏左，共和党偏右，而且越来越对立，到 2016 年大选，两党间的争夺更是出现了极端现象。他们都有极端派候选人而且表现都不俗。美国历史上也有这样的时期，比如大萧条前后的孤立主义和新政时期，但那时候是符合主体民意的。现在是信息时代和全球化时代，美国民众的认知大大地提高，看待问题更为理智，"茶党运动"和"占领华尔街行动"没有成气候，说明大部分民众不赞同极端化。

但是在大选中，极端化的言论在党内极具煽动性，温和派言论没有市场，导致候选人的言论越来越极端，以致于出现 2016 年大选大多数候选人是极端派的现象。从选民比例来说，极端派的选民占少数，温和派占多数，如果两党都出现极端派候选人，温和派就无所适从，只能不参与。

美国政客中不乏出色人才，但这种人才在两大党内很难出线，因为他们的态度温和。就难以解决的联邦赤字和债务问题来说，其实解决方法很简单，节省开支增加税收就是了。但两大党一个只增税，一个只减少开支而且还不能动军费，导致问题越来越严重。之所以有不少人支持特朗普，就是因为他是共和党内少数的能够动军费这块的候选人，他是商人，知道该怎么办。而那些政客要考虑的只是利益集团。

在目前两大党的政治框架下，很难解决这个问题。其实这个问题由来已久，当年林肯就清楚地看到了并积极联合民主党温和派准备筹建联盟党。以林肯在内战结束时的声望和政治实力，可以说是美国历史上唯一一次打破两大党框架的机会，可惜林肯遇刺。2008 年大选后，共和党内因为"茶党运动"的兴起而大乱，是另外一个打破两大党框架的机会，可惜奥巴马是个无能之辈，让国会中民主党左派牵着鼻子走，得罪了多数选民，给了共和党翻盘的机会，不仅让共和党重新黏合，还占据了国会的多数。

2016年大选，特朗普能走多远，决定了能否改变现有的两大党政治框架，能否打开这个死结。

政治家族的影响在"美式"民主中并没有改变，因为"美式"民主的两级选举制使得选民在很大程度上偏重政治家族。但政治家族在联邦一级的选举中表现不佳，布什家族的失利很说明问题。杰布·布什手里有上亿美元的竞选经费加上人脉，放眼党内无人能比，自己也信心十足，可是时代变了，其他人的筹款能力也不差，特朗普还是个不缺钱的。大家早早就看到布什的潜力，群起攻之，而他还走稳定路线，结果从一开始就落了下风。不能顺应时代变化是杰布·布什失败的根源。

传统上的靠人脉和筹款能力已经不适应今天的形势了，候选人必须学会讨好选民，这一点桑德斯和特朗普做得很好。尤其是特朗普，表面上是大嘴巴，实际上所说的都是本党选民爱听的，政治家族子弟如果不顺应这种变化，就只能和杰布·布什一样下场。

民主党相对来说还好。党内基本支持希拉里，而桑德斯赢得了很大一部分白人以及年轻人的选票。这些年轻人大多是独立派选民，如果桑德斯在党内初选失败了，他的支持者一多半还会投民主党的票，剩下的可能不投票了。

可是，共和党的情况则不同。如果从赢得大选的角度看，特朗普比特鲁兹胜率大，在党内获得的支持率也高，带动了很多以前不投票的选民，增加了共和党的"基本盘"，而且他也没什么原则，到了大选阶段口气一变，没准能吸引大批的中间派。特鲁兹则必须按保守派的思路说话，这不可能吸引多少中间派的。

可是，共和党主流一致地反对特朗普。在温和派候选人纷纷倒下之后，竟然一致支持在大选中毫无希望的特鲁兹，主要原因是共和党必须保住保守派。特朗普虽右，但他是自由派的右，他出线会让极端右派失望，这是共和党主流宁肯丢掉大选也不愿意看到的结局。

特鲁兹想出线，就必须全力阻止特朗普获得半数，然后在全国代表大会上"玩"掉他，但使用这下流招数会得罪特朗普的支持者。特朗普本来就是半路出家的共和党，很可能率领众人另立门户。如果特朗普胜出了，超过10%的共和党选民会改投民主党的票，特鲁兹胜出也一样，连本党选民都如此，更不要说中间派了。

　　团结共和党最好的人选是卡西齐，但他实在支持率太低，尤其在南部。这三个人各怀鬼胎，公然宣称如果自己落选了也不会支持本党总统候选人的，这让共和党面临着很严峻的分裂局面，而且暂时无法解决。目前共和党主流和特朗普的对立势同水火，特朗普又是个政治上的"自干五"，他在党内的胜和败都是一场共和党的政治地震。

　　更重要的是今非昔比，以前无论是广播还是电视，都改变了竞选的模式和结局，而今天的互联网和社交媒体同样对"美式"民主选举的冲击也很大。不仅仅是候选人要善于利用互联网和社交媒体，更重要的是互联网和社交媒体前所未有地能够将小人物的意愿联合起来，形成不亚于利益集团般的力量，特朗普和桑德斯就是因此而崛起的。不管他们在2016年能走多远，已经是大选的赢家了。

　　正因为有互联网和社交媒体，使得在传统的利益集团之外，出现了真正的民意力量。这种民意力量究竟能不能左右选举的结果，究竟会不会对"美式"民主产生根本性的改变，这才是2016年大选最值得关注的事。

　　2016年，最后谁赢得大选其实并不重要，因为总统在美国并没有大的权力，真正的权力中枢是国会，谁把持国会的多数，谁就有主动权。此外美国的经济形势没有大的风险，尤其是2008年以来美国的能源策略非常成功，彻底消除了能源危机，美国的军事力量也提升了不止一个档次。这些因素使得美国再一次具备了折腾的本钱，在没有内忧外患的时候，会不会发生一次政治体制的变革，使得"美式"民主得以继续"玩"下去呢？

　　只能让时间来回答。

二、美国独立的侧面之一——《独立宣言》的背面

1. 一张白纸，几个老画师

一张白纸，好做文章。美国是一个年轻的国家，历史只有240年，以至于有人开玩笑地说，从北京随便一个胡同的公厕里撬下一块砖，都比美国的历史长。

从旧大陆文明的角度看，北美的确是一张白纸，但是在这张白纸上写文章的并不是某天突然脑袋开窍的土著人，而是背负了旧大陆文明包袱的殖民者。

民主并不是新东西，人类的历史实际上是从民主到独裁然后再从独裁到民主的过程。从民主到独裁在当时是先进的东西，从独裁到民主同样也是先进的东西，可以说是人类社会的必然。

殖民者到美洲大陆的其他地方，所采取的政治体制都是独裁式的，以各种方式由王室任命的总督掌握生杀大权，但北美并没有走同样的道路，而是开放出民主之花。原因不外乎两个：人和环境。

任何政治制度都要用之于人，你一个人来到一个深山老林，民主也好独裁也罢都没有意义，只有当有了人类社会形式之后，才有政治制度。北美的政治制度源于最初到这里的移民，是根据他们的具体情况演变而成的。

背井离乡自古就是人生最辛酸的事之一，再加上要远渡重洋，没准就会浮尸海上，成了鲨鱼的晚餐，即使到了，看到的也是一片不毛之地，这样的事不到万不得已是谁也干不出来的。最初来到北美的英国人有两部分，一是要实现自己的宗教理想的清教徒，他们对英国社会的现有制度不满，

也和主流教会格格不入，不会出现西班牙殖民地那种由教会控制社会的情况，由此才衍生出了自治的政治生态。另一部分人是做着发财梦而来的，其中不乏富人，这批人所熟悉的政治体制就是英国的政治体制。两部分人相结合之后，渐渐地形成了北美特有的政治体制。虽然这个政治体制源于英国，但出于自治的驱使，使得北美人更注重于英国政治体制所继承的古罗马的政治体制中的民主成分。

"普天之下莫非王土"，当时世界上的土地都归帝王所有，北美殖民地也是英国国王的土地。王之土地就要唯王令是从，何来自治？这是因为北美的自然条件太艰苦了，不容许自治的话，这片土地很可能就没有人肯居住了，因此也就不为英王所有了。

英国人比西班牙人晚一百年来到美洲大陆圈地，这时候好的地方都被其他国家圈完了，只剩下北美这一片不毛之地。既寒冷又没有多少可奴役的印第安人，更没有黄金白银和丰富的水产，想在这里生存，必须自力更生。怀有敌意的印第安人和虎视眈眈的西班牙人、恶劣的气候以及疾病和饥饿，如果再照搬英国的等级制度，是毫无可能让移民们坚持下去的。活下去才是硬道理，无论是手里持有皇家许可证的伦敦公司，还是国王本人，都很快认识到这一点，痛痛快快地默许了自治的原则。

北美各殖民地中只有纽约和佐治亚两处没有明文规定自治条款。纽约原是封给查尔斯二世的弟弟约克公爵即后来的詹姆斯二世的。佐治亚是封给几个受托管理人的。可是住在这两处的居民坚决要求派遣代表参加政府工作，否则就搬到其他殖民地去。北美当年最宝贵的是人，人一走荒凉的土地一点价值都没有，因此领主们不得不让步，效仿其他殖民地，让居民组成议会来约束自己。

美国占据的是一大片很荒凉的土地，原居民只有几百万，根本没有像样的人口密集居住地，以至于到 19 世纪初，按时任美国总统托马斯·杰弗逊的估计，从大西洋岸到太平洋岸，让整个美国变成所有地方都有人烟，需要 1000 年。

杰弗逊的数学确实很不好，也大大低估了"全球填美"的移民能力。

英国那边也知道人才是最宝贵的。于是，计划把英国的罪犯都运到北美来，选定的地方是卡罗林那。可是当年那里恶性疟猖獗，新移民定居一年后仅幸存15%，这种情况有多少罪犯也是白运，不得不在海上多转几转，把罪犯运去了澳大利亚。

虽然自治，但北美人对英国王室还是忠心耿耿。殖民地开创后不久，英国发生内战，弗吉尼亚殖民地没有像日后巴西那样乘机独立，而是继续效忠王室，感动得詹姆斯二世称之为"我的旧领地"，所谓海外有孤忠。

弗吉尼亚殖民地是北美殖民地的领头羊，在英帝国眼中，这是一块忠臣之地，所委派总督不乏勋贵，帝国军官退役后也可在此置地安家。可是谁曾想到，就在帝国与法国的全球争霸战，天下土地四分之一为英王之土，帝国就要走向欣欣向荣之际，北美殖民地居然和帝国翻脸，以一纸宣言与帝国决裂，起草这份《独立宣言》的竟然还是一位弗吉尼亚人。

这么一个大弯，让英伦三岛朝野上下实在转不过来。

2. 从弗吉尼亚到北上费城的几位亲友

美国独立，一场大戏。

北美殖民地的独立行动始于大陆会议，"波士顿倾茶事件"之后，北美十三家殖民地中十二家派出代表，于1774年9月5日到10月26日在费城开会，这就是第一次大陆会议。没有派出代表的是当时位于最南部的佐治亚殖民地，因为有求于帝国派兵对付印第安人，所以不敢惹怒帝国。

第一次大陆会议开到最后，绥靖派占了上风，独立的声音被压制了，决定从当年年底开始对英国货物采取禁运措施，并上书向英王乔治三世请愿，如果请愿书没有得到回应的话，就在次年召开第二次大陆会议。

禁运成功地实施了，请愿书却没有得到想要的回应。因为波士顿那边已经打起来了，帝国也不和殖民地谈了，而是着手平叛。于是，十二家殖民地的代表于1775年5月10日再聚费城，这一次开会的主题很明确：独立。

举足轻重的弗吉尼亚殖民地派出了豪华阵容，有后来出任弗吉尼亚州长、第三任美国总统的托马斯·杰弗逊；有大名鼎鼎的李家族的理查德和弗朗西斯两兄弟，理查德后来出任事实上的国家元首大陆会议主席和参议员；有昔日弗吉尼亚首富、绰号"国王"的罗伯特·卡特的外孙卡特·布拉克斯顿；有后来出任弗吉尼亚州州长、儿子成为第九任美国总统的本杰明·哈里森；有父亲曾短期出任弗吉尼亚州总督、本人后来出任弗吉尼亚州州长的托马斯·尼尔森；有教出杰弗逊、大法官马歇尔和政坛一霸克莱的教父级人物乔治·威斯。本来还应该包括第一届大陆会议代表乔治·华盛顿，但华盛顿已被任命为刚刚组建的大陆军总司令，去波士顿指挥造反去了。

对了，还缺个领队的，他叫佩顿·伦道夫，此人在独立后无声无息了，不是因为他是个打酱油的角色，而是同年的10月22日，54岁的伦道夫因中风死在费城了。如果没有这场中风，美国的政治历史就要改写了，因为佩顿·伦道夫是第一次和第二次大陆会议的主席，美国独立前夕北美殖民地独立派的政治领袖。

佩顿·伦道夫先在威廉·玛丽学院上学，然后去伦敦游学并获得律师执照，之后返回弗吉尼亚，一年后被任命为弗吉尼亚殖民地总检察长，时年23岁。

年轻有为吧！如果再加上他爸的背景就更厉害。他爸曾经出任过殖民地议会议长、总检察长，而且还是唯一一位出生在殖民地被封为大英帝国爵士他姥爷出任过殖民地议会会长和财长。佩顿·伦道夫后来也担任了殖民地议会的议长，是一位典型的殖民地时代的"官二代"。

其实，这些在弗吉尼亚殖民地几大家族中也算不得什么，佩顿·伦道夫执大陆会议之牛耳的主要原因是因为他姓伦道夫。

伦道夫家族是弗吉尼亚豪门，祖上可以追溯到苏格兰王罗伯特手下大将，也是他的表弟托马斯·伦道夫伯爵，因此和现今英国女皇是血亲，而且还有耶路撒冷国王约翰二世和英王"狮心王"理查的血脉。

来到弗吉尼亚的伦道夫叫亨利，于1642年到了北美。32年后，他的一个侄子成了孤儿，前来投奔他，此人名叫威廉。威廉和一位叫玛丽的人结婚，于是弗吉尼亚第一所高等学府就叫威廉·玛丽学院，一来纪念英国的双王威廉二世和玛丽三世，二来也是他们夫妻俩的名字。威廉·玛丽学院是北美第二所大学，开创时间仅次于哈佛，是殖民地豪门子弟受教育的主要学府，没有去英国读书的弗吉尼亚子弟大多是从这里毕业的。弗吉尼亚的政治人物除了詹姆斯·麦迪逊因为身体的原因不能待在威廉斯堡，只能北上普林斯顿读书，和华盛顿没接受高等教育之外，均出自威廉·玛丽学院。因此奠定了伦道夫家族在弗吉尼亚本土豪门中的核心地位。

为了巩固自己家族在弗吉尼亚的地位，大地主们相互通婚到了没法算辈分的程度，来看看一起去费城开第二次大陆会议的这八个代表吧。

首先还得从伦道夫家族的威廉和玛丽说起，两人生了不少孩子，其中有三支出了人才。

威廉的儿子托马斯这支出了最著名的首席大法官约翰·马歇尔，艾斯拉姆这支出了第三任总统杰弗逊，杰弗逊和托马斯亲上加亲，将女儿嫁给了托马斯后裔的另外一支的小托马斯。小托马斯曾出任国会议员和弗吉尼亚州州长，他和岳父杰弗逊是弗吉尼亚州第一对翁婿州长。约翰那支出了大陆会议主席佩顿和司法部部长、国务卿艾德蒙。佩顿的妹妹玛丽，将女儿嫁给了托马斯·尼尔森。尼尔森后来接替杰弗逊出任弗吉尼亚州州长。图1就是伦道夫家族的政治族谱。

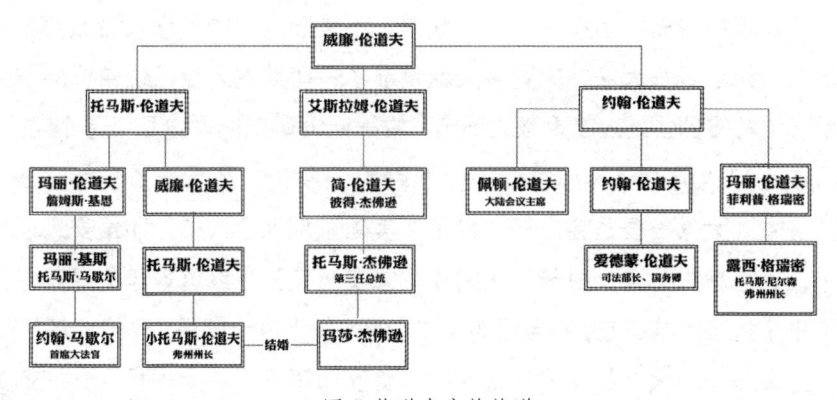

图 1 伦道夫家族族谱

佩顿娶了哈里森的姐姐，伦道夫家族和哈里森家族也是反复通婚。这样八个代表里面有四个是很近的亲戚，姐夫和小舅子，一个亲外甥女婿和一个堂外甥。

李家族也和伦道夫家族反复通婚，佩顿的姨妈露西就嫁入了李家，这位露西是殖民地有名的美女、华盛顿青葱年月的单相思，这一下不仅李家兄弟加入了亲戚团，连远在波士顿的华盛顿也成了伦道夫家族的友人了。

哈里森和卡特·布拉克斯顿是表兄弟，两人的母亲是同父同母的亲姐妹。这样就剩下乔治·威斯，他是佩顿的铁哥们儿，在佩顿到伦敦出差期间代理总检察长，又是杰弗逊的老师，也不是外人。

北上费城参加大陆会议的弗吉尼亚代表团加上外派的华盛顿总司令就是这么一个亲友团。

3. 一桩异族婚姻带来 8 年和平

搞小圈子小团体闹革命？这也太小瞧伦道夫家族了。

佩顿·伦道夫成为大陆会议的主席，还有一个别人无话可说的理由：伦道夫家族是北美"第一家族"。

英国人当初来到弗吉尼亚后，经过一番艰辛站住了脚，也跟本地的印第安人和平相处。英王詹姆斯一世得到消息后很高兴，问清楚当地印第安人的大酋长叫波瓦坦，御笔一挥册封波瓦坦为弗吉尼亚国王。

波瓦坦所管辖的组织叫波瓦坦联盟，不是旧大陆的国家或者城邦。波瓦坦的年纪已经很大了，究竟多大就没准了，印第安人自己说自己的岁数时都云山雾罩的，外人就更难以确定，唯一能够确定的是波瓦坦是个老人。

波瓦坦的势力要是按中国的标准就是个乡长，甚至连乡长都不是，大致是乡人大常委委员会主任的样子。美国东部地广人稀，印第安人以村为单位，也就是部落，村与村之间或敌或友。波瓦坦经过多年的经营，把三十来个村子团结起来，奉自己为盟主，看架势下一步就是"开国登基"了。

这又是按旧大陆的模式来推断的，美洲印第安人在处理相互之间的关系上和旧大陆的民族不一样。在旧大陆，通常是靠征服来实现的，或者靠联姻。而在新大陆，虽然也存在着征服，但更多的时候靠的是外交来实现的，讲究君子动口不动手，靠一张嘴打天下。新大陆的人都有苏秦、张仪的能耐，有什么纠纷了靠开会解决，与会诸人长篇阔论，舌战群儒者为尊，能用外交手段解决的就不动用武力，真可谓"兵者凶器也，圣人不得已而用之"，非常符合中国古典圣贤的做派。

波瓦坦先生的情况也一样，他那个联盟也基本上是靠外交手段建立的，用"团结就是力量"为口号，把各个村庄联合起来。这些村庄聚集在波瓦坦的旗帜下，并不是因畏惧屈服于他的武力，而是为利益所驱使，团结起来能过好日子，减少仇杀走共同富裕的道路，类似以德服人的那种。同时，团结起来就更有力量和敌对的印第安人部落联盟争斗。

英国殖民者来了，波瓦坦还是这一套思路，采取了和英国殖民者结盟的方式。印第安人那张嘴一吹，传到詹姆斯一世的耳朵里就是一个大国了，他哪里知道北美那种地广人稀的处境，于是，波瓦坦联盟成了大英帝国的属国。

在英国，王储才是亲王级别的，弗吉尼亚国王这个头衔很让英国贵族眼热，而波瓦坦根本不知道这个国王是干什么的。他有个女儿很有名，叫普卡康蒂，迪士尼根据她的真实故事，制作了两部动画片《风中奇缘》，好莱坞也曾拍过电影，普卡康蒂出了名了，真实的历史是怎么回事呢？

北美当年太贫瘠，印第安人本来就饥一顿饱一顿，来了一群英国人，大家就更饿了。双方没多久就发生了冲突。

普卡康蒂并没和父亲住在一起，而是一直在另外一名酋长的村子里住。1613年，两名英国人在和这名酋长做交易时发现了这件事，认为奇货可居就将她绑架，要求她父亲释放被俘的英国人，交还偷去的武器和农具。因为印第安人发现英国人的武器和铁器很好，就常常偷走。在殖民地最缺少的就是干农活的工具，所以英国人靠这种下作办法想把工具要回来。

女儿在人家手里，波瓦坦只好照办，可是双方对应该交还的武器和农具数量有争议，一年了也没有解决，普卡康蒂就一直被软禁在殖民点。这期间，她受到了善待，牧师天天给她讲《圣经》，还教她学英语。一年下来，硬把普卡康蒂说成了基督徒，受洗之后改名叫瑞贝卡。

普卡康蒂被捕一年整时，殖民者和印第安人发生了剧烈冲突。普卡康蒂一看不能这样下去了，就让人带话给老爹，既然把女儿看得比旧农具还不值钱，女儿决定从此和英国人一起生活了。

这时，殖民地首富约翰·罗尔夫上门提亲了。

罗尔夫是个下等农夫，带着老婆和年幼的儿子到新世界碰运气。船在巴哈马搁浅了，一番折腾，他老婆和儿子都去世了，就剩下罗尔夫孤身一人。罗尔夫把老婆和儿子埋了，在巴哈马浪迹街头，发现此地的烟草味道非常好。

烟草是哥伦布在新大陆发现并引进欧洲的，北美大陆的土生烟草味道不好，拿回英国没人吸。罗尔夫发现有这么好抽的烟草后，就偷偷地在特立尼达找到种子。西班牙专门有法律，谁敢把种子卖给非西班牙人的话，格杀勿论。罗尔夫带着这些烟草种子，来到詹姆斯镇。

到了詹姆斯镇后，大家种粮食，罗尔夫种烟草。1611年，罗尔夫成功地种植出这种带有甜味的烟草，于次年出口英国，非常受欢迎。其他殖民者也相继仿效，很快使弗吉尼亚殖民地的经济起飞，靠出口烟草，换来粮食和其他生活用品，从此开始了北美的远洋贸易。有了烟草经济，英国人终于在北美站住了脚。

没几年，罗尔夫凭借种植烟草成为殖民地的首富，觉得该重新有个家了。可是殖民地除了寡妇外就只有18岁的普卡康蒂，就这样两人成了亲。

女儿成了外族人的老婆，波瓦坦只好认了，本来双方冲突主要因为普卡康蒂被绑架，现在出现了这样的结局，也没什么可冲突的了。波瓦坦指了一片土地，算是给普卡康蒂的嫁妆了。印第安人对土地没有所有权的概念，这是个使用权，在罗尔夫眼中，这是他们夫妻俩的私有财产。那片土地上还有个茅草屋，是老丈人送给他们的结婚礼物，罗尔夫和普卡康蒂当然不会去住。

因为这桩异族婚姻，英国人和印第安人的关系缓和了，并且带来了8年和平。两人的儿子汤马斯于次年出生。

又过了一年，夫妻俩得出趟远门去英国，年幼的儿子自然也一道去，这一趟是公差，因为殖民地的烟草经济遇到大麻烦了。

4. 弗吉尼亚公主的公关之旅

詹姆斯一世是全球禁烟的鼻祖，他认为吸烟是一种恶习。1603年刚刚继位的他，就下了禁烟令，但是吸烟这种恶习一旦上瘾很难戒掉，詹姆斯一世的禁烟令很快成了一纸空文，到后来，吸烟的人越来越普遍。北美殖民地居然靠种植烟草为生，弗吉尼亚烟草一到，英国的烟草价格下降，吸烟的人更多了。詹姆斯一世大怒，打算禁止进口弗吉尼亚烟草。

詹姆斯一世并不知道烟草对主动吸烟者的健康和被动吸烟者的健康有那么多坏处，只是觉得国人已经够游手好闲了，再整天端个烟袋锅子，大英帝国的霸业还能有指望吗？禁烟要先从自己做起，所以准备第一步先禁了弗吉尼亚殖民地的烟草进口。

不管禁烟出于崇高理想还是良好愿望，对于弗吉尼亚殖民地来说，这可是要命的事。真不让往英国运烟草了，弗吉尼亚殖民地又会回到饿肚子的年代了。这几年大家都种烟草，根本没人种粮食，那样的话肯定连10个月都坚持不下来。

殖民地议会赶紧商量对策，让大家各显神通，绅士们找各自在英国有权势的亲戚去，亲戚们传过话来，该帮的忙肯定会帮，但国王已经铁了心，关键问题是要让国王改变主意。

有人出了个妙计：用印第安人做外交公关。

从哥伦布开始，欧洲人常把印第安人带回欧洲，有的让人当猴看，有的当奴隶，怎么做"外交公关"呀？

普卡康蒂则不同，她是堂堂正正的大英帝国的外藩公主。她去英国等于藩王朝贡，这可是美洲藩国头一次朝贡，英国王室得给予礼遇，利用这个机会，可以向詹姆斯一世进言。

罗尔夫夫妻欣然同意。这是因为罗尔夫家是最大的烟草地主，维护殖民地的烟草经济责无旁贷。

1616年6月，罗尔夫一家三口，加上11名印第安人以及詹姆斯镇的代表们抵达伦敦，并受到热烈欢迎。普卡康蒂成为历史上第一位也是唯一一位在新大陆之外受到皇家最高级别礼遇的印第安人。

普卡康蒂一到，伦敦万人空巷。

伦敦人不是没见过外国公主，这么热情是因为头一回见到印第安公主，他们是来看热闹和笑话的，以为会见到一位衣不遮体的野蛮人。码头上人山人海，等客人开始下船了，大家都吃惊起来，这公主哪里是野蛮人呀？行为举止虽然比不上英国贵族，但和平民百姓也没什么区别。

普卡康蒂跟殖民者住了几年了，行为举止和英国人没什么区别，在路上又恶补了一下上流社会的礼仪，举手投足之间让英国人很意外，一时间弗吉尼亚公主风靡伦敦，王公贵族挤破脑袋前来套近乎，英国王室也觉得脸上有光，这表明海外教化的政绩，而这时只有詹姆斯一世一个人生闷气。

他对普卡康蒂没意见而是对罗尔夫有意见，越看这家伙越不顺眼，真想把他关伦敦塔去，可是又不敢，弗吉尼亚公主是伦敦的新宠，突然把人家的丈夫关进伦敦塔，臣民们肯定觉得自己的脑子有问题，而且也会影响帝国海外殖民事业。

罗尔夫虽然不如西班牙那些征服者一般为国家万里开疆，但他让英国在北美扎根，否则弗吉尼亚殖民地就不存在了，好歹算是对国家立下大功之人，詹姆斯一世怎么心胸狭窄到这种程度？

这是因为罗尔夫所作所为有违朕意。

继先王开拓北美的事业，詹姆斯一世首先希望能和当年西班牙王国一样，从新大陆获得巨大的财富，金子银子宝石来者不拒。即使找不到财宝，也得种些粮食、养些牲畜成为祖国的原料基地，可是罗尔夫带着大家种了烟草，让他这个禁烟的"先驱"脸往哪里放？

詹姆斯一世最终还是以国际关系为重，咽下了这口气。可是众臣一个劲儿地介绍说普卡康蒂是弗吉尼亚国王最疼爱的女儿，也就是说这是王储了，一旦波瓦坦和普卡康蒂都去世，也没有其他后人，按欧洲皇室的惯例，罗尔夫也许能继承王位。

英国是等级社会，只有贵族才能娶贵族，罗尔夫是平民，平民要和贵族结婚，特别是他这种娶了一国公主的情况，应当先获得国王的恩准，国王赐给他一个贵族的头衔，然后再娶公主，这样就门当户对了。可是他自作主张，平步登天成了弗吉尼亚王国的驸马爷，一回到伦敦，他也有了弗吉尼亚王子的头衔了。

罗尔夫不傻，看出国王不快的原因。自己平步成了贵族，这没法改变了，烟草问题可以向国王进言。他给国王摆事实讲道理：弗吉尼亚甜味烟草举世无双，咱们不让英国人吸，但可以让外国人吸，把弗吉尼亚烟草打造成英国出口的拳头产品。英国法律规定对烟草课重税，弗吉尼亚烟草终归要从伦敦转手，这样王室就能够坐地分赃发大财。

詹姆斯一世仔细想了想，觉得驸马爷说得有道理，一切应该向钱看，禁烟的理想应该让位给经济起飞，何况弗吉尼亚殖民地对于帝国来说非常重要。于是，国王松了口，弗吉尼亚烟草堂而皇之出口英国，从1619年出口10吨，到了1639年达到750吨。可是，詹姆斯一世和罗尔夫都没有料到，这个从伦敦转口的政策最终导致北美殖民地和母国分道扬镳，美国成为独立国家。

5. 第一家庭不仅仅是传说

从烟草开始，英国规定北美殖民地的货物无论进口还是出口，都要经过伦敦，不能直接和其他人交易。北美的烟草和其他产品先运到伦敦，再由伦敦商人转卖给别人，英国政府得以从中抽税。北美殖民地虽然不交所得税，可是货物这么一倒手，利润大头被伦敦的中间商拿去，就如同中世纪的阿拉伯商人一样，北美人利润很低。进口也是一样的，比如北美人喝的茶叶，要从中国先运到伦敦，再由伦敦运到北美，一转手贵了几倍。北美人非法从荷兰人手里买中国茶叶，价格就便宜得多。可是这样一来东印度公司几乎倒闭了，便游说英国政府在北美施行垄断专卖，引发了"波士顿倾茶事件"，成为美国独立的导火索之一。

普卡康蒂的这场公主公关之旅很成功，但她却没有机会返回故乡了。

1617年3月，罗尔夫一家起程返回北美，船刚刚出港，普卡康蒂就病倒了，船队只好返回英国，上岸后普卡康蒂很快去世了。她的病因不详，可能是肺炎、天花或者结核。22岁的普卡康蒂被安葬在英国，其墓地已无法找到。

罗尔夫把幼子托付给一个亲戚，独自返回北美，两年后和简结婚，他们的女儿伊丽莎白于1620年出生。

罗尔夫把普卡康蒂去世的消息告诉波瓦坦，一年后波瓦坦把大酋长的权力交给弟弟欧帕查纳卡纽，很快也去世了。普卡康蒂和波瓦坦的去世，标志着殖民者和印第安人和平相处的终结。1622年3月22日，印第安人突然袭击殖民者，几乎杀死了殖民地三分之一的人口。殖民者随即反击，双方斗得你死我活，最终以印第安人的溃败而告终。

罗尔夫于1622年3月22日那场大屠杀中被印第安人杀死。他和普卡康蒂隔着辽阔的大洋，各自安葬在对方的故乡。

普卡康蒂临终前说的最后一句话是：人都会死的，但我还有个儿子。

这句话可以说是美国历史上的第一个诅咒，因为它给了弗吉尼亚豪门一个独立的理由。

1635年，罗尔夫的女儿伊丽莎白去世。就在这一年，20岁的托马斯·罗尔夫来到美国。由于身上流着罗尔夫和普卡康蒂的血液，他获得殖民者和印第安人双方的信任，外公给他留下上千公顷的土地，他成为印第安人首领，也参加英军。他的女儿简嫁给了富有的罗伯特·博林上校，两人有一个儿子约翰。简死后，博林再婚，生下好几个孩子，因此博林家就有两支，一支是红皮肤博林，来自普卡康蒂；另一支是白皮肤博林，是第二次婚姻的后代。

普卡康蒂的嫡系约翰·博林少校曾经出任殖民地议员，是有权有势的人物，他有六个儿女。自己有势力，孩子们的婚姻都不错，于是弗吉尼亚的很多家庭都可以从他这里把自己的血缘连到普卡康蒂那里。因为普卡康蒂是英王御赐的弗吉尼亚王国的公主，普卡康蒂和罗尔夫一家被称为弗吉尼亚第一家庭。这些攀龙附凤的后代非常自豪，弗吉尼亚这个概念最初非常庞大，除了新英格兰地区外，美东的其他地区都属于弗吉尼亚，因此弗吉尼亚的第一家庭也就是美国的第一家庭。

约翰·博林的长女简嫁给了罗伯特·伦道夫，伦道夫家族因此成为弗吉尼亚豪门中第一家庭的传人。

从弗吉尼亚殖民地北上去费城参加第二次大陆会议的八人亲友团中有三位属于伦道夫家族，尤其是团长佩顿·伦道夫，虽然他不是家族内普卡康蒂的嫡系，但也算第一家庭中人。作为伦道夫家族的现任领袖，佩顿·伦道夫当仁不让地扛起殖民地独立的大旗，支撑着他这股硬气的是那昙花一现的弗吉尼亚国王的名头。

可惜出师未捷身先死，佩顿·伦道夫豪气冲天之际病死在费城，弗吉尼亚群雄缺少领军人物，大陆会议主席归了独立的另外一股大势力马萨诸塞帮的老大约翰·汉考克。但马萨诸塞帮革命热情有余，到了拼理论的时候就抓瞎，独立的文书要在法理上站住脚，不能光是革命口号，因此写独立的宣言还得仰仗弗吉尼亚的伦道夫家族。

佩顿·伦道夫死后，伦道夫家族这一代拿不出像样的人物，因为佩顿的弟弟约翰支持王室，后来跑去了伦敦，下一代倒是有几位人才，但还很年轻，领军人物就成了理查德·亨利·李。

秀才造反，三年不成，仗已经打得热火朝天，殖民地还没有宣布独立，各地的造反派很不满，大陆会议受到巨大的压力，只能加快独立步伐，让理查德·李起草独立宣言。理查德·李写出了一份《李决议》，交大陆会议讨论。

大陆会议的代表多是没有写东西的本事但有提意见的能耐，很快他们提出一堆意见，要求理查德·李修改。对于这些意见理查德·李连看都不看，因为当时他接到家里的来信，说他老婆突然得了重病，这位多钱的富家大爷革命劲头马上烟消云散，丢下一切回家看老婆去了。

大陆会议诸公傻眼了，弗吉尼亚的土豪是什么情况呀？这里商量的是掉脑袋的勾当，居然还不如老婆的一场病？

6.《独立宣言》中的不臣之心

大陆会议只好另起炉灶，临时凑了五个人，成立小组来负责修改《李决议》。

这五个人分别来自五个殖民地，来自弗吉尼亚的是托马斯·杰弗逊，来自马萨诸塞的是后来出任第一位副总统和第二位总统的约翰·亚当斯，来自宾夕法尼亚的是当时已经是全球知名的科学家本杰明·富兰克林，来自康涅狄克的是耶鲁大学的掌门人罗杰·谢尔曼，来自纽约的是曾出任纽约法官的罗伯特·利文斯顿。

五个人先开小会，首先商量谁来执笔。按革命的资历首推理论家亚当斯，是他给了殖民地和英国议会分庭抗礼的法律基础。可是他拒绝了，理由是如果他写出来的话，会让读者产生偏见。按名望次推德高望重的发明家富兰克林，他也用同样理由拒绝了。谢尔曼和利文斯顿有些不好意思，于是这个任务就交给了33岁的杰弗逊，要求17天内完成，交大会讨论。写归写，草稿写好以后要交给富兰克林和亚当斯审阅。

于是，完成《独立宣言》的重任终于落到伦道夫家族身上。

沉默寡言的杰弗逊之所以当仁不让，还有一个原因，那就是他是伦道夫家族内普卡康蒂嫡系的保护人。

若干年前，伦道夫家族中普卡康蒂的嫡系托马斯·伦道夫病入膏肓，临终前把自己的长子托付给家族中一位要好的表弟。这位表弟没有儿子，对托付给他的这位普卡康蒂的嫡系视如己出，把他抚养成人后，把大女儿嫁给他，他们的孩子也就是他的外孙后来成了他的继承人，从托孤那天起，他就以第一家庭的代言人自居。

此人便是托马斯·杰弗逊。

《独立宣言》，舍我其谁？

杰弗逊接过任务，闷头写了起来。好在他有得抄，乔治·梅森刚刚写完了《弗吉尼亚权利宣言》，杰弗逊连抄带加上自己的私货，出手倒也很快。几天之后，拿着初稿请富兰克林过目，富兰克林这次不谦虚了，拿起笔一共改了48处。杰弗逊一看改得面目全非，只好回去重新写了一遍，再拿到五人小组讨论，又被改了26处，杰弗逊再重新写了一遍，这才写成了《独立宣言》。

6月28日，五人小组把《独立宣言》提交大陆会议，大会讨论了三天，于7月2日投票，纽约认为自己的利益没有得到重视而弃权，其他殖民地一致通过了这个决议。这样，北美殖民地就算正式和英国分家独立了。一周后，纽约也少数服从多数，签署了《独立宣言》。靠着这份功劳，杰弗逊成为弗吉尼亚豪门的重量级人物。

We, therefore, the representatives of the United States of America, in General Congress, assembled, appealing to the Supreme Judge of the world for the rectitude of our intentions, do, in the name, and by the authority of the good people of these colonies, solemnly publish and declare, that these united colonies are, and of right ought to be free and independent states; that they are absolved from all allegiance to the British Crown, and that all political connection between them and the state of Great Britain, is and ought to be totally dissolved; and that as free and independent states, they have full power to levy war, conclude peace, contract alliances, establish commerce, and to do all other acts and things which independent states may of right do. And for the support of this declaration, with a firm reliance on the protection of Divine

Providence, we mutually pledge to each other our lives, our fortunes and our sacred honor.

"我们这些在大陆会议上集会的美利坚合众国的代表们，以各殖民地善良人民的名义，并经他们授权，将我们的意向提交世界仲裁，同时郑重宣布：我们这些联合起来的殖民地对英国王室效忠的全部义务，我们与大不列颠王国之间一切政治联系全部断绝。作为一个独立自由的国家，我们完全有权宣战、缔合、结盟、通商和采取独立国家有权采取的一切行动。我们坚定地信赖神明上帝的保佑，同时以我们的生命、财产和神圣的名誉彼此宣誓来支持这一宣言。"

如此慷慨激昂的宣言背后，是伦道夫家族及其弗吉尼亚豪门亲戚们的弗吉尼亚国王嫡系的光荣。

弗吉尼亚国王的光荣还不足以让这群弗吉尼亚豪门与英国决裂，他们还有一个梦想，就是俄亥俄河谷。

俄亥俄河谷是什么地方？

俄亥俄河谷是印第安语，意思是"大河"。俄亥俄河是密西西比河水量最大的支流，也是美国中东部最大的河流，因为流向西南，所以是东部西去和南去的最佳途径。18世纪中叶，整个大英帝国幻想发财的人们都眼睁睁地盯着俄亥俄河谷。

15世纪末，西班牙人发现了新大陆，经过了100多年，善于航海的西班牙和葡萄牙把中美和南美瓜分干净了，可是他们对北美却不怎么在意，这是因为北美和中美、南美在人文和地理上有巨大的区别。首先北美荒无人烟，500万土著散布在这么大的区域，而且没有称得上镇子的居住点，全是星星点点的小村。北美印第安人的社会结构和开化程度很原始，也没有什么值得惦记的财宝。其次是气候太冷，对于来自温暖地带的西班牙人和葡萄牙人来说难以忍受。当英国人和法国人终于知道去新大陆碰运气时，能让他们落脚的只有北美这片不毛之地了。

又经过150年，英国打败了西班牙，成为新的霸主，能够和英国相对抗的只有法国。在北美，英国拥有现在美国东岸的13个殖民地，法国则拥有从加拿大到路易斯安那的大片土地。英国的殖民地是用来移民的，而法国的殖民地则是占地盘、控制印第安人的毛皮交易的。俄亥俄谷地夹在英法殖民地之间，是双方都没有控制的土地。

英国人和法国人看着这块土地都嘴馋得不得了，而最急不可待的是弗吉尼亚的本土豪门。

7. 值得破釜沉舟的梦想

弗吉尼亚大家族分两类，强龙家族和土豪家族。

强龙家族是来自英国的大贵族家族，弗吉尼亚大片的荒地都让英国国王赐予了这些大贵族家族。现在弗吉尼亚州北部有费尔法克斯县和费尔法克斯市，在当年是费尔法克斯家族的地盘。费尔法克斯勋爵的田产恐怕是北美最大的，一共有500万英亩，而且伦敦还不断地几十万英亩几十万英亩地把新开拓的土地授予这些贵族们。

伦道夫家族、李家族、卡特家族以及哈里森家族等土豪家族是小贵族或者新兴的豪族，他们如果想发展壮大的话只能走出弗吉尼亚像他们先辈一样向西去，从印第安人手中夺取土地。

弗吉尼亚殖民地和英国的情况比较接近，有贵族政治的倾向，从英国到北美殖民地的贵族也多来到这里，他们在政治上有天生的优势，很快掌握了殖民地的大权。但是全民自治的原则并没有被取代，自耕农也可以参加大众议会，担任政治上的职务。靠着他们直言不讳的独立精神，使得南部的寡头政治有所收敛。

大庄园主们中的绝大多数并不是从英国来的传统贵族，而是因为风云际会，在北美迅速致富的家族。因此，他们同样藐视国王的权威，在他们心中，北美才是他们的祖国。他们和那些出身英国传统贵族的庄园主的关系是又爱又恨，爱的是那些人优雅的举止、良好的教育，恨的是那些人不费吹灰之力，就从国王那里要来大片土地，而他们则要靠几代人的奋斗，才能拥有自己的庄园。

更重要的是虽然都参与殖民地政府，但他们在政府中的发言权和这些贵族们的发言权是不一样的。南部殖民地的自治，是不平等的自治，他们只能靠巴结贵族的办法，才能挤进上流社会，拥有说话算点数的权力。对这一点，很多人心理不平衡。就像越有钱的人越想多挣一样，这些在自由民眼中已经是贵族的土生豪门有一种越来越不能抑制的渴望，他们迫切地希望壮大自己的庄园和实力，以便和大贵族们争夺权利，能够让他们做到这一点的，只有西进俄亥俄河谷。

近水楼台先得月，1748年到1749年，英王乔治二世先后把俄亥俄河谷的上百万英亩土地授予两家弗吉尼亚公司俄亥俄公司和皇家土地公司。俄亥俄公司拿到了今天匹斯堡周围的20万英亩土地，皇家土地公司拿到了今天属于肯塔基和西弗州的80万英亩土地。相对来说，俄亥俄公司拿到的土地虽少，但富饶多了，于是弗吉尼亚议会为这项授权加了两个条件，第一，俄亥俄公司在7年之内要在那里移民100个家庭，并建立一个要塞为这些移民和其他自愿来的移民提供安全庇护；第二，俄亥俄公司要和当地的印第安人建立友好的贸易关系。

土地加贸易，正是西进的原因。经过150年的殖民，北美东岸的土地大多有了主人，移民一代一代地繁衍，土地就有些紧缺了，加上欧洲那边还一船又一船地运人来，于是人潮由东往西挤来。俄亥俄公司和皇家土地公司看中俄亥俄谷地有两个原因，一是把这里的土地变成庄园，二是和印第安人进行毛皮贸易。开这两家公司的都不是穷人，而且在伦敦都有人。俄亥俄公司的总裁是李家族的托马斯·李，他就是参加第二次大陆会议的弗吉尼亚代表团里李家兄弟的老爸，其成员包括首任美国总统华盛顿的两个哥哥，殖民地的副总督丁威迪、贝福德公爵和英国巨富汉伯瑞。皇家土地公司的合伙人中有第三位美国总统杰弗逊的父亲彼得。

乔治国王自然不会因为这两家公司里有未来美国总统的父兄就慷慨地赐地，他这么干是因为开这两家公司的是弗吉尼亚殖民地的豪门。我们在后面能看到细节，华盛顿的大哥劳伦斯代表了忠于王室的贵族费尔法克斯家族，这样的土洋结合让国王很放心。

在准备大举西进俄亥俄谷地的时候，弗吉尼亚的豪族们已经通过联姻结合成一体，俄亥俄公司和皇家土地公司也是一种合作伙伴的关系，他们的股东几乎囊括了弗吉尼亚所有的上流社会成员，每个人都希望在这场发财事业中分一杯羹。

在拿到国王的许可证时，托马斯·李已经出任弗吉尼亚殖民地的临时总督，正在等待国王的正式委任状。以殖民地总督的身份加上殖民地议会各豪门的支持，西进俄亥俄谷地应该很顺利。1750年国王的委任状到了，可是托马斯·李已经去世了，俄亥俄公司由劳伦斯出任总裁。没有了官商勾结，进展就艰难多了，两年后劳伦斯死于肺结核，俄亥俄公司就黄了。皇家土地公司的处境也差不多，西进移民俄亥俄谷地的事情就毫无进展了。

表面上看造成这种情况的原因是俄亥俄谷地的印第安人，真正的原因则是在印第安人背后的法国人。占据中西部的法国人控制了毛皮贸易，他们不愿意英国人往俄亥俄移民，因此联合印第安人大肆阻挠。移民者经常被割了头皮，吓得没人敢去。到了这种地步，弗吉尼亚殖民地和其他殖民地渴望土地的豪门对他们的政府也就是英国政府只有一个要求：和法国人一战。

8. 既然战了一场，就不妨再战一场

英法两国在18世纪的欧洲争夺霸权，形成了英国和普鲁士同盟与法国、奥地利和俄国同盟两大军事集团的对垒，1750年时，双方已经到了剑拔弩张的地步。此时的北美，英国殖民地和法国殖民地之间也处于相当紧张的状态，造成这种紧张状态的原因，就是介于两国殖民地之间的一大块土地，也就是被称为俄亥俄领地的俄亥俄谷地。英法双方都企图拿下这块土地，弗吉尼亚豪门成立的俄亥俄公司和皇家土地公司就是充当英帝国进军俄亥俄的前锋。但是，经过一段时间的中立之后，俄亥俄的印第安人倒向

法国人，弗吉尼亚豪门和平西进已经不可能了。

就这样，英国和法国在大洋两岸同时开战。因为大部分印第安人和法国结盟，所以在美国被称为法印战争。这场世界性的战争最终以英国的胜利而告终，俄亥俄河谷成了英国的地盘，推动和大力支持这场战争的弗吉尼亚本土豪门终于如愿以偿，可以不受限制地西进了。

此时，弗吉尼亚几大豪门早已靠婚姻融为一体了，其势力已经能够左右殖民地的政策了，但是他们不能左右的是英国对殖民地的政策，他们和英国的关系，是处于一种又爱又恨之中。他们之中的绝大多数人是英国绅士眼中的土包子，无限向往和追求英国式的贵族生活，一举一动越英国化越好，却长期遭受正宗英国贵族的白眼。法印战争开始后，大批英国贵族来到殖民地，对他们吆三喝四，让他们在心理上非常不平衡，时刻提防这些破落贵族来抢夺他们的田园。对贵族生活的追求使他们大多负债累累，以致失去庄园。但他们不会从自身的奢侈上寻找原因，而是把怨气撒在英国的政策和商人身上。

比如华盛顿，自从进入上流社会后，开始大肆挥霍。据估计从1760年到1770年，他的花销达300万美元，基本上用于追求高雅的贵族生活，这让他的经济每况愈下。杰弗逊更是处于破产的边缘。他们和其他弗吉尼亚本土豪门中人都有一个深深的忧虑，就是大英帝国布下了一个圈套，目的是让他们破产。这些殖民地上层社会毫不考虑因为家族人口繁衍、全球经济竞争以及过度奢侈的原因造成了财富下降，反而固执地认为他们的财富本来应该像滚雪球一样膨胀，就是因为英国政府和商人的阴谋，他们的家财大量缩水以致负债累累。

在他们看来，解决困境的唯一办法，就是西进，去获得更多的土地，这样就能使自己的财富增多，摆脱财务困境。对于弗吉尼亚本土豪门来说，英法战争的目的和结局就是他们蓄谋已久的俄亥俄河谷，战争结束了，那块土地应该属于他们了。1763年密西西比土地公司成立，包括华盛顿在内的50名投资者希望获得俄亥俄河两岸250万英亩土地的所有权，这也是华盛顿最大的一笔投资。

然而就在这一年，英王乔治三世发布了一个法令，宣布自五大湖区至墨西哥湾、密西西比河及阿巴拉契亚山脉以西的广大土地为印第安人的保留地，不允许英国的北美移民定居。

英国这样做是为了安抚法国和印第安人，弥合战争留下的创伤，从国际政治的角度是相当老练的。为了防止移民进入新领地而挑起新的印第安人战争，认为应该先安抚印第安人，以后再逐渐开发土地。但此举使英国王室和北美各殖民地的利益发生了直接的冲突。由于移民越来越多，各殖民地人口剧增，现有的土地都有主了，只能开发新领土。和弗吉尼亚殖民地一样，各殖民地都宣称，它们有权把边界向西扩展至密西西比河流域，因此将英王的这一法令视为笑话，当作英国的权宜之计。这个法令也确实没有认真实行过，每年有成千上万的人翻过阿巴拉契亚山，宣称自己拥有西部的一块土地。

密西西比土地公司继续行动，1765年雇用了代理人游说英国枢密院和议会，希望在俄亥俄领土建立一个封建王国。英政府以该计划违反与易洛魁人和切罗基人签订的协议而拒绝了这一计划。可是5年后，英国政府却将这250万英亩土地批给了一伙英国投资者，支持他们建立一个称为万达利亚的新殖民地。1772年，华盛顿等投资者承认投资失败，这又一次证明了英国政府的阴谋，他们要把北美内地的土地留给自己。现在他们唯一能做的，就是和英国决裂。

西进是弗吉尼亚豪门的梦想，俄亥俄领地是他们的光荣。为了这个光荣与梦想，他们不惜和英国决裂，这是美国之所以出现的一大动力。

怀着弗吉尼亚国王一脉的光荣和父辈对俄亥俄河谷的梦想，杰弗逊代表弗吉尼亚本土豪门将一份《独立宣言》摆在大陆会议诸公面前：请签字。

第一位签字的并不是弗吉尼亚代表，他那个大大的签名让我们走进美国独立的另一个侧面。

三、美国独立的侧面之二——以革命的名义

1. 1776 年 7 月 4 日的三种境界

王国维在《人间词话》里提到了治学的三种境界,"昨夜西风凋碧树。独上高楼,望尽天涯路",为其一;"衣带渐宽终不悔,为伊消得人憔悴",是其二;"众里寻他千百度,蓦然回首,那人却在灯火阑珊处",乃其三。对于 1776 年 7 月 4 日发生在美国费城市政厅的场景,在当时和后人的眼中,也看到了三种境界。这三种境界并没有高下之分,只是不同观点的人们心中所生的不同的幻想。

第一种境界:1776 年 7 月 4 日早晨,56 名叛徒来到费城市政厅。他们之中一小部分人是蠢材,而大部分人既自私又邪恶。他们反抗的是一直保护他们的国王,过去的一年间,他们用武力反抗法律和议会对他们征税以及管理他们的合法权益。他们的目的是让自己的权力凌驾在国王委派的官员之上。到了晚上,他们将正式叛乱,声明独立,向世界宣布他们企图摧毁不列颠帝国。

第二种境界:1776 年 7 月 4 日早晨,56 名伪君子来到费城市政厅。其中大部分是富人:地主、律师和商人,而且都是白人。晚上他们在宣言里声称"所有的人都是平等的",但是这些人根本不去触动存在于他们国家的万恶的奴隶制。相反,在场的多数南方人,包括《独立宣言》的作者弗吉尼亚的托马斯·杰弗逊,因为自己的庄园需要劳力而容许奴隶制的继续存在。他们的平等只限于白人男子,没有勇气给予奴隶们自由。

第三种境界:1776 年 7 月 4 日早晨,56 名爱国者来到很快被称为独

立厅的建筑物内。他们用自己的生命同世界上最强大的帝国抗争。他们在那个炎热的夏日，花了整整一天的时间，讨论13个殖民地是否要组成一个国家以反抗英国的压迫。虽然有人怀疑一个独立的美国能否生存下去，但他们对民享和民权的政府原则的信仰给予了他们勇气。当天晚上，一个前所未有的伟大的民主、自由和平等的国家将诞生。

第一种境界出现在英国人和后来纷纷跑到加拿大去的北美亲英派的眼中，大陆会议的56名代表在他们心目中是十足的恶棍。大英帝国为了他们和法国人打了7年仗，打得国库都空了，还没敢让他们多出钱，一再忍让，一年不过10万英镑的税金，连北美驻军的兵饷和官员的薪俸都不够，他们还要造反。自由民主不过是他们的借口，他们要的是没有束缚的权力，独立只不过是他们野心的极度膨胀。

第二种境界出现在废奴主义者眼中，大陆会议的56名代表在他们心目中是十足的伪君子。他们独立的目的是希望成为新的统治者，建立和维系种族隔离的社会。这个新国家的人人平等只是对于白人男子而言的，以致于世界上绝大多数国家废除奴隶制后，美国还得靠一场血腥的战争和用60多万人的性命来结束这个本来应该由《独立宣言》结束的罪恶的和民主自由平等背道而驰的制度。

第三种境界出现在历史教科书中，也出现在一代一代美国人的眼中，大陆会议的56名代表在他们心目中是十足的英雄。在当年，大英帝国是世界上最先进最强大的国家，而北美殖民地连正式的军队都是刚刚组建。这些人都是北美社会的精英，有很好的职业和家产，签署了《独立宣言》，就等于签署了他们自己的死刑书。如果没有对民主和自由原则坚定的信念，这些人是不会有这种勇气的。因此，这56个人被称为国父。

随着时间的推移，第三种境界成为主流说法，几乎完全掩盖了前两种境界。于是，每到关键时刻，美国的政治家们总把1776年7月4日这一天像棺材一样从历史的储藏室里抬出来，掸掸尘土，让太阳把上面的霉菌杀死，如果能重新刷一遍油漆就皆大欢喜了。

历史的真实不应该只来自一种镜像，哪怕得到绝大多数人的认可，1776年7月4日的历史也一样，应该是上面三种镜像的综合，从它们之中选择出有价值的一部分，凑在一起，才是真正的7月4日。

不过，起码有一点是千真万确的，就是签署《独立宣言》是一种很欠考虑的冲动。无论从当时看，还是由后人看，都是胜率极低的赌博。7年的战争战胜法国之后，英国的霸业已成，如果和英国开战，法国和其他欧洲国家的介入，起码从开始阶段将是非常有限的。美国这个连正规军都基本没有、各殖民地还处于各自为政、财政系统很不稳定的新生国家必须独自支撑住关键的开始阶段，而且在签署《独立宣言》时，这个国家基本上还是纸上谈兵。在这种情况下，把自己的身家性命押了上去，成为英帝国的造反者，可选择的结局并不多。

因此，1776年7月4日美国成立了，这一天成为美国的独立日。与此同时，美国和英国之间进行了一场战争，这场战争最终以美国和他的同盟军法国的胜利而告终，英国不得不承认美国独立。于是，自由战胜了专制，民主战胜了集权，人民战胜了君主，美国作为自由平等的象征出现在这个世界上。美国独立运动也被美国的历史学家们称为一场革命，其实，这只不过是以革命的名义。

这就是美国独立的另外一个侧面。

2. "五月花"：民主真的不能当饭吃

北美殖民地对土地的不断需求，一个原因是弗吉尼亚土豪对新农田的渴望，另外一个原因是新英格兰地区清教徒的信仰魔障。

当年英国人分两拨殖民北美，弗吉尼亚的殖民者的财迷脑袋，到北美纯粹是为了发财，他们之中有不少富人，后来来弗吉尼亚的也不乏贵族，所以英国大革命后，弗吉尼亚殖民地支持皇室。另一拨则是一群分离派的清教徒，因为受到英国国教的迫害，才到美国寻找一块自由之地。他们坐了一条叫"五月花号"的船，除了这批清教徒外，船上还有雇来的农民、船客的仆人和契约奴隶。

1620年11月21日，"五月花号"抵达北美。准备上岸之前，船上的自由男子们挨个在一张纸上签字，这一纸公约就是著名的《五月花公约》。

"为了上帝的荣耀，为了增强基督教信仰，为了提高我们国王和国家的荣誉，我们漂洋过海，在弗吉尼亚北部开发第一个殖民地。我们在上帝面前共同立誓签约，自愿结为一个民众自治团体。为了使上述目的能得到更好的实施、维护和发展，将来不时依此而制定颁布的被认为是这个殖民地全体人民都最适合最方便的法律、法规、条令、宪章和公职，我们都保证遵守和服从。"

立下这个公约的原因是这帮清教徒是曾经受过运动之苦的人，虽说北美目前还没什么人烟，可是保不住多少代后又运动了，因此有言在先，咱们立下字据，搞自治性的全民政治。

英国王室哪里想到这帮人还有这嗜好，一不留神，让北美殖民地有了自治的借口了，《五月花公约》成了美国独立和立宪的基石。

在"五月花号"上的诸位签完名后觉得很高大上了，第二天是星期日，大家祈祷礼拜后上岸。上岸后第一件事是找吃的，先后派出三批人，带回一大堆玉米。

哪里来的？

大部分是偷来的，包括从死人手里。印第安人死了，别人在他手里放个玉米，让他到另外一个世界也有饭吃，这些玉米也被偷了，本地的印第安人能高兴吗？这哪儿来的贼，连死人的饭都偷？群起攻之，"五月花号"只好换地方靠岸，到普利茅斯湾都快年底了。

"五月花号"抵达的季节是最糟糕的，到的地方又是寒带，不要说自力更生了，连在岸上盖房子都非常费劲。那年月的人们本来体质就不佳，干活太累就生病，一百多人住在船上，居住条件非常不好，没有新鲜食物导致败血病，结果一个冬天102人死了45个。

于是，"五月花"人得出一个结论：民主真的不能当饭吃。

经过一番艰辛，好不容易在普利茅斯湾站稳了脚跟，那帮清教徒很快就自己搞起运动了，逼得被迫害的人跑到罗德岛建立了另外一块殖民地。没过几年，罗德岛自己也搞运动了，逼得这些受迫害的人跑路，于是有了新港。

信仰这东西到了一定程度缺的就是宽容，同一家教派，分出好多教派，彼此之间看不顺眼。在欧洲那片土地上除了共存之外没有别的办法，到了北美就不一样了，反正都是穷山恶水，这里不容我，再找一片没有人的地方开荒就是了，正是这个原因导致北美东岸的不断开发。

新英格兰地区虽然穷山恶水，但有一点好处是不如弗吉尼亚那边传染病流行厉害。过了不久，靠自己多生，在本地区就占据了对印第安人的人口优势，到了1675年，新英格兰地区的白人总数已经达到80000人，分布在100多个村镇，能够打仗的成年男子有16000人，而这一地区的印第安人只有10000人左右，在人数上都不是白人的对手，更何况武器。

清教徒是些偏执的人，本来和印第安人相处很好，印第安大酋长也是接受了清教徒教育之人，稳定的局面来之不易，在这种情况下白人竟然还怀疑该酋长要搞阴谋，也把他带到法庭审了一回，查无实据后予以警告才释放了。这一下惹恼了印第安人，爆发全面战争，人数和武器都占下风的印第安人居然把白人殖民者打到龟缩在城镇里。

清教徒向帝国求援，可是英国国王查尔斯二世一想起清教徒就恼火，因为他老爸就是被清教徒掌握的国会处决的，听说新英格兰地区的清教徒陷入危机，高兴还来不及，根本不支援。

祖国不支援，新英格兰殖民地只好向弗吉尼亚殖民地求救，可是那边培根正在造反，内战打得热火朝天，自顾不暇，哪里有能力支援别人？

近处南部还有纽约殖民地，可是该殖民地政府也是反清教徒的，同样不会出力。北部是新法国殖民地，是天主教的，不仅不支援，反而大力支持印第安人。

没人缘到这种地步，清教徒只能靠自己，靠自己的力量打赢这场战争，把印第安人赶出新英格兰地区，后果使得他们更加相信自己的力量，无论从地方政府还是在民兵力量上，都达到彻底的自我管理和控制，不靠天不靠地只能靠自己，正因为这样，独立战争的第一枪才会在这里打响。

从帝国政府的角度，新英格兰地区真是穷山恶水出刁民。

3. 逃税的富人们

马萨诸塞殖民地由于土地贫瘠，居民多以经商为业。北美地域广大，人口增长很快，因此商机无限，特别是远洋贸易。马萨诸塞的商人们把英国的工业品和日用品运到美国，然后把美国的农产品和原料运过去，这一转手就有多少倍的利润。于是，马萨诸塞出现了许多因为经商而发财的巨富，其中以汉考克家最富有。

托马斯·汉考克出身牧师家庭，哥哥继承家业也成了牧师，他则从书铺伙计开始，白手起家靠经商发了大财，成为美国首富，被选为波士顿的议会召集人之一，成为马萨诸塞有钱有势的人。更可贵的是，他靠自学居然在哈佛学院当上了教授。可是有钱人也有有钱人的烦恼，托马斯·汉考克没有子女，亿万家财没人继承。要是在中国就好办了，娶上几房小的就是了。可是托马斯是牧师家庭的孩子，家教很严，不能停妻再娶，更不能有私生子，何况老婆是当初打工的书铺老板的女儿，两人一起打拼家业，糟糠之妻不下堂。直到当牧师的哥哥去世，他把侄子约翰收养，才算有了后人。

约翰·汉考克，1737年出生在马萨诸塞殖民地的布瑞睡，7岁的时候父亲去世，他被叔叔收养。和其他波士顿富家子弟一样，他先进入拉丁学校，然后再进入哈佛学院，毕业后开始参与家里的生意，1760年起长住英国，为叔叔的造船生意和欧洲的顾客们打交道。

1764年，托马斯·汉考克因病去世，手下赶紧派一条船把这个噩耗送回在伦敦的少东家，半年以后，27岁的约翰·汉考克赶回波士顿，接管了汉考克家的产业，成为美国首富，作为波士顿商人势力的代表，他也继承了叔叔的波士顿的议会召集人的位子，成为波士顿的权势人物。

年少多金，受过良好的教育，又有国际贸易的丰富经验，如果生在其他时代，汉考克会成为一名比他叔叔还要成功的商人，汉考克家的财富也会进一步膨胀。但是，年轻的汉考克生在了北美骚动的年代，让他的那颗不安分的心跟着骚动起来，像中国战国时代的吕不韦一样，靠着手中的金钱而谋取天下。

接管家里的产业后，汉考克面临的第一件事，就是缴税，因为1764年英国通过《食糖法》，这个法令取代了1733年的《蜜糖法》。《蜜糖法》是贸易保护法案，对来自非英国统治地区的甜酒和蜜糖征收重税。新的《食糖法》则禁止进口外国的甜酒，对进口的蜜糖征税，但税率很低。此外，对于酒、丝绸、咖啡以及其他奢侈品都要征税。虽然看起来宽松了，可是实际上管得严了。原来是有法无令，现在是严格执行，不仅海关，连美洲海面的英国军舰也查禁走私。此外，持有空白拘票的皇家官员，有权搜查嫌疑的房舍。

这个《食糖法》是专门针对北美殖民地的，英国政府和本土的人民觉得理直气壮。因为这个新税法体现了公平。无论是英伦三岛，还是北美殖民地，都属于大英帝国，在缴税上应该一视同仁。

1764年，如果你是一名英国商人的话，你就要依法纳税，因为政府要靠你的税钱运转下去。但如果你是一名北美殖民地的商人的话，你就不必缴税，因为北美殖民地自治到了不向英国政府缴税的程度，虽然有《蜜糖法》，但是殖民地的商人根本不遵守。不缴税也就算了，北美的商人们还影响帝国的经济政策。当时靠近北美盛产蜜糖的有两个地方，一是英属西印度群岛，一是法属西印度群岛。英法是敌国，英国的殖民地当然应该从本国的殖民地进口蜜糖，一来肥水不流外人田，二来这是英法之间的贸易战。可是北美的商人偏偏从法属西印度群岛进口蜜糖，原因是价钱比英属西印度群岛便宜。为了贪便宜而资敌，英国政府和民众觉得北美这帮唯利是图的商人们实在是觉悟太低了，因此立法对从法属西印度群岛进口的蜜糖课税，而且要认真执行，做到有法必依，执法必严。

选择这个时候通过《食糖法》，是因为法印战争刚刚结束，9年仗打下来，虽然打败了法国，成就了霸业，可是英国国库为之一空，北美殖民地却得到了实惠，至少俄亥俄是大英帝国的了。帝国议员们认为战争的包袱要平均分担，本土和殖民地的人民都要为帝国做贡献，所以要课税。

汉考克没有管过家，不知道应该交多少税，叫人拿过账本算一算。每年自己家的产业要从法属西印度群岛进口150万加仑的蜜糖，按《食糖法》的规定，这一项他每年就要交37500英镑。但是如果没有《食糖法》的话，他只需用2000英镑来贿赂税吏，两者的差距是35500英镑。

如果按2016年2月7日的汇率计算，35500英镑相当于51507.84美元。对于今天美国的富人来说，也就是度一次假的消费，这还是一般的富人。对于那种离婚一次就掏几千万甚至上亿美元的真正的富人来说，为了这点儿钱来抗税真的比拥有10亿身家、却为了少损失4万多美金的股票内幕交易而坐牢的家庭时尚专家玛莎·斯图瓦特还愚蠢一万倍。

但是在1764年，35500英镑的概念和今天的概念大不一样。成为华盛顿夫人之前，玛莎号称弗吉尼亚最富有的寡妇。这种富有如果用钱来表示的话，就是拥有价值30000英镑的土地。这30000英镑还是她和一对儿女的财产总数，她自己只拥有三分之一，其他20000英镑是监管。就这点钱，已经让弗吉尼亚殖民地所有的光棍都红了眼，也让华盛顿一跃进入弗吉尼亚殖民地上流社会，汉考克怎么会甘心情愿地交出来？

4. 让税法成为废纸

当然，有钱并不表示富有，这时候如果拿着3万英镑到弗吉尼亚，肯定不能买到18000英亩的土地，因为土地都集中在豪门手里，人家不缺钱，不会出让的。只能也成立个什么公司去算计印第安人的土地，也很可能和华盛顿一样由于英国对印第安人的保护政策而血本无归。

如果老汉考克在，也许就阳奉阴违，乘机偷税而已，可是小汉考克年轻气盛，他的决定是：公开抗税。

汉考克抗税的办法很简单，就是下令自己的船队走私，没想到英国议会第二年又通过了《印花税法》。《印花税法》是历史上非常有名的法案，该法案规定所有报纸、海报、小册子、执照、租约和其他法律文件都须加贴印花税票。

这个法案在英国议会讨论时几乎没有经过辩论就通过了，因为一来税额很小，二来所征税款完全拨归殖民地防务、保护与安全之用，英国不从里面拿一分钱。

可是，帝国议会的议员们没想到，这个看起来最理所当然的税法却捅了马蜂窝。13个殖民地一起反对，这个法案激怒了殖民地最有势力和最爱提意见的人：记者、律师、教士、商人及企业主。不久，提货单上也要加贴印花，这一下种植园主也不干了。

对于汉考克来说，走私已经无法偷税了，因为他的货单合同之类的统统要交税。虽然税额不多，但汉考克看到这是一个联合抗税的机会。在他的煽动和组织下，北美的各种势力联合起来，成立了拒绝进口商品联合会，并成立自由之子社。1765年夏，殖民地和英国之间的贸易大为减退，愤怒的群众游行示威，强迫税吏辞职，烧毁印花税票，从偷税转变为抗税。

另外一名富人正是在汉考克的煽动下从保皇党变成革命党的，他就是后来成为大陆会议财长的费城首富罗伯特·莫瑞斯。莫瑞斯的办法是威胁收税人，他组织人跟踪税吏，如果还继续收税的话，就找人拆他的房子，造成费城几乎没有人肯干税吏了。

对于英国的贵族和议员们甚至老百姓来说，北美真是穷山恶水出刁民。大英帝国在全世界其他地方的殖民统治从来没有这么多事，在其他地方还分等级，有些地方仅仅是白种人还不成，政策要照顾的是英国出生的白种人。在北美，殖民地人和英国出生的人并没有这种区分，属于英帝国里面待遇最好的海外居民了，而且比本土居民都好，英国本土居民缴的税是北美殖民地居民缴的税的50倍。其他地方不说，光在北美和法国人及印第安人打仗，帝国的金库就空了一半，这笔钱殖民地起码应该负担一部分。

印花税的钱将用在保卫殖民地上，总不能你们又发财又惹事，捅出娄子来让祖国全扛着吧？

老布什当年输给克林顿，一个原因也是因为他增税。选民都希望少交税，只要谁增加税收，不管什么原因，都会引起多数人的反对。再加上北美殖民地有实际困难，不要说穷人了，就是富人也缺钱。

穷人缺钱是应该的，富人缺钱实际上也容易解释。汉考克是商人，商业贸易靠现金流通，他的财富除了船，就是钱。可是弗吉尼亚的富人没什么钱，他们的富有体现在土地上。你有几千亩我有几万亩，他们的钱要等到地里的东西收上来，运到伦敦去卖了，才算是自己的，在这期间地主们还要掏腰包支付农民的工资和汉考克等船东的运费，这笔款项不能打白条，由于货币法不允许殖民地自己发钞票，这些必须用英镑支付。

殖民地原来有自己的纸币的，地主们还有点儿钱。为了防止殖民地所发的纸币成为合法货币，在《蜜糖法》之后，英国议会通过了《货币法》。因为殖民地和英国之间有巨大的贸易逆差，因此殖民地非常缺少硬通货，这个法案给殖民地的经济增加了严重的负担，尤其是不方便老百姓。北美的大多数移民是种地的农民，几乎完全是自给自足，手里没有现金。现在为了交税，只得把家里的农产品拿去出售。很多殖民地几乎没有城镇，他们的农产品卖不出好价钱。因此在得罪了大种植园主和商人后，英国又把广大的北美农民得罪了。

汉考克看到北美殖民地的民意，变本加厉地藐视和违反这些法律。他一边继续大肆地走私以逃避关税，组织市民公然抗税，一边通知自己在伦敦的商业伙伴，只要印花税不撤销，他就不再支付欠款。伦敦的商人们拿不到欠款，弄到了快要破产的地步，只得加入抗议印花税的行列，要求英国政府取消这些税法。

汉考克并不仅仅是一个大财主，而且是波士顿议会的召集人。殖民地居民通过民选议会，首先控制了财政，因为钱是殖民地人交的税款。各殖民地相继建立一项原则，不经民选的代表同意不得课税，也不得随意动用征来的税款，总督虽然是国王委派的，可是他和他手下官员的薪水并不是伦敦发的，而是从殖民地的税款里出的。动用税款和是否按时发放官员薪水的权力在议会手里，如果和议员作对，就只能拿到一便士。总督们和殖民地官员只能对伦敦的训令装聋作哑，不敢和议会对抗。

波士顿是马萨诸塞以致新英格兰地区的中心，因此汉考克不仅是全北美最富的人，更主要的是，经过上一代的经营，他还是新英格兰地区最有政治势力的人之一。他利用波士顿议会和总督对抗。在抗税的过程中，他不断扩大自己的政治影响，1766年入选马萨诸塞法庭，1768年入选马萨诸塞议会。其后连续两年，议会都推荐他入上院，但都被总督否决了，就是因为他的反英倾向。

5. 发小和兄弟

由于殖民地抵制英货，让英国商人很不好受，他们全力游说议会。1766年议会让步，废止了《印花税法》，修正了《食糖法》。各殖民地兴高采烈，商人们停止了反对进口的活动，贸易也恢复常态，似乎一切都过去了。但是，英国的问题没有解决，关于赋税的问题还得想别的办法。1767年，英国又制定了一些政策，把过去的纠纷又重新挑动起来。英国财政大臣查尔斯·汤森奉命制订一项新的财政计划，打算通过增加对美洲贸易的征税来减少英国人在税务上的负担，包括加强了海关管理，对从英国运往殖民地的纸张、玻璃、铅条和茶叶征税，其目的还在于增加财政收入，并从中拿钱供养殖民地的总督、法官、税务人员和驻在殖民地的英国军队。他提议的另外一个法案授权殖民地的法庭签发空白拘票。这样一来，就使殖民地人所痛恨的搜查令具有了合法权威。

当新条例在波士顿执行时引起了暴乱，居民们围攻和殴打海关人员。为此，英国派遣了两团军队来保护海关和税收人员。

1768年英国军队到达波士顿，刚刚安顿好，就根据总督的命令执行公务。这项公务并不是去抓殴打税官的暴民，而是逮捕走私犯。一队英军来到汉考克的豪宅，以他所拥有的"自由"号疯狂走私的罪名将这位美国首富关进了监狱。总督手里有足够的证据，相信完全能够把这个走私和抗税集团的幕后老板绳之以法。

几个月以后，汉考克大摇大摆走出了监狱，对他的各项指控因为证据不足而被取消，只是没收了"自由"号。

总督托马斯·赫特奇森为此气得在官邸里跺脚，铁证如山，走私和抗税是汉考克策划和指使的，可是就是不能定他的罪，只能判决几名他的马仔。怨只怨官方的律师无能，在法庭上辩论不过对方的律师。

汉考克有的是钱，当然能雇来北美最好的律师。让赫特奇森干跺脚而无可奈何的是替汉考克辩论的这位律师根本就没有收钱，是志愿为汉考克辩护的，他和汉考克的关系不是金钱可以买得到的。虽然律师没有不爱钱的，但是只要和汉考克有关，官方出多少钱也不能请到他。

汉考克有恃无恐，很大原因就是因为这个人。

成功地为汉考克辩护的律师就是美国第二任总统约翰·亚当斯，汉考克和亚当斯的交情非同一般。在汉考克被叔叔领养之前，他和亚当斯是邻居，双方的父亲都是牧师，因此小汉考克和小亚当斯是非常好的朋友。亚当斯长大以后也进入了哈佛学院，但依然和汉考克继续着童年的友谊。从哈佛毕业以后，亚当斯对自己的前途没有什么明确的打算，父亲希望他继承父业成为牧师，对此他兴趣缺缺，在学校教了几天书后，决定学习法律。这个职业选择非常正确，到了为汉考克辩护时，亚当斯已经成为马萨诸塞最忙碌的著名律师了，而且和汉考克在抗税上是战友。1765年，他率先反对《印花税法》，向殖民地总督和上院上书，认为《印花税法》是无效的。1770年6月他入选马萨诸塞法院。

通过约翰·亚当斯，汉考克结识了另外一位亚当斯，塞缪尔·亚当斯，两位亚当斯是堂兄弟，按西方家谱学的说法，两个人是 Second Cousin，也就是祖父是一个人，属于很亲的血缘关系。汉考克和塞缪尔·亚当斯一见如故，成为反抗帝国政府的金牌组合。

龙生九子，九子不同，塞缪尔·亚当斯和约翰·亚当斯这对堂兄弟是截然不同的两种人。马萨诸塞殖民地的富有家庭通常把孩子先送进波士顿的拉丁学校接受教育，然后进入哈佛学院学习，毕业后最有理想的成为牧师，其次成为律师。塞缪尔和约翰也同样这样接受教育。从哈佛毕业后，塞缪尔的母亲希望他献身主的事业，而他父亲则希望他学习法律，而他自己则不知道想干什么，最后听从父亲的另外一个建议，继承家业，经商。

到了1764年，塞缪尔在成就上不仅不能和比他年轻13岁的堂弟约翰相比，而且已经成为波士顿的世家子弟的反面教材了。作为经商的开始，塞缪尔的父亲安排他到家族的朋友卡斯廷的财务公司工作。以塞缪尔的家世和教育程度，他应该干得很出色，没想到没过多久，卡斯廷就请他走人，理由是："我是在培训商人，不是政治家。"

被卡斯廷开除后，塞缪尔的父亲给了他1000英镑，让他自己做生意。他把其中的一半贷给一个缺钱的朋友，结果血本无归，另外一半很快花完了。父亲只能让他到家里的酒厂工作。在政治方面，他还算不错，1746年当选为波士顿的政府职员。1748年，他和朋友开始出版一个政治性的周刊，宣扬辉格党的主张。

塞缪尔从父亲那里继承了三分之一的房产，并负责管理家里的酒厂，结果经营得一塌糊涂，甚至被债主抄家。1760年他宣布破产，改行做了本地的收税官。可是这个任期8年的职位不到一年就结束了，因为塞缪尔的账面上出现了8000英镑的亏空，并不是他贪污公款，而是因为他从来不记账，钱不知道哪里去了。到了此时，过了半辈子的塞缪尔在所有人的眼里是个一事无成的人。

6. 革命是我的事业

1764年，《食糖法》公布后，42岁的塞缪尔终于知道他应该干什么了：反抗英国。他和汉考克成为波士顿抗税的领袖人物。作为领袖不仅要有激情，还要有理论，塞缪尔是殖民地对抗英国议会的理论家。他在《食糖法》

的序文里发现了一个暗示，就是殖民地人"纳税而无代表权"，这句话成了火种，成为殖民地人反抗英国的主要武器。马萨诸塞议会邀请各殖民地派遣代表出席纽约会议，讨论《印花税法》所构成的威胁。组织这次会议的马萨诸塞总督预期这次会议将支持英国议会，没想到辩论以后，会议通过了一组决议案，认为除由各殖民地议会自行决定者以外，从来不曾有、亦不可能有任何合法的课税。并认为《印花税法》具有破坏殖民地人民的权利与自由的明显倾向。

1765年塞缪尔被选入马萨诸塞议会，次年汉考克也被选入议会，于是殖民地议会也被他们所控制，成了他们反对英国的工具。

总督赫特奇森对此不能不采取行动，武的不成就来文的。汉考克动不了，就针对塞缪尔。对付塞缪尔这种人可以从经济上入手，经过查账，发现塞缪尔负责的波士顿税收账目上缺了1700英镑，塞缪尔被控贪污公款。这笔钱是补贴家用，还是用于搞运动了，塞缪尔支支吾吾地说不出来，地方法庭的法官是反抗英国的同情者，判塞缪尔无罪。总督将案件送到马萨诸塞最高法院，终于判塞缪尔应当赔偿其中大部分。汉考克借给他一笔钱，只补上其中一部分就没有下文了。法官不愿意依法判处塞缪尔，是因为自己薪水的发放权掌握在殖民地议会手里，现在议会掌握在汉考克和塞缪尔手中，虽然明摆着贪污公款，也只能大事化小。

在亚当斯和汉考克的组织下，波士顿的抗税运动到了无法无天的程度，法律几乎荡然无存，居民经常围攻和殴打海关人员，总督感到无法控制，只能要求帝国派兵，于是两个团的英军前来维持秩序。

那时候英国的传统，很有些好男不当兵的味道。军官是靠钱买来的，士兵是充军的犯人。部队调防时携家带口，普通士兵的薪水根本无法养家，因此士兵的家属和士兵们都要在驻地打工挣钱养家。这些人能干的活都是很低级的苦力，于是英军一到，波士顿的苦力市场首当其冲，受到严重冲击，苦力的价格直线下降，无产阶级受到严重波及。对于塞缪尔和汉考克来说，这是他们最希望见到的，因为他们不缺钱和理论，缺的是搞暴力的人手。

18个月后的1770年3月5日晚上8点,英军的一名上尉在港口被把门的少年截住,因为他没交摆渡费。上尉有急事,没有多纠缠,甩手就走。收票的少年追到军营,被门口的卫兵拦住。卫兵对少年的说法不相信:"英国绅士怎么可能不交费呢?"少年很刻薄地回敬:"英国军队里有绅士吗?"两人争吵之间,难免动起手脚,卫兵一枪托砸倒少年,继续站岗去了。过了一会儿,少年叫来几位同伴,开始用雪球向卫兵投掷。

　　等普雷斯顿上尉闻讯带人赶来时,局势已经完全失控。愤怒的波士顿人不顾英军的劝阻,场面非常紧张。在火暴的气氛中,一名英国士兵擅自率先开枪,最后五名市民被打死,六名受伤。更为愤怒的市民不肯散去,直到总督赫特奇森赶到,保证按谋杀罪审判普雷斯顿上尉和他的手下,民众才渐渐散开。

　　此时,由汉考克资助、塞缪尔负责出版的报纸在波士顿的大街小巷四处散发,把这件事称为"波士顿惨案"。

　　几个小时就出版了,不是因为抢新闻,而是因为由一件小小的口角变成血案是汉考克和塞缪尔的功劳。

　　向英军扔雪球的人中有一位后来成为大陆军的将领,他就是华盛顿的亲信亨利·诺克斯。诺克斯到现场是被人鼓动去的,事后不仅说不清楚是谁开的枪,连英军为什么开枪都不清楚。再后来,对开枪的英军官兵进行审判时,有一位叫保罗·瑞维尔的证人把现场的情况说得一清二楚,一口指证是英军故意开枪,谁开了几枪说得十分准确。

　　这个人在美国历史上非常有名,因为有一首诗名字叫"保罗·瑞维尔飞驰",是说1775年4月18日,因为他的通风报信,使英军收缴民兵武器的阴谋破产,打响了独立战争的第一枪。瑞维尔之所以去通风报信,是受一位叫约瑟夫·沃伦的派遣,而且也不是去给民兵报信,是去找隐藏在乡下的汉考克和塞缪尔,通知他们不要被英军抓到。约瑟夫·沃伦是波士顿的共济会长老,瑞维尔是他的下属,沃伦在共济会的上司则是汉考克。

　　波士顿惨案那天晚上,瑞维尔在场但他并没有向英军扔雪球,而是作为一个旁观者。他和别的旁观者不一样，并不是去看热闹，而且为了日后出面做证的。那天晚上，还有两位旁观者，是波士顿商业豪门之一帕金森家族的一对亲兄弟托马斯和詹姆斯，他们是汉考克的心腹。他们俩和瑞维尔到那里的目的不一样，是受命添油加醋为了日后做证。也是因为这些别有用心的旁观者，使现场的情况越来越火暴、越来越激化，导致英军的士兵失去了控制开枪了。英军开枪，完全是因为在受到武力威胁状况下的情绪失控，是汉考克和塞缪尔花了18个月创造的一个机会。

革命的正面很光鲜，但背面往往很龌龊。

7. 功亏一篑

塞缪尔文攻，汉考克武卫。波士顿惨案发生后，汉考克作为市民委员会的代表和赫特奇森总督、驻波士顿英国军队的主官道瑞马普上校谈判，要求英军撤出波士顿。当听到对方只考虑撤走一个团时，汉考克拍案而起："全城起码有4000人准备拿起武器。"

赫特奇森和道瑞马普脸色大变，这分明是赤裸裸的造反。两人愣了一下，认定是这位狂妄的年轻人的虚张声势，不过为了保险起见，道瑞马普上校同意将红袍军从城里撤到城堡岛上。

第一步计划进行得很顺利，下一步就是对英国官兵的审讯。汉考克和塞缪尔充分利用舆论和人们的反英情绪，准备将这场审讯变成反抗英国暴行的舞台。

普雷斯顿上尉和其他五名士兵被逮捕，殖民地政府保证给他们一个公正的审讯。但是，全波士顿的律师没有一个人肯为英国官兵辩护的，因为在全城反英气氛十分强烈的处境下，为英国人辩护等于在职业上的自杀。

塞缪尔感到非常满意，他的这步计划进行得非常顺利，下一步就等着法庭宣布英国人犯有谋杀罪，用法律的名义来宣告英国官方的罪恶。但是，他没有料到，居然有一个人肯无偿地为被告辩护，而且这个人是他万万没有想到的。

这个人居然是约翰·亚当斯，又一次免费为人辩护，上一次是为朋友两肋插刀，这次是为了波士顿的全民公敌。

塞缪尔和汉考克觉得约翰疯了，两个人找到约翰，要问出个究竟，约翰的回答是：一个自由的社会必须有一个公平的审判。

兄弟和朋友因此反目，约翰能言善辩，塞缪尔和汉考克知道说不过他，只能找到波士顿另外一名顶尖律师，在法庭上和约翰较量。

这位律师是亚当斯家族的朋友罗伯特·佩恩。他和汉考克、亚当斯兄弟一样，先进入波士顿拉丁学校，1749年毕业于哈佛学院，毕业后留校教书，后来成为商人，到南方、西班牙和英国等处旅行。在此期间，他自学法律于1757年获得律师资格，在现属缅因州的波特兰开业，后来定居在马萨诸塞的陶恩顿，1768年入选马萨诸塞议会。

佩恩是作为波士顿议会所派的公诉律师，他要求立刻进行审判。但这次和以前审判塞缪尔和汉考克不一样，法官虽然薪水的发放掌握在议会手中，但约翰·亚当斯本人就是马萨诸塞殖民地最高法院的法官之一，他成功地说动了自己的同事，把审判延后到当年10月。

半年以后，情绪渐渐冷却下来，温和的声音渐渐占了上风。审讯开始后，约翰·亚当斯在法庭上进行了出色的辩论，最后陪审团认定谋杀罪名不成立，两名直接向人群开枪的士兵也被判轻罪。

汉考克和塞缪尔的全盘计划，因为自己人的固执而功亏一篑。他们算计好了一切，偏偏没有算到约翰·亚当斯闹的这一出。更为不妙的是，经过波士顿这一闹，英国议会看到北美殖民地有动乱的可能，再次做出让步，除茶税外，所有其他税则完全废止了。这个让步的策略非常高明，局势向着对帝国有利的方向发展。经济一天比一天繁荣，大部分殖民地的领袖们也很满意，温和势力在殖民地占了上风，人民也安居乐业，造反派没有市场。赫特奇森总督觉得应该招安汉考克了。

从反对印花税到波士顿惨案，始终是殖民地人民在民逼官反，起主导作用的是塞缪尔·亚当斯。虽然亚当斯家族也算富人，但只能算是殷实。

出版报纸、到处宣传、组织民众，需要大笔的金钱，亚当斯家族根本没有这种能力。

其中底细，很多波士顿人都知道，赫特奇森总督也知道。用他们的话说，叫作塞缪尔·亚当斯写信，约翰·汉考克出邮费。约翰·汉考克是众所周知的马萨诸塞殖民地反抗英国统治运动或者叫美国独立运动背后的金主。

赫特奇森觉得，汉考克反抗帝国的目的就是不交税。现在他的目的达到了，应该继续闷头发财。1771年，总督同意汉考克进上院。

没想到汉考克拒绝了，理由：自己对政治没有兴趣了。

汉考克的心里话是对英国政治没有兴趣了，他的兴趣已经转移到独立的美国上来。

汉考克组织的这场抗税运动已经以大获全胜告终，作为商人他的投资已经获得了收益，为什么要和英国彻底决裂？

从对抗帝国开始，汉考克就不是单纯的商人，他已经不满足靠进口便宜的蜜糖甜酒、每年偷几万英镑税金等做法来发财了，而是要发更大的财。要做到这一点，他就不仅要迫使帝国取消对北美的税法，而且要改变帝国对北美的贸易限制，想要做到这一点，就必须和帝国决裂。

帝国对北美殖民地贸易的主要限制是和东方的贸易，也就是对华贸易，尤其是来自中国的茶叶。虽然还有其他欧洲国家也和中国直接交易，但是在大英帝国内，只能由东印度公司一家垄断经营，其他商人包括北美殖民地的商人都不能染指，所有殖民地必须到伦敦去购买中国的商品，其利润自然就少多了。

北美如此庞大的市场，如果能够直接从中国进口茶叶和丝绸等货物，可以在数年之内赚到比汉考克的叔叔一辈子赚的多得多的财富。汉考克在英国时就起了这个念头，从开始抗税时就是为了这个终极目的，这就是他和新英格兰商人们所要求的贸易自由。

民心思定，汉考克和塞缪尔·亚当斯并没有灰心，他们在耐心地等待着下一次机会。他们知道英国人早晚会给他们另外一次机会的。因为他们了解总督赫特奇森，这个人并没有英国议会那样的政治头脑，迟早会有漏洞的。

8. 聪明的约翰

赫特奇森也试图从波士顿惨案中总结经验教训，他发觉问题之一是殖民地议会的权力太大，自己和法官们的工资都是由殖民地议会来决定是否发放的，自己可以挨饿为国王陛下的政府效忠，可是法官们就没有这种觉悟，如果不是出现约翰·亚当斯这种书呆子，官兵们就会被判有罪，进而对英国在殖民地的统治会产生广泛的质疑。1772年，赫特奇森成功说服帝国议会从海关收入中指定了专门款项，作为他和法官们的薪水，这样就不再受殖民地议会的控制了。

消息传出后，塞缪尔·亚当斯马上组织波士顿人进行抗议，因为总督及其手下在财务上独立，就不受议会的控制，这样就会专断独行。赫特奇森对此振振有词，这是为殖民地解决经济负担，没有什么不合适的。

塞缪尔和汉考克对此一筹莫展，就在这个时候，一个人找上门来，这个人是两年不相往来的约翰·亚当斯。

约翰·亚当斯告诉他们，要这样理解：没有所谓的帝国议会，殖民地和英国王室有法律上的关系而不是和议会有法律关系，是英国国王批准在海外建立殖民地，也是英国国王让殖民地成立政府的。国王是英国的国王，也是马萨诸塞等殖民地的国王，而议会是英国的议会，但不是马萨诸塞等殖民地的议会。殖民地只效忠于国王，而不听命于议会。殖民地和英国议会的关系是彼此独立的，大家都是国王的下属。总督的行为等于服从帝国议会，而不是服从殖民地议会，因此是不合法的。

聪明的约翰利用对英国资产阶级革命后的政治和法律的深刻理解，给英国议会出了一个无法回答的难题。在英国，王位已经是虚挂了，权力在议会手里。约翰则从引用历史，咬死了效忠王室，殖民地和英国的从属关系只是对于英王的，他知道英国议会是不会把血流成河才争取来的权力还给国王的。

约翰·亚当斯最后说：殖民地和英国议会是一种合作关系，如果不能合作的话，殖民地除了独立外，别无选择。

塞缪尔和汉考克拍案叫绝：还是我的好兄弟。你找到了理论，就看我的行动吧。

约翰·亚当斯靠在波士顿惨案辩护中的表现维护法律的尊严，使他一跃成为北美殖民地法律方面的权威，赢得温和派的支持，更赢得英国方面的好感。也使他和华盛顿成为国父中仅有的两名对独立的后果有所准备的，华盛顿是准备打游击去，约翰·亚当斯则可以放心地在家睡大觉。英国决定对北美动武后，塞缪尔和汉考克等波士顿抗英领袖赶紧躲到乡下去，只有约翰·亚当斯不用跑路，因为他知道英国政府不会动他。独立开始后，他作为美国的使节出使法国和英国，以及在独立后出任总统、建立自己家族的政治事业，都起因于他在波士顿惨案中的精彩表现。

至于和汉考克和塞缪尔的友情，约翰·亚当斯丝毫不担心，因为他知道这两位有激情和能力，就是缺乏理论，早晚还得靠他的大脑。

三人重新组合在一起了，现在需要一次行动，让独立成为别无选择。

其实，汉考克已经干了好几年了：走私茶叶。

18世纪下半叶，东方的诱惑实在是太大了，是国际贸易的重心所在。以茶叶和丝绸为主的中国商品畅销全球，是当时最有利可图的商品。对于英国来说，由于工业革命生产力突飞猛进，生产能力严重过剩，以棉、羊毛纺织品为首的工业品在国内供应远远大于需求，英国急于在全世界开辟市场。面对北美殖民地的抗税行动，英国议会一再退让的主要原因就是北美殖民地是英国工业品的一大市场和原材料供应地，相比之下税金不算什么。但是北美只有不到300万人，相比中国几亿人来说，市场要小得多。中国这个潜在的巨大市场对英国商人来说有着巨大的诱惑。

但是，清朝皇室始终拒绝扩大通商口岸、开放市场，结果英国购买了大量的中国商品，中国却很少购买英国的商品而造成巨大的贸易逆差。

那时候北美人还不习惯喝咖啡，主要喝茶，因此对茶叶的需求量很大。

但是，由于茶税依旧保留的原因，北美殖民地一直抵制东印度公司的茶叶。那些不抵制的人也不喝正版茶叶，因为走私的茶叶很便宜。1770年后，北美的茶叶90%以上是走私货，东印度公司的茶叶都堆积在印度的仓库里发霉。茶叶走私正是由汉考克组织的，他从荷兰进口茶叶，使东印度公司在北美殖民地的茶叶销售从145000千克下降到非常可怜的240千克。

1773年，东印度公司负债累累，有些支撑不住了。东印度公司是英国殖民的先锋，照现在的话说，是值得扶持的民族企业。这家公司主要是和中国做生意，可是中国不像北美殖民地，对外面的货物需求量很小，东印度公司只有拿真金白银去买，贸易逆差越来越大。针对这种现状，公司这一年做出两个决定，一是大肆进行鸦片贸易，二是垄断北美茶叶贸易。

东印度公司说通了英国国会，国会通过法案，给予东印度公司在北美销售茶叶的垄断权，并同意他们按北美的低税率而不是英国的高税率纳税，一举将茶叶的成本下降一半。

垄断归垄断，走私还在走，北美殖民地的总督怕再激起民变，对走私睁一只眼闭一只眼，东印度公司只好拼市场。

9. 便宜茶叶不能喝

东印度公司靠经济实力说话，他们在北美设专营代理商，省去中间商倒手，把茶叶价格压低到市价以下，使走私商无利可图。这么一来，靠走私发财的大商人们包括汉考克损失严重，那些茶叶的零销商也没有了茶叶生意。得益的是老百姓，能喝上便宜茶叶了。

汉考克也雇人去游说英国议会，抗议这种贸易垄断行为。塞缪尔·亚当斯负责领导抵制东印度公司茶叶的行动。特别是在波士顿，人们组织起来，不容许载有东印度公司茶叶的船卸货，一旦有茶叶船到来，就24小时派人在抗议，不让茶叶卸下来。

1773年11月底，当佛朗西斯·罗特克驾驶他的"达特摩斯"号来到波士顿后，才知道这次要赔本了。波士顿人守在港口，坚决不许把茶叶卸下来。罗特克是运输商,是靠着运送东印度公司的茶叶来赚钱。他不愿意因为茶叶和波士顿人为敌,但英国法律规定,到岸20天内必须把货物卸下并交税,眼看期限已到,罗特克只好向总督要求把茶叶运回英国,这样可以不违反法律。可是总督不同意,要回英国也可以,必须把茶叶卸下。如果卸货的话,罗特克将面对成千上万的愤怒的波士顿人,有可能性命不保。如果不卸货而回英国的话,总督保证按叛国罪起诉他。罗特克真不知道怎么办才好。

如果塞缪尔是"革命之父"的话,马萨诸塞总督赫特奇森就是"革命之母"。正是他的强硬行动给了亚当斯革命的机会。如果他像其他殖民地的总督一样,容许船东和船长们自行解决纠纷,也就是容许茶叶船回英国的话,美国独立也许就不会发生。因为英国议会已经决定,再过6个月就取消茶叶税,波士顿人也不会再闹事了。

赫特奇森这样做是有自己的私心,因为东印度公司在波士顿的代理人是他的两个儿子。为了儿子们的生意,赫特奇森派人进行武装保护,城堡岛上的英军也把大炮对准这边,以警告任何企图捣乱的人,准备强行卸货。

夹在中间的罗特克无可奈何,只好把总督的决定通知塞缪尔,希望塞缪尔体谅他的苦衷,不要再为难他了。塞缪尔等的就是总督这个决定,他马上召集市民大会,一共有8000人参加,在会上,塞缪尔宣布:"这次会议为的就是保卫这个国家。"

被后人称为"独立革命之父"的塞缪尔·亚当斯开始使用"国家"这个称呼了。

1773年12月16日,一群莫霍克族印第安人登上了三条停泊在港口的茶叶船,把船上的45吨价值上万英镑的茶叶全倒入海里。

整个新英格兰地区的印第安人都被赶走了,波士顿怎么可能有印第安人?经过调查,总督在写给英国的信中报告:印第安人是波士顿造反者假扮的,领头的正是塞缪尔。

赫特奇森哪里知道,这个情报是塞缪尔故意让他知道的。马萨诸塞殖民地建立 140 年了，印第安人早就绝迹了，塞缪尔这样欲盖弥彰，就是要激怒英国公众，让英国公众来促使英国政府对北美殖民地采取强硬手段。

对于汉考克和亚当斯来说和英国分裂有两个障碍，一是英国政府的忍让策略，二是北美殖民地的温和派和亲英派力量。对于北美分裂主义者不断升级的行为，英国政府很有策略地忍让，一次又一次成功地使北美民众的仇英情绪稳定下来。在北美殖民地，不仅有很多亲英派，而且还有很多温和派，比如费城著名人物、世界级科学家本杰明·富兰克林，他认为北美殖民地应该和英国政府合作，协商解决纠纷。甚至主张自由的佩恩在这时也认为应该和英国议会谈判解决这些纠纷。"波士顿倾茶"事件后，富兰克林就认为应该赔偿船东的损失，四名北美商人愿意出钱支付这笔损失，在得知赫特奇森打算建议伦敦采取报复行动后，他动身前往英国试图靠自己的名望，寻找和平解决的办法。

但是，英国议会拒绝了富兰克林等人的建议，因为"波士顿倾茶"事件彻底激怒了英国公众，他们要求政府采取强硬措施。迫于民众的压力，帝国议会通过了几项惩罚决议，国王下令关闭波士顿港口。

"波士顿倾茶"事件在北美引起几桩连锁反应，殖民地人纷纷把喝茶的习惯改成喝咖啡，导致茶叶无人问津。塞缪尔趁势在 1774 年 6 月召开的马萨诸塞议会会议上建议召开大陆会议，一位亲英派议员见状装病退场，火速向总督告密。赫特奇森马上下令解散议会，可是送信人赶到议会时，发现塞缪尔把门给反锁上了，这位过于绅士的信使对此束手无策，决议通过了。

1774 年 9 月，第一次大陆会议在费城召开。与会的代表同意：英国议会没有权力控制与北美殖民地的贸易、没有权力制定影响殖民地的法律，殖民地的人民有权参加任何为他们自己制定法律的立法组织。大会批准了马萨诸塞所提出的人民有使用武器进行防卫的权利的建议。许多年以后，约翰·亚当斯回忆这次会议时说道："第一届大陆会议举行时，美国革命就开始了。"

参加第一次大陆会议的马萨诸塞派来四名代表：亚当斯兄弟，亚当斯家族的朋友罗伯特·佩恩，以及当年把塞缪尔从财务公司开除的亚当斯家族的朋友、马萨诸塞殖民地下议院议长托马斯·卡斯廷。到了第二届大陆会议时，代表马萨诸塞的还是上面这四位，另外加上汉考克。

美国独立的两大巨头之一弗吉尼亚殖民地派往费城的大陆会议代表是亲友团，另外一个巨头马萨诸塞殖民地派往费城的大陆会议代表也是一个亲友团。

10. 决裂

一南一北两个亲友团坚决独立，夹在中间的宾夕法尼亚、纽约等殖民地的头目则倾向于和英国和解，何况英国政府逐步把各种税免除了，只剩下茶叶税一项也形同虚设，马上就要取消了，殖民地没有和英国闹对立的理由了。

建议和英国人和解的这批人中为首的是富兰克林，在开国群雄中，论德高望重当属富兰克林，在国际声望中，也无人能出其左。富兰克林白手起家，才华横溢，从政治理念上他是认同大英帝国的政治体制，也接受欧洲的裙带关系的理念，而且身体力行，也颇受帝国礼遇。富兰克林有个儿子叫威廉，是个私生子，他对威廉大力培养，早早就成为他的合伙人。威廉当过律师，在法印战争中上过战场，富兰克林奉宾夕法尼亚殖民地之命出使伦敦时，带威廉一起去英国深造。在伦敦，富兰克林公私兼顾，居然给威廉谋到新泽西殖民地总督之职。

大英帝国在北美的总督不过十几人，基本上出自皇家贵族和资深军官，北美本土人也是世代冠缨之家的子弟，威廉年方33岁，也没有任何从政经历，在英国待了7年，学完了法律并拿下英国的律师资格，居然就成了一方诸侯，富兰克林的运作能量的确不小，说明王室也给足了富老面子。

在殖民地和帝国决裂之前，富兰克林家族从一个小民工奋斗成了殖民地豪门，他还是费城共济会的龙头老大。在北美殖民地，无论是政界、商界、科学界还是宗教界，富兰克林家族都是举足轻重的角色。

于是，富兰克林远赴伦敦，试图抹平帝国和殖民地之间的裂痕，费城的商人们也愿意出钱，赔偿倾茶事件造成的损失。但是，民众的情绪已经被煽动起来，和平的声音被压制了下去。另一方面，英国本土的民众也逐渐被殖民地人得寸进尺的态度所激怒，要求政府采取强硬的措施，英国政府的退让也到了自己的限度。

终于，英王乔治宣布殖民地正在叛乱。英国议会决定自1775年1月起对马萨诸塞殖民地采取武力手段，军队和军舰陆续开进殖民地。马萨诸塞等殖民地的男人们开始武装起来，进行军事训练。富兰克林、卡斯廷等温和派迫于形势，只好加入革命的行列，分裂的声音终于在北美占了上风。

富兰克林自己革命了，也不能丢下儿子。北美总督大多效忠帝国，但也有康涅狄克总督乔纳森·特朗布尔投身革命，被华盛顿视为手足。威廉再干下去，也就那样了，殖民地的总督是个样子货，威廉敌不过英国贵族和老爹一起造反，踢开腐朽的贵族们，去创建富兰克林家的基业。一旦他投身革命，以老爹的名望和他的背景，独立运动的大权就是他富兰克林父子的了。

没想到威廉不干，决计忠孝不能两全，誓死效忠帝国，这样一来父子决裂，后来造反派冲击总督官邸，把富兰克林总督关进监狱，两年后释放出来，威廉跑到纽约继续支持平叛，战争结束后随英军撤走最后终老英伦，和父亲也始终没有和好。

1775年3月23日，帕特里克·亨利在弗吉尼亚议会就时局发表了煽动性的演说，极力鼓励和英国决裂。当他以"不自由，毋宁死"(give me liberty or give me death)结束演说后，议员们以"拿起武器，拿起武器"的高呼作为回应，实际上等于开始造反了。这个著名的演说使亨利成为美国独立运动的弗吉尼亚的知名人物，美国的国父之一，他和塞缪尔·亚当斯、托马斯·佩恩并列为"美国革命之父"。理查德·李随即起草独立宣言的草稿，也就是《李方案》，独立开始进入实质阶段。

英国政府下决心在北美平叛，政府给北美英军统帅盖奇将军下了密令。可是，这份密令的内容在送到盖奇手上之前就被汉考克在英国的间谍得知，用一艘比英国官方的船开得更快的船通知了亚当斯和汉考克。4月8日，除了沃伦和瑞维尔等谍报人员之外，波士顿的反叛者全部跑到乡下去了。盖奇制订的行动计划也早早被民兵得知，唯一不清楚的就是什么时候行动。这时候，盖奇还神神秘秘地派骑兵四处侦察，希望搞清亚当斯和汉考克晚上住在哪里。

4月18日晚8点半，盖奇交给佛朗西斯·史密斯一道密令，煞有介事地让他晚上出发前才打开。当夜史密斯中校率领700名英军，本来以为趁着黑夜神不知鬼不觉，没想到刚到列克星顿就遇上抵抗，刚打退了小股民兵后，就在康库德遇到了大批民兵，这次终于打不过了，且战且退，在自己人的接应下才撤回波士顿。

盖奇将军一觉醒来，发现波士顿被两万多名民兵包围了。他怎么也搞不明白，本来计划得很周密的行动，怎么搞成这个样子？

原来问题出在自己家里，他的老婆、出生在新泽西的玛格瑞特·盖奇是沃伦发展的间谍，她把他的行动计划透露出去。盖奇发觉后，把老婆送回英国，软禁在自家的庄园，两人余生再无一语相向。

佩顿死后，汉考克继任大陆会议主席，所以在《独立宣言》上第一个签字。他的签名很大，理由是英王乔治近视，这样能让他看清楚，是谁领头造反的。

签完字后，汉考克觉得在这重要场合应该幽默一下，就问："你们说，将来我们会在同一根绞刑架上被吊死，还是会被分开吊死？"

作为全球知名的科学家，这个问题富兰克林当仁不让地回答了："肯定会被分开吊死。"

五十几号人吊在一个绞刑架上难度太大了。

不管将来怎么被吊死，已经没有退路了。他们能指望的只有在波士顿城外指挥大陆军的那个人——乔治·华盛顿。

四、识时务者为俊杰——不当国王的华盛顿

1. 民主的圣人

说到美国，就不能不说乔治·华盛顿。

华盛顿是谁？相信世界上稍稍有点文化知识的人都会知道，他是美国第一任总统。任何一个国家总会有第一任国家元首的，华盛顿与众不同的是他为自己设定了总统任期，当了两届8年的总统之后，主动下野，开创了废除终身制的先例。

除了为自己设定了任期的限制外，华盛顿还是唯一一位不要薪水的总统，也就是说他为国家服务是白干的，当然公务费和生活费华总统用不着自己掏腰包。

1789年9月24日，美国国会为总统制定的年薪标准是25000美金。华盛顿的上一个职务是大陆军总司令，也是干了8年，同样不要薪水。从这一点看，华盛顿是个有钱人，否则即便有觉悟，十几年不要薪水的话，一家老幼的生活就会成问题。如果你参观过华盛顿故居的话，第一个印象就是华盛顿不是一般的有钱，最起码属于富豪的行列。弗农山庄园只是华盛顿家产的一部分，这么富有，区区25000美元自然不会看在眼里。

历届美国总统不乏富豪，除了华盛顿不要钱外，只有两位没有把钱拿回家去。老罗斯福把年薪用于在白宫中招待客人，肯尼迪把年薪捐给了慈善机构，其余总统们都理所当然地拿走了。虽然美国总统的年薪已经涨到40万美金，但对于家资雄厚的布什父子和克林顿来说，并没有太大的用

处，何况计算了通货膨胀的因素之后，华盛顿时代的 25000 美元等于今天的 566000 美元，仅从这一点上，华盛顿就显得很高尚。

在如此难得的基础上，华盛顿作为军队司令和缔造者、全美的英雄人物，在能够将美国变为一个王国自己成为国王的时刻，竟然能够服从民选政府，丝毫没有当独裁者或者是强权人物的野心，让今天为了私欲而为所欲为的人们感到无比地羞愧。华盛顿虽然没有成为国王，但他的名字在美国做到了永垂不朽，无论走到什么地方，总会看到用华盛顿来命名的地名、风景和建筑物。

不仅在我们这些生活在今天的人们眼中，华盛顿是非常伟大和不平凡的，即便是在离华盛顿生活的年代不远的封建社会中，人们对于华盛顿的所作所为也表现出由衷的尊敬和崇拜。1853 年，浙江宁波府和在华传教士为华盛顿纪念碑的建立而致献石刻。这个石刻被砌于位于美国首都的华盛顿纪念塔的第十级内壁上，内容摘自徐继畬 5 年前写的《瀛寰志略》。

"华盛顿，异人也。起事勇于胜广，割据雄于曹刘，既已提三尺剑，开疆万里，乃不僭位号，不传子孙，而创为推举之法，几于天下为公，骎骎乎三代之遗意。其治国崇让善俗，不尚武功，亦迥与诸国异。余尝见其画像，气貌雄毅绝伦，呜呼，可不谓人杰矣哉。米利坚合众国以为国，幅员万里，不设王侯之号，不循世及之规，公器付之公论，创古今未有之局，一何奇也！泰西古今人物，能不以华盛顿为称首哉。"

徐继畬是清朝学者，曾任福建巡抚，是一名省部级官员。在他的眼中，美国开国元勋华盛顿是上古尧舜一类的人物，由马上夺取天下后居然不传子孙，做到天下为公，而且治国不尚武功，公器付之公论，这是中华文明最高尚的理想，美国不正是几千年来寻找的理想之邦吗？在中国人眼中，这样的人，不是弱智的话，就只能是伟人和圣人了。

有关华盛顿的传记和评论多得数不胜数，这些官方的和半官方的历史书籍在美国人民和全世界人民心目中树立了另外一座华盛顿纪念碑，华盛顿作为美国开国群雄民主自由信仰和理想的代表人物，成为美国民主政治体制的无比光鲜的门面。

关于华盛顿不当国王一事,并不是空穴来风,而是有不容置疑的历史证据。

1782年5月22日,大陆军总司令乔治·华盛顿将军收到一封信,写信的是他的一位下属,利维斯·尼古拉上校。尼古拉的这封信写得很诚恳,信中分析了这个新生国家的现状和军队所面临的情况,认为在目前严峻的情况下,这个国家需要一个强大的政府,强大的政府就要有个国王。上校代表军中一部分同僚,建议华盛顿来当这个美国国王,他相信全军将士对此会一致支持的。

华盛顿看完信,当天就给尼古拉回信,赞同他关于美国有一个强大政府的想法,但认为美国不需要一个国王,希望这个念头从尼古拉脑子里消失。尼古拉接到司令的回信后非常惭愧,之后几天连着给华盛顿写了好几封道歉信。

这件事就是尼古拉事件或者叫尼古拉阴谋,这也成为华盛顿天下为公、不当国王的高尚品德的证据,也是唯一的证据,按史学界的叫法是孤证。

历史学家对这件事是否存在并没有什么疑问,尼古拉确实写了这封信,华盛顿的回信也确有其事。这件事也没有做到话不传六耳,军中颇有几位华盛顿的亲信知道这件事。为了避免有阴谋的嫌疑,给尼古拉的回信华盛顿写了一式两份,一份送给尼古拉,一份留作档案,并请在场的两名副官证明,两份是一模一样的。从尼古拉在接到华盛顿回信之后的反应来看,这件事肯定不是华盛顿指使的。

在主流的历史学家笔下,华盛顿对尼古拉阴谋的反应决定了美国成为美利坚合众国而不是美利坚王国,是美国之所以能有今天的原因之一。但是其细节甚至真假始终被历史学家们刻意忽视和简化,200多年间探讨不多。

1782年到1783年间,究竟有没有一份天下摆在华盛顿面前呢?

2. 少年华盛顿的理想

弗吉尼亚是英国在北美最古老也是最大的殖民地，开创之初沃野千里，有的是没有开垦的土地。但是，没有开垦不等于没有主人。在印第安人的概念里，人是不能够拥有土地的，但在白人眼中，土地就应该被人拥有。才过了100多年，偌大的弗吉尼亚已经基本上没有无主的土地了。

有土地才有社会地位，英国在北美的殖民地采取自治的办法，由英王任命的总督和殖民地议会共同管理。进入殖民地议会的人一般来说家里总得有上千英亩地。这并不是说富人才能掌权，而是让大家有一个上进的目标，掌权的的确都是富人，但想掌权、进入上流社会，可以靠个人奋斗拥有土地。土地有了主就可以转手，后来的人只要腰缠的英镑多，也可以买地，直到成为大地主，下一步就可以成为在政治上有发言权的豪门，乔治·华盛顿的上几辈人就是这么努力的。

终于，华盛顿家有上万英亩的田地，已经一只脚迈进豪门的行列了，可是老爷子去世了。当年殖民地分遗产并不是平均分配，还是按英国的老惯例，年长的孩子继承得多，乔治继承的土地不多，至多属于中下水平。想挤进豪门还得靠自己努力先千亩后万亩地重新开始，可是华盛顿家族有一种遗传现象，就是男丁绝大多数活不过50岁，因此他很可能和他祖父及父亲一样，尽管很成功，到了快成功的时候死了，下一代还得重新奋斗。几代人的教训告诉这一代人，必须走捷径。

1746年，乔治14岁了，关于他的前途，家里面该替他考虑一下了。本着一切为了尽快进入上流社会出发。长兄如父的大哥劳伦斯已经想好了，他建议弟弟从军，进入英国海军军官学校，通过从军这条路进入上流社会。

英国军队的士兵很多是充军的罪犯，军官则是要靠出钱买来的，等级非常分明。在军中混一段时间，能当个上尉就可以在殖民地成为上等人了。英国海军无敌天下，因此劳伦斯认为三弟成为海军军官是向上爬的最好途径。他自己就是一个例子，劳伦斯曾是英军的一名军官，参加过西印度群岛战争，后来把自己继承的庄园命名为弗农山，以纪念指挥这场战争的弗农将军。从西印度群岛战场归来，劳伦斯和贝尔沃庄园的安妮·费尔法克斯成亲。

但是乔治的母亲对此不同意，她认为劳伦斯之所以能通过娶大贵族家的女儿进入上流社会，是因为从小在英国受的教育。老公死了后家里没钱了，乔治连一天正规教育都没受过，更不要说去英国接受教育了。就他这样进入英军，肯定成个粗鲁的丘八，将来成为一名老上尉老少校，娶个小地主的闺女而已。

劳伦斯觉得继母头发长见识短，依旧坚持自己的主张，直到在英国的叔叔也反对，认为当兵太苦才作罢。华盛顿家族在英国有后人，其中最著名的就是戴安娜王妃，她是华盛顿二哥奥古斯丁的后人。

不去当兵就只能碰运气，要靠华盛顿家族另外的一门本事，就是长得帅。劳伦斯把三弟接到自己庄园，让他和自己的小舅子乔治成了好友，希望把费尔法克斯家族当作靠山，提携弟弟进入上流社会。费尔法克斯家族的地多得都不清楚情形，要勘测一下。华盛顿便陪着乔治·威廉·费尔法克斯去勘测费尔法克斯家族在杉安道河谷的土地。他花了3年时间，经过了将近200次调查，查清了费尔法克斯家族位于北方地峡和杉安道河谷的地产，并获得丰厚的回报，买下了杉安道河下游牛皮溪畔一块1459英亩的土地。

华盛顿日后成为美国女人的梦中情人，可是并不是所有女人的审美标准都一样，勘测过程中有一次在河里洗澡，一位叫玛丽·麦克丹尼尔的女人突然拿着枪过来，对着他的衣服狂射。华盛顿只好穿着全是洞的衣服去弗雷德里克斯堡法庭控告。为了杜绝这种怪癖，法院判被告鞭挞15下。

这种野蛮的女人肯定不能让华盛顿动心，在弗吉尼亚各地勘测时，他见过各种各样的女人，其中一位著名的美女让他魂不守舍。这位美女叫露西·格瑞密，她让年轻的华盛顿明白了一个道理：他必须真正地挤进豪门中去。

因为这位美女权衡了帅哥和豪宅的利弊，很快决定岁月无情没有不变的容颜，还是立在那里的豪宅实惠，就拒绝了华盛顿的示爱，把自己的姓氏改成了李。这个李就是理查德·亨利的李。弗吉尼亚著名的美女露西成了理查德的堂嫂，这样一来辈分有些变了，因为她姐夫是理查德的舅舅。

美女露西来自佩顿·伦道夫所在的伦道夫家族，她的家族和李家族、卡特家族、哈里森家族等有土地有政治势力的豪门世代联姻，华盛顿这时还是局外之人。

3. 华盛顿的豪门之路

作为英国在北美的第一个殖民地，弗吉尼亚是希望移民北美的英国贵族的首选之地。虽然殖民地实现政治自治制度，但并不是所有的殖民地人都能获得平等的政治权力，殖民地的政治权力掌握在一小部分人手里，这部分人包括来自英国的贵族或者官僚，以及本地的大庄园主，形成了有很强地区特点的豪门势力。

在美国建国以前，殖民地的豪门势力处于两极分化的状态。一极是来自英国的大贵族家族，由于和王室及政府有密切关系，他们把握着殖民地的大权，而且靠着国王的赐予，占据了大片肥沃的土地。弗吉尼亚这样的豪门有华盛顿大嫂的娘家费尔法克斯家族和他们的姻亲凯瑞家族，以费尔法克斯家族为例，他们在弗吉尼亚和马里兰拥有 500 万英亩土地，而且大多数土地根本就不去开发，纯属跑马圈地，用于打猎。

另外一极是来自英国的小贵族、破落贵族、绅士和平民家族，他们靠着婚姻或自己的努力，进入上层社会，但是无论在权势和经济实力上，都不能和大贵族家族相比。为了自己的利益，他们采取相互反复通婚，结成非常密切的联盟，然后通过殖民地议会和大贵族家族对抗。

以李家族为例，第一代理查德·李一世于 1639 年从英国来到当时弗吉尼亚的首府詹姆斯镇，应聘出任地方法庭的职员。抵达詹姆斯镇不久，他和华盛顿的大哥一样，找了个好老婆。新娘是比他小 3 岁的安妮·康斯特布尔。安妮的父亲是一位和权贵有来往的商人，她是陪同弗吉尼亚总督佛朗西斯·怀亚特一家来到殖民地的。这场婚姻让理查德一步跨入弗吉尼亚上流社会，1643年，继任总督威廉·巴克利任命他为殖民地的司法部部长，同时担任行政司法长官和民兵上校，这一年他不过25岁。

　　虽然成了殖民地政坛要人了，可是理查德还得努力置地发财，才能在上流社会站住脚。他开始和印第安人做毛皮生意，把家安在印第安人的土地上，并获得了上千英亩的土地许可。不料在1644年，印第安人大肆屠杀殖民者，理查德一家只好逃到詹姆斯镇附近定居。1647年到1651年他代表约克县进入殖民地议会，1649年入选上院，1651年成为弗吉尼亚第二号人物、殖民地州务卿。从公职退休之后才开始大肆买地，在弗吉尼亚到马里兰两地拥有了四个大的庄园，这15000英亩的土地奠定了李家族的豪门基础。

　　他的孙子托马斯·李通过和哈里森家族联姻，扩大了自己的政治势力，先后进入殖民地下院和上院，1749年出任临时总督。乔治国王于1750年正式任命他为总督，可惜命令到达时他已经去世了。

　　和李家族反复通婚的伦道夫家族，可以追溯到苏格兰王罗伯特手下大将的表弟托马斯·伦道夫伯爵，卡特家族则是诺曼底公爵威廉征服英国时的护卫，还有哈里森家族，这些家族虽然祖先名声显赫，但后人在英国已经没有什么权势，这才来北美碰运气。这种共同的背景使他们很自然地团结在一起，成为殖民地的一股非常强大的政治力量。随着他们力量的增强，不可避免地和大贵族家族发生冲突，进而和英国王室和政府发生冲突，成为美国独立的主要力量之一。

　　对于青年华盛顿来说，弗吉尼亚的土地都有主了，学习这几个家族的祖先那样靠一点一点积攒家财，成为大地主之后再挤进豪门中去很不现实，必须走捷径。

　　首先是靠着大哥的提拔。华盛顿的好友、嫂子的弟弟乔治·威廉娶了凯瑞家族的萨莉，萨莉是弗吉尼亚的名媛，受过良好的教育，举止优雅，她也成为华盛顿的朋友，并成为华盛顿心中新的恋人，两人甚至发展了地下情。

华盛顿的大哥劳伦斯是家族中难得的人才，受过英国式正规教育，作为英军军官参加过战争，娶了大豪门的小姐，并因此担任殖民地民兵上校，和李家族的祖先理查德·李一世一样前途无量。可是没想到，1752年劳伦斯因患肺结核去世，再次验证了华盛顿家族的男丁活不过50岁这个宿命。华盛顿嫂子安妮和大多数殖民地妇女一样马上改嫁，成为李家族第四代的老大乔治的妻子。这样一来，华盛顿和李家族搭上了关系。

在大哥弥留之际，华盛顿请求总督丁威迪授予自己为民兵指挥官，劳伦斯的岳父威廉·费尔法克斯也动用他的影响力。劳伦斯的民兵副官的位置在他死后分成四个职务，华盛顿成为其中之一，作为民兵上尉开始军事生涯。1754年，弗吉尼亚团成立，奉命驱逐进入俄亥俄谷地的法国人，团长富瑞中校在行军中坠马身亡，于是毫无军事经验的华盛顿成为团长。

但是，弗吉尼亚议会决定不再为远征法军的部队征税，华盛顿所指挥的弗吉尼亚军团将被分为几支相互独立的队伍，华盛顿的军衔就要从中校降为上尉，这让他感到很羞辱。在弗吉尼亚上层社会中，他既没有贵族资格，又没有和英国的渊源，家产也不大，只能靠军衔。1754年11月，华盛顿辞去军职，从嫂子那里租下了弗农山庄园。

劳伦斯不在了，让华盛顿家族成为豪门的重任落在他的肩上。弗农山庄园归安妮和劳伦斯四个孩子中唯一存活的女儿萨拉所有，1761年，萨拉去世了。1762年，华盛顿的二哥奥古斯丁也去世了。作为华盛顿家族现存的老大，乔治·华盛顿理所当然地继承了弗农山庄园。在他手里，弗农山庄园从2000英亩扩大到8000英亩，成了他真正的家。

但是，殖民地已经开拓100多年，周围的土地都有主了，靠老老实实当农民成为豪门有些不实际，男儿还要去建功立业。于是在英军到来后，他主动和英军将领拉关系，重新参战。在英法战争中，华盛顿组建蓝衫军，成为弗吉尼亚土生土长的最著名将领。可是在英国正规军中，他这个殖民地上校仅仅相当于英军的上尉。华盛顿一气之下再次不干了，娶了玛莎·丹德里奇·卡斯蒂斯，管理她和孩子们的 18000 英亩的地产。

这一次，华盛顿终于没让美女再次飞入豪门，玛莎不仅有钱，其家族也是殖民地政治家族之一。他也终于以大庄园主的身份进入弗吉尼亚上流社会，从此锦衣玉食，过上了奢侈的生活。

4. 大陆军司令的由来

有大贵族费尔法克斯家族和凯瑞家族做靠山，还和李家族、史斯普特伍德家族有了亲戚关系，华盛顿家族的前途非常光明。但是，华盛顿毕竟是土生土长的弗吉尼亚子弟，当殖民地开始和英国决裂时，他很自然地站到以李家族和伦道夫家族为首的革命豪门一边，在老伦道夫死后，同样聚集在理查德·亨利·李旗下。

理查德·亨利·李是托马斯的次子，他是独立宣言签字人、美国国会的第六任议长，并出任参议员。他弟弟佛朗西斯也是独立宣言签字人。另外两个弟弟威廉和阿瑟是独立战争中美方的外交家，威廉娶了自己的表妹，也就是美女露西姐姐的孩子，阿瑟是大陆会议的代表。

理查德·亨利·李在美国独立运动中虽然名气不如华盛顿和杰弗逊，但其作用和地位则高于前两者，他是弗吉尼亚支持独立势力的中流砥柱。

在参加美国独立的几个政治家族中，佩顿·伦道夫死后，伦道夫家族在政治上分裂，佩顿的弟弟约翰支持统一，为此跑到伦敦去了，约翰的儿子爱德蒙支持独立，但人太年轻还得管理家里的产业。哈里森、杰弗逊、尼尔森诸人也比较年轻，华盛顿则没有什么政治经验，只有李兄弟中的老大理查德可以作为领军人物。

大陆军成立时，华盛顿并非总司令的唯一人选。

华盛顿是弗吉尼亚派往大陆会议的代表，而且是代表中军事资历最强的一位，由他出任大陆军司令似乎理所当然。但实际的情况远非如此，首先第二届大陆会议主席，也就是独立的美国的元首、来自马萨诸塞的约翰·汉考克要求出任大陆军司令，并且愿意为此不当国家元首了。这个建议遭到弗吉尼亚代表的反对，弗吉尼亚和马萨诸塞是美国独立的两大主要力量，弗吉尼亚在失去议长之位后，认为一定要掌握军权，用没有军事经验否决了汉考克的要求，大陆军总司令必须由有军事经验的人来担任。

即便是在这个前提下，华盛顿出任大陆军总司令并不是众望所归。能够统领大陆军的将领，应该有长期在正规军队服役的经验，华盛顿在军中服役时间并不长，并且他只能算民兵将领，不是职业军官。他虽然是上校，可是这个军衔如果按正规英国军队算的话，等于英军上尉，这也是导致华盛顿在独立前从民兵退役的一大原因。

在北美殖民地，支持独立的人中，有不止一位这样的人物。原英军的校级军官，除了利维斯·尼古拉少校因为年龄而退役之外，还有另外两名原英军少校，俩人退役后都移民弗吉尼亚，也都是因为在军中受到不公正待遇，因此对英国政府心怀不满，独立战争爆发了，这种不满促使他们参加了大陆军。一位是霍雷肖·盖茨，他在法印战争中和华盛顿并肩战斗过。1769年，盖茨的军事生涯遇到"瓶颈"了。在英国军队中，军官的升迁或者用钱去买通或者靠家族的影响，这两样盖茨哪一样都没有，所以干脆把自己的少校卖了。卖少校的钱在英国过不上什么好日子，于是盖茨就来到弗吉尼亚，买了一块地当上庄园主。

另外一名是查尔斯·李，他也参加过法印战争，并且娶了一名印第安人酋长的女儿。打完7年战争，他所在的团被取消了，他这个花了好几次钱买来的军官只能退役作废，后来移民弗吉尼亚。

这几个少校中，尼古拉是宾夕法尼亚人，而且年龄太大，连参军都成问题，更不要说掌军了。剩下两个弗吉尼亚人中，查尔斯·李的军事经验最丰富，曾经参加过几场战斗而且表现不俗，最有资格出任总司令。但是大陆会议一来不放心他的英国背景，二来他不仅要求按英军少将的标准挣工资，而且要求赔偿他因为造反而损失的在英国的产业。盖茨在得知战争爆发的消息后就飞马来到华盛顿的庄园，愿意听他调遣。华盛顿不要军饷，只要求支付他在军中的消费,对于缺钱的大陆会议来说,华盛顿是最合适的人选。因此在弗吉尼亚的支持下,华盛顿被任命为总司令,来自马萨诸塞的伍德成为第二号人物,但伍德不久因为健康原因而离开军队。查尔斯·李成为军中第二号人物。在接受总司令任命后,华盛顿请求大陆会议尽快任命盖茨为参谋长,使盖茨成为军中第三号人物。大陆军从一群民兵和平民组织的队伍很快变成一支能够作战的部队,正是查尔斯·李和盖茨的功劳。

不要军饷,是华盛顿在诸人中胜出的主要因素之一,但华盛顿并不白干,他就一个要求,在军中的一切花费由公家负责。

在军旅之中,吃饭当然包了,但还是有用钱的地方,司令有时候要求住得好一点儿,买一些东西,加上私人的仆人等花销,外加司令的那些排场,大陆会议考虑了一下,同意每个月给华司令500美元车马费。

华盛顿拒绝了,要求实报实销,秋后算账,也就是说各项花销司令部都记在账上,等革命成功后算总账。

华盛顿敢这么说,是因为他算了一笔账,他知道自己在家大手大脚惯了,到了军中肯定更大手大脚,怎么着也是个总司令,不能太寒酸,500块肯定不够,还是实报实销为好。

大陆会议听到华盛顿的要求后,也算了一笔账,觉得实在是太合算了,马上应承。

5. 危机到来

大陆会议不是不知道华盛顿和他那帮弗吉尼亚地主亲戚们一样不把钱当钱,那么大的庄园都能花到破产了,就别说本来就面临选择是先当裤子还是先当裤腰带的大陆会议财政部了。让大陆会议欣然同意的原因就是华盛顿说的秋后算账。

听到华盛顿的要求,大陆会议管钱的起先认为听错了,什么?打完仗再一起结算?今天不是4月1号吧?

仗打完，有两种情况。

一是大陆军赢了，英国同意美国独立。

二是大陆军败了，美国还是英国的殖民地。

这两种情况中，只有出现第一种情况，华盛顿才能拿到钱，因为第二种情况出现之后，大陆会议肯定被帝国灭了，华盛顿一分钱都拿不到，自己有没有命活下去都成问题，这样一来，大陆会议付钱的概率就50%。

大陆会议这帮人虽说都是一腔热血起来造反的，也知道自己有多少胜算，独立的概率根本到不了50%，华总司令既然把宝押在小概率上，那就这么着吧。失败了咱们就彻底散伙，成功了咱们坐天下，肯定付得起，这笔交易很合算，成交。

要不怎么说华盛顿是伟人呢，这一宝还真押对了，当然为了秋后算账，他也得屡败屡战地坚持。坚持就是最后的胜利，赶跑了英国人，华盛顿把军权交给大陆会议，同时交上一份过去6年在军中的花销清单，请大陆会议如数支付，总数449291美元。

大陆会议接到账单，找个会计核算了一下，发现华盛顿真诚实，除了四舍五入那一块钱之外准确无误，大陆会议于是照单全付。

华盛顿一共干了6年总司令，如果按每月500美元算，一共36000美元，华盛顿这场豪赌赌对了，多拿了十几倍的钱。

可惜，这小50万美元华盛顿拿到手，长叹一声：这笔账算的，冤透了。

因为货币贬值，1776年的100美元相当于1780年的7000美元，如果华盛顿拿每月500美元的车马费的话，最后算下来起码是100万美元。

大陆军成立的时候，华盛顿能出掌大陆军主要得益于理查德·李的大力支持，因为他没有正规军服役的经验，其他殖民地有不同意见，比如美国独立的主要推动者、马萨诸塞的塞缪尔·亚当斯就非常讨厌华盛顿，在弗吉尼亚内部也有不同意见，杰弗逊就持保留意见，是理查德·李说服了弗吉尼亚亲友团，大家一起支持华盛顿，这才压住了反对意见，使华盛顿能够出任总司令。

华盛顿出任总司令后，一直受到各方面尤其是新英格兰和宾夕法尼亚地区的议员的攻击。他们为了掌握这个新兴国家的权力，就免不了和弗吉尼亚豪门进行斗争，第一步就是要夺回军权。加上大陆军在华盛顿的指挥下败多胜少，仅1777年冬季因为疾病就减员四分之一，给了反对者口实，大陆议会内部倒华的呼声一直不断，全靠理查德在尽力压制。

战争开始后，大陆军节节失利，查尔斯·李很快和华盛顿闹矛盾，于是开始质疑华盛顿的领导能力，希望取而代之。可是，在一次行军中查尔斯·李落在大部队后面，被英军捕获，英军用他来交换被大陆军俘虏的将军普雷斯科特。查尔斯·李回来后一味延误战机。原来他在被捕后英军威胁他，因为他在接受大陆军将军的任命几天之后才辞去英军军职，是可以按逃兵而不是战俘被处置的，李只好叛变，于1780年被解除军职。

盖茨作为参谋长非常称职，1776年被任命为加拿大军团司令，随后出任北方军团司令。1777在萨瑞塔加战役中，盖茨冒功，赢得了名将的声誉。他之前和华盛顿的关系一直不错，但此时华盛顿因为大陆军的败绩备受指责，盖茨和查尔斯·李一样也有了野心。

作为北方军团的司令，盖茨和新英格兰地区的大陆会议的议员们成为朋友，也了解到他们对华盛顿的不满和打算换将的企图。

华盛顿本人的指挥能力的确不行，在独立战争中败多胜少，但华盛顿对独立战争的最大贡献是在战略上。华盛顿清楚地知道英军和大陆军战力上的差距，因此坚持不和英军决战，始终控制大部分人口打击亲英派，终于坚持到法国参战，美法联军联手开始同英军展开决战，赢得了最后的胜利。

但是在1777年，华盛顿的这种战略还看不到什么希望，议员们还承受着本地人民的压力，希望尽快结束战争。对于新英格兰的议员来说，华盛顿不仅是不称职的问题，而是从一开始他们就不信任华盛顿，认为他是理查德·李的狗腿子。

新英格兰议员一直在物色替代华盛顿的人选，盖茨是他们发现的最好的人选。盖茨虽然也来自弗吉尼亚，但他主动前来示好，在新英格兰政治人物眼中起码比华盛顿好。新英格兰地区出商人和律师，但苦于没有军事人才，唯一能够指挥军队的伍德身体不好，无法担当大任。诺克斯从开战就拜在华盛顿门下，汉考克倒是有雄心壮志，自任马萨诸塞民兵少将，一共指挥了一场战斗，结果大败。在这种情况下，只有利用盖茨了。

在新英格兰势力的策划下，盖茨先略施小计，以军情紧急为由，让华盛顿同意他的军事报告不用再递交给华盛顿，而是直接递交大陆会议。表面上是因为军饷和供应迟迟不到，这样更有利于沟通和催促，实际上是绕过华盛顿和大陆会议建立了直接联系，以此获得宾夕法尼亚等地议员的好感。1777年，盖茨升任大陆议会战争委员会的头儿，也就是后来的战争部部长，依旧兼任北部军团司令。这样他和华盛顿的关系就有些乱了，作为战争委员会的头儿，他算华盛顿的上司，但作为北部军团司令，他又是华盛顿的下属。盖茨这个北部军团司令是从纽约的斯凯勒手中抢来的，当没有什么实权的委员会主席不是他的目的，他要取代华盛顿总司令的位子。

战争委员会设立的目的就是为了由大陆会议直接掌握军权，其实是为了从弗吉尼亚手中夺回军权，其关键在于替换掉华盛顿。1778年，由盖茨取代华盛顿的计划已经到了最后实施阶段。

就在这时，盖茨部下的一封信被公开了，信中质疑华盛顿的能力。这封信被送到大陆会议，引起一场不小的政治风波，在理查德·李的率领下，弗吉尼亚和南部代表对此做出强烈反应，眼看团结抗英的大好局面有被破坏的危险。打算替换华盛顿的议员们全不出声了，盖茨只好背了全部的黑锅，辞去战争委员会主席的职务，北方军团司令也当不成了，改任东部军团司令。

这么重要的一封信怎么曝光了？盖茨顿足长叹，太不小心了。前一段时间汉密尔顿来接洽部队换防之时，不知道怎么让他偷去了。

亚历山大·汉密尔顿是华盛顿的副官长，负责所有对外接洽事宜，还负责军中谍报。这样一个头号间谍来到自己身边，盖茨还马马虎虎的，倒霉是应该的。汉密尔顿对此当然一概否认，但他的这出真实的"蒋干盗书"，粉碎了英格兰地区和宾夕法尼亚议员们倒华的阴谋，为华盛顿化解了一场危机。

6. 当一份天下摆在面前

1782年5月22日，接到尼古拉的信后，华盛顿对此事的反应非常快，几乎是不假思索地拒绝了。这表明对于华盛顿来说，当国王是根本不予考虑的，没有丝毫回旋余地。

不予考虑有两个可能：

（1）不愿意当国王；

（2）当不成国王。

历史学家告诉我们：华盛顿不愿意当国王，因为他心中怀有军人为国家效力，怀有民主共和的坚定信念。

这么说境界太高了，"人不为己天诛地灭"，这样崇高的人有吗？

有！在美国建国之初，国父中确实有人怀有这种信念的，比如被列为美国革命三父之一的英国人托马斯·佩恩，就是怀着实现民主的理想投身革命的。美国革命成功之后，他又跑到法国去参加法国大革命，继续当他的国际主义战士，没料到法国大革命没有美国大革命那么温文尔雅，革命者之间的血腥斗争导致佩恩被关进了巴士底狱，险些上了断头台。

但是华盛顿不是这种人，因为他是已经拥有很大政治权力的豪门中人，在理想和现实之间是会选择现实的。华盛顿的教育程度很低，在美国独立之前，他的人生经历就是从中产阶级利用各种办法、不择手段地挤入上层社会，然后享受上等人的生活。这样的人怎么能有这类浪漫的理想？

因此，只剩下一种可能，就是在接到尼古拉劝进信之前，华盛顿就毫不犹豫地相信，无论是他还是其他人，都不可能成为国王的。

华盛顿是个明白人，他知道这片土地是不可能出现国王的。

华盛顿祖上是英国的绅士，算是上等人了，英国开始闹革命后，便家道中落。他曾祖父约翰于1657年移民弗吉尼亚，当起庄园主来。乔治的祖父劳伦斯在1698年去世的时候，儿子奥古斯丁才4岁，继承了1000英亩土地。奥古斯丁成人后和简·巴特尔结婚，主要原因是因为简是个孤儿，名下有640英亩地。两个人成家后不断地买地，奥古斯丁也积极参加本地的政治事务，两人的四个孩子中只有劳伦斯和奥古斯丁长大成人。1729年简去世后，奥古斯丁续娶的玛丽·鲍尔还是孤儿，因此名下的土地很自然地归了华盛顿家。两人的六个孩子中有五个长大成人，乔治是其中年龄最大的，生于1732年。靠着婚姻和个人奋斗，华盛顿家的土地有好几千英亩了。

华盛顿的两位同父异母哥哥都是回英国接受的正规教育，轮到华盛顿时，父亲已死，家道中落，不可能花大价钱送他去英国读书。殖民地子弟不去英国的话，可以在本地接受教育。弗吉尼亚殖民地的子弟大多进入本地的威廉·玛丽学院接受教育，但不知道是真的没钱，还是家里过于节省，华盛顿并没有和其他人一样接受正规教育，而是在家请私人教师教了两三年，和杰弗逊等弗吉尼亚籍国父相比，华盛顿的文化程度也就是小学水平。

华盛顿在政治方面是由一位邻居启蒙的，这位叫乔治·梅森的邻居的学历还不如他，根本就没有受过任何教育，完全是在自己叔叔的图书馆里自学出来的，但是自学也能成才，梅森是弗吉尼亚公认的政治理论方面的大师。这位理论家所倡导的是英国激进的辉格党（Whig）的思想，认为自由与权力不可调和，大肆批评英国政府的腐败和阴谋。这种思想和华盛顿当时的自我感觉不谋而合，让他接受了辉格党的观点。但是独立后，梅森力主限制政府权力，拒绝在宪法上签字，和国父中的大多数人意见相左，也因此和华盛顿绝交。华盛顿在投身独立运动后，就抛弃了梅森的政见，成为强权政府的支持者。

华盛顿虽然出身于富裕之家，经过个人奋斗也成为弗吉尼亚上流社会的一员，但他和那些接受良好教育然后守住万贯家财当律师的国父中的同乡是有明显差别的。

华盛顿在很多场合被称为国父，但实际上美国的国父是一群人，也就是参加历届大陆会议的成员，华盛顿只是其中之一，谈国父的时候是要用复数的。人一多就有分歧，在讨论开国宪法时，华盛顿是听得多讲得少的人，这不是因为他有城府，而是因为他的水平有限。

作为弗吉尼亚上流社会中唯一有军事指挥经验的人，华盛顿成为弗吉尼亚派到大陆会议的代表之一。和其他夸夸其谈的律师们不一样，华盛顿在会上没有说几句话，一是因为说不过人家，二是因为茶壶里煮饺子，心里有数，倒不出来。作为英国军队的一员、参加过法印战争的他和这帮乐观的书生不一样，他知道英军的实力和厉害。当其他代表从早到晚慷慨激昂地辩论时，华盛顿则到书店买了几本欧洲军事书籍，开始纸上谈兵。

除此之外，华盛顿还暗中做了计划，一旦造反被镇压，他就带人去以前战斗过的俄亥俄谷地打游击去。在国父之中，华盛顿是唯一一位未胜先料败考虑了严重后果而且有所准备的人，这便是他与众不同和过人之处，也是他率领大陆军历尽挫折而能够取得最后胜利的根本原因。从这一点可以看出，华盛顿是一位非常实际的人，是现实远远高于理想的人。这种人是不会为了理想而盲目冲动和献身的，既不会像书呆子一样执着地坚信"天下为公"的崇高理想，也不会冒着和整个豪门势力作对的风险去当一个听起来很好的国王。

但是，就像不是所有人都相信华盛顿天下为公，也不是所有人认为华盛顿认定做不成国王一样，还有一些人认为实际情况介于两者之间，也就是华盛顿觉得时机不当、失道寡助，或者没有足够的支持。

今天不要说美国了，要是某位某国的强权人物突然宣布要当国王了，全世界的口水能把他淹死。往前推100年，袁世凯一登基就成了孤家寡人，这是因为历史的大潮流。政治民主和国家共和是近代人类历史的大趋势，但这个趋势是从法国大革命开始的。作为法国大革命的前哨的北美独立运动时，有国王是应该的，没有国王才是奇怪的。即便是法国大革命之后，拿破仑也登基当了皇帝。美国可以算人类历史上第一个没有国王或皇帝的现代国家，按鲁迅的话就是第一个吃螃蟹的。如果华盛顿要当国王，不管能不能成，从人们的心理上是不会觉得奇怪的，因此尼古拉上校认为是顺理成章的事。

尼古拉选择 1782 年 5 月写这封劝进信，并非一时心血来潮，在他看来是天时地利人和。

按中国人的话来说，他看到了一个黄袍加身的机会。

7. 胜利之后的一团散沙

公元 959 年，周世宗去世，继位的恭帝年仅 8 岁。次年有消息说北汉和辽国军队来侵，后周大军北上迎敌，行至陈桥发生兵变，拥立赵匡胤为皇帝，改国号为宋。陈桥兵变是一起早有预谋的军事政变，通过这场政变，军事强人从孤儿寡母手中得到了天下。

这个中国历史故事尼古拉上校并不知道，但他和拥立赵匡胤的将领们一样，认为国家需要有一个强势的独裁的领袖。新生的美国虽然不是孤儿寡母执政，但却是处于更为混乱的状态。1781 年 10 月的约克敦战役，美法联军击败了英国军队，但战争并没有结束，双方在巴黎对和约进行讨价还价，英军还在纽约附近驻扎，华盛顿率军北上屯兵纽约。虽然双方处于对峙状态，但所有人都相信，英国的威胁已经消失了，战争就要结束了，美国也算真正独立了。作为军队总司令，华盛顿在此时要做的是看起来比较轻松的任务：把军队集结在一起，等待战争的结束。

但是，这个看起来轻松的任务并不轻松，华盛顿所承受的压力比和英军交战时还沉重。

历史上往往如此，在外部的威胁消失后，同仇敌忾的人们马上变成了相互看着如斗鸡一般，松散如同一盘散沙。一看英国人铁定要滚蛋了，各州马上和行使中央政府职权的大陆会议明目张胆地离心离德，首先不再为大陆军提供食物衣物等供应和军饷。大陆军本来就是一支装备简陋、经常缺衣少鞋的军队，一下子到了军心涣散的地步。大陆军的官兵靠着军饷养家糊口，可是军饷一直少得可怜，一些官兵欠下很多债务，原本指望战争结束后大陆会议会发放一些奖金和退伍金,靠这笔钱还债。可是现在连该发的军饷也停发了,军队的供应也上顿不接下顿。打下江山之后,那帮就会高谈阔论的议员老爷们竟然这样对待有功之臣?军营之中的怨气越来越大。

大陆军的军人们是自愿入伍的,很多人是为了独立而战的,但也有人是为了挣钱而参军的。在北美殖民地时期,参军是一个平民进入上流社会的途径之一,华盛顿本人就是走的这条途径。许多刚来北美的贫困移民希望通过参军赢得自己在美国的地位,一直到南北战争时,移民是一个稳定的兵源,当时那些不可能获得公民身份的华人就通过参加联邦军队而入籍。战争虽然很残酷,但对于千辛万苦来到美国的移民来说,战争也正是一个他们从社会最底层向上爬的机会。

大陆军的官兵有华盛顿这种富人,但穷人更多,华盛顿出任总司令的一个原因就是他不要工资,其他几位原英军军官是要挣薪水的。由于大陆会议对各州的权力有限,大陆军不仅没有做到英军那样粮饷充足,而且经常出现亏空。华盛顿花了很多精力和大陆会议就粮饷问题进行反复扯皮:如果牛肉再不运来的话,仗就打不下去了!

不光普通士兵和下层军官负债累累,连高级军官也无法养家糊口。1779年4月7日,首都费城的警备司令请求宾夕法尼亚州政府为自己涨薪水,原因是因为钞票贬值和首都的物价上涨,他的薪水已经无法购买执行公务所需的衣服了。如果能够把家搬到城外,再穿得破烂一点儿的话,还可以将就,可是首都警备司令的职务要求他必须住在城里,而且要注意仪表。

这位警备司令在大陆军中还另外领一份上校的薪水,依旧入不敷出,其他靠军饷养家糊口的官兵的经济状态可想而知。向宾夕法尼亚州政府诉苦无效后,1781年8月,上校向总司令华盛顿将军埋怨:大陆军可怜的军饷使他和手下的诸位上尉都不能喂饱自己。到了1782年2月,宾夕法尼亚州政府干脆以该位置被削减为由,免去了该上校的首都警备司令的职务。上校只好找到大陆会议的财长罗伯特·莫瑞斯,希望大陆会议能为他补上这个窟窿。莫瑞斯对上校的困难深表理解,答应去想想办法,但是由于大陆会议的财政状况已经糟糕到了极点，莫瑞斯不能给上校任何承诺。1782年，美国可以说根本就没有政府，只有大陆会议在行使有限的中央政府职权。建国的宪法还没有出笼，13个殖民地只是从英国独立出来了，大家形成了一个松散的联盟式的东西。大陆会议对各州没有多大的权力，北美处于一种相对无政府状态，其政治体制还依旧是各州各自为政。华盛顿成了国王的话，是建国并不存在推翻现有的中央政府。

近几十年来，对"尼古拉阴谋事件"的研究集中在写信者身上，这究竟是尼古拉个人行为还是真正代表一群人的利益？言外之意是华盛顿的拒绝不是因为他多么高尚，而是因为他觉得尼古拉在痴人说梦。连历史学家都不相信华盛顿能恪守天下为公，我们也只能相信华总司令和我们这些凡夫俗子一样，也有七情六欲，也对"朕即天下"很憧憬，也和我们一样没有这种被天上掉下来的馅饼砸着的机会。

如果今天有哪个将军在美军里号召拥护某某当国王，肯定会被一拥而上的官兵们绑起来送精神病院，但1782年的大陆军并非当今的职业军人，他们原来有一个乔治国王，再有一个华盛顿国王也不是什么大不了的事。写信的尼古拉上校也不是一个容易冲动的年轻人，他是一位65岁的老人，考虑问题会相对成熟。

大陆军采取英军军制，总司令华盛顿佩三颗星，为中将，下面还是师长一级的二星少将和旅长一级的一星准将，再往下才是团长一级的上校。从这个军制上看，上校还不算高级军官，尼古拉也确实不代表将军们的意见，而是代表中下级军官和士兵的意见。

8. 一念之差，众叛亲离

尼古拉在战争结束之前被任命为荣誉准将，这是英美军队的一个惯例，相当于升半级。他一直没有成为将军，不是因为他能力不够，而是因为他年纪太大，独立战争开始的时候已经59岁了，因此一直担任守备职务，不是野战军的将领。英美军队以编制定军衔，守备部队编制小，没有将军一职。

尼古拉1760年从爱尔兰移民美国，定居在费城附近。在此之前，他是英军的职业军官，和其他参加大陆军的英军退役军官不太一样的是，他是世代的职业军人。他出生在爱尔兰的都柏林，父亲是英军军官，祖父是胡格诺派移民。他的家境不错，让他接受了良好的教育，又出钱给他买了军官。英军的军官通常要靠出钱买，升迁也一样。尼古拉从军20年，基本上在爱尔兰驻扎，没有打过什么仗，最后升为金赛尔要塞少校司令。

来到美国后，尼古拉在开个小店的同时，还经营一家图书馆，采取收费和图书交换的方式，到了1771年，这家图书馆已经达到每周开放6天，藏书上千册。在现在看来不值一提，可是在当时算是知识宝库了。当年很多人都是靠看书自学成才的，华盛顿的副官长兼秘书、为他起草一切文件的亚历山大·汉密尔顿在进入大学之前，仅有的教育程度就是反复看家里的三四十本书。

尼古拉还是美国哲学会的重要成员，并出版过一本叫"美国杂志"的月刊。这一切说明他不是一个粗鲁的丘八，而是一个学者。独立战争开始后，有英军服役经历的人都是宝贝，尼古拉接受的第一项任务就是检查费城附近德拉瓦河上的防御，然后成为费城守备司令。

尼古拉对独立战争和美军体制的最大贡献是建议成立预备役，1777年大陆会议采取了他的建议，成立预备役军团，由尼古拉出任指挥。预备役的建立一方面是为了保卫后方重要设施，这样正式军队不至于因此而分散兵力。另一方面是作为新兵的培训基地，因此要求预备役军官要上过数学课，大陆会议出钱建立图书馆和营房，任命尼古拉为上校军团司令也是因为他既有长期在正规军队服役的经验，又是一名知识渊博的学者。预备役军团的士兵主要由退役军人和残废军人组成，有10个连，总数上千人。

新兵训练营的目的因为兵源紧缺而没有落实，但第一条做得很好，在战争期间预备役军团在后方守备上起了很重要的作用，使正规军能够集中兵力和英军作战。

从上述经历上看，尼古拉虽然是上校，但却是大陆军的一方诸侯，是主要将领之一。他代表退役军人，特别是在战斗中受伤致残的军人向总司令进言，这是到今天为止非常强大的一股势力，美国的政客无论属于哪个党，无论支持战争或反对战争，都不敢得罪这股庞大的势力。华盛顿对他的建议不能不认真考虑，而且必须尽快回答。此外，尼古拉和华盛顿的私交很好，算得上军中亲信。

尼古拉的信并非一时心血来潮，而是经过深思熟虑。他陈述了由于军饷过低、货币贬值和投机行为等原因，开战以来军队处于一直被虐待的状态，自己和一些官兵对此非常不满，然后分析了历史上的那些共和政治体制，它们存在的时间都不长久，说明美国的共和也不会长久，大陆会议在战争期间就无法调动一切力量来打击敌人，充分体现了共和体制的弊病。最后尼古拉建议采取英国的君主立宪制度，并非独裁制度。他建议华盛顿出任像英国国王那样的元首，并不是像中国皇帝那样的帝王。美国的政治体制还是民主的，但是君主立宪，而不是共和体制，这样并没有违反革命的初衷。

华盛顿于当天回信，一口拒绝了尼古拉的建议。如此迅速而小心，虽然让尼古拉没有再提这个建议，但并没能够压制军中的不满。半年后的1782年12月，亚历山大·麦克道格奥将军和另外两名上校来到费城，向大陆会议递交一份请求，要求大陆会议支付所欠的军饷，否则军队有可能哗变。

这份请求实际上是逼宫，起草者是华盛顿的头号亲信，后来担任战争部部长的亨利·诺克斯将军。书商出身的诺克斯是波士顿人，军事经验始于波士顿大屠杀那天晚上向英军扔雪球。他娶了一位来自保皇党家庭的妻子，结果一开战，他去参军，他岳父一家逃难去英国，于是他老婆在战争中一直无家可归。诺克斯一见华盛顿就为之倾倒，成为华盛顿手下的炮兵司令。诺克斯这样做等于背叛华盛顿，响应军中官兵的建议。

在军队态度强硬的情况下，大陆会议于1783年1月接受了诺克斯的请求，但是财长莫瑞斯手中根本没有钱，无法支付，消息传到纽伯格军营中，官兵的不满火速升温。2月中旬，华盛顿的原副官长、现任大陆会议议员的汉密尔顿也写了一封和尼古拉的劝进表相似的信，只不过没有建议华盛顿当国王。华盛顿于3月4日回信，以对待尼古拉上校同样的态度答复。华盛顿认为军队还会继续忍耐和等待下去，但他并不知道，此时军中二号人物霍雷肖·盖茨将军的部下已经在暗中策划哗变，盖茨的助手约翰·阿姆斯特朗将军于3月10日建议军官团开会，向大陆会议发出最后通牒，如果不答应，就兵变。而且，多数军官私下同意由盖茨取代华盛顿任总司令。华盛顿在表示自己的不满之后，不得不同意于3月15日开会讨论给大陆会议的最后通牒，这次会议由盖茨主持。

在回绝尼古拉建议10个月后，一念之差，华盛顿到了众叛亲离的地步。

9. 那是一场"表演"

在走进会议室的时候，华盛顿明白他已经失去了对这支军队的控制，盖茨赢得了军官的支持，连自己的亲信都基本上靠不住了。

华盛顿拿起起草好的文件，看了一下又放下来，从口袋中拿出一副新的眼镜："先生们，请原谅，和你们一起服役这么多年，我的头发都白了，现在连眼睛也看不见了。"

此话一出，在场军官发出一阵叹息，有好几位热泪盈眶。

华盛顿建议军官们尊重自己的荣誉，相信大陆会议一定会解决军饷的，然后径自而去。

这一番表演使在场的多数军官回心转意，愿意继续等待下去。美国历史上唯一的一次兵变就这样消失在萌芽状态。

不管后世的人们如何赞扬华盛顿在纽伯格阴谋中的举动，他的成功完全是侥幸，靠的是军官们人性的体现和多年的战斗友情，在他走出那间会议室时，心里一点儿把握都没有。如果那批军官中的多数人心肠如铁石，非要用武力威胁的话，盖茨肯定会如愿以偿，取代华盛顿出任总司令。大陆会议很可能被推翻，被独裁政权所取代，甚至出现一个国王。

　　历史上将军们大多并非自己要政变，而是被手下逼得政变。你不肯的话，军人们就会拥戴另外一名将军。1783年3月，大陆军就处于这样的状态。51岁的华盛顿久经军旅，从参加法印战争起在政治斗争中一直非常灵活，为了自己的利益在总督和英军中左右摇摆。现在面临失去军权，也失去一次绝无仅有的成为强人的机会，华盛顿的举动有些超乎常理。

　　从接到尼古拉的劝进信到纽伯格会议，华盛顿始终不为所动，坚持让部下耐心地等，大陆会议早晚会解决的，其根本原因就是华盛顿知道在美国这个新兴的民主国家的背后掌握权力的是谁和谁让他指挥军队的，因为他也是其中的一员，他不可能自己背叛自己。

　　走进纽伯格的会议室，华盛顿到了一生中最困难的时刻。盖茨已经赢得了多数军官的支持，包括自己的亲信诺克斯，另外一名亲信汉密尔顿已经离开军队，而且其主张和尼古拉一样。坚持下去，很可能众叛亲离，军官们自行换统帅，选举盖茨接任总司令，然后去费城逼宫，甚至推翻大陆会议，建立强权政府，他则成为历史。

　　华盛顿和同乡的那些豪门子弟不同，他是靠个人奋斗才赢来了这一切。从一个豪门的帮闲经过多少次生与死的战斗，以及那些丢掉的和把握住的机会，他是不会为了一个理想而放弃的。为了自己的利益，他可以毫不犹豫地和对自己家族有大恩的费尔法克斯家族决裂，现在为了自己的利益，为什么不能和李家族决裂？只要他顺从军官们的请求，总司令的位置是完全可以保住的，而且可以借机建立自己的霸业。

　　可是华盛顿从心里明白，这是不可能的，靠着这一万多军队是不可能对抗美国各地的政治家族的。盖茨虽然也来自弗吉尼亚，但他只是个小地主，没有进入殖民地上层社会，不知道各个政治家族的实力。华盛顿在从中下层往上爬的过程中看清楚了这一切，他知道一旦造反，就会和各州的政治家族全面对抗，这是英国之所以失去北美殖民地的原因。以英帝国之强大都无法对抗这股力量，更不要说这区区一万名因为欠饷而兵变的部队了。

而且，华盛顿本人也是经过独立而掌握从国家到地方权力的政治家族势力中的一员。通过独立战争，华盛顿家族终于挤进了弗吉尼亚政治家族中。如果他响应官兵们的要求，就不仅背叛了其他政治家族，也背叛了自己的家族，靠着这群半业余的军人，是不可能成什么大事的。背叛自己半生的追求，背叛自己家族的利益和整个弗吉尼亚政治家族的利益，去率领一帮凭着一时激动而造反的军人，这样能创立一个王国？华盛顿觉得除非自己疯了。

在纽伯格，华盛顿以情动人后，接着讲了军人的荣誉，这并不是对牛弹琴。因为军官中有不少人也是出身豪门或者家境不错的人家，他们和华盛顿一样不在乎那点儿军饷，而是气愤受了不公正待遇，觉得议员们不把他们当人看。华盛顿重提军人的荣誉，是在提醒他们，战争马上就要结束了，他们是可以分享这个国家的权力和财富的，不要因为一时激动而毁了自己的远大前程。这段话给这些头脑发热的军官以及诺克斯这种借着独立实现自己野心的军官当头棒喝，他们马上站在华盛顿的立场上。

敢于召开这次会议，华盛顿并非一点儿把握都没有，他还能靠现场表演或者个人威望来应付。他比盖茨更明白什么是美国，谁在控制美国。建国初期，美国可以说并没有一个中央政府，是处于各州松散的联盟情况。为了独立，各州向大陆会议提供资金和供应，以支撑大陆军，此外各州还有自己的民兵，大陆军的官兵也来自各州，他们对本州的认可远远高于对美国的认可。

美国从英国独立，是因为英国的政策得罪了北美各殖民地政治家族的集体利益，这些政治家族利用独立，不仅要保护自己的既得利益，而且要获得在本地的全部利益。华盛顿率领大陆军在独立战争中一直狠狠打击亲英派的势力，就是这种利益的体现。从独立战争一开始，各州的本土政治家族立即获取了本州的政治权力，从州长、州议会到民兵，都掌握在他们手中。大陆会议的议员就是他们在联邦政府中的代表，美国未来的政治体制也是由他们来决定。一旦起兵推翻他们认可的政治体制，就会和英帝国一样触动他们的集体利益。这一支有很强乡土观念的军队就会很快被各州所瓦解，即便还能够维持一支军队的规模，也不是各州民兵的对手。政治上很老练的华盛顿是不可能看不到这一切的。

最后，华盛顿希望大家耐心地等待，大陆会议一定会解决这个问题的。这并不是老调重弹，而是知道各州的政治家族在哗变的威胁下，是会很快做出反应的。

大陆会议并非不想解决欠饷的问题，关键是没有钱。在英军威胁严重的时候，各州还能够同心合力，该出的供应基本上能够到位。可是英国已经败了，各州的政治家族们就开始为自己考虑，不愿意再出钱出供应了，如新罕不什州一年之内只提供了价值 3000 美元的牛肉。但是，军队已经处于哗变的边缘了，各州不会等闲视之了。

果然，大陆会议做出了反应，各州出了 80 万美元，财长莫瑞斯自己掏腰包加上找朋友举债，拿出 80 万美元，给部队补发了军饷。一场兵变如华盛顿所料很快平息下去。

华盛顿在 1782 年和 1783 年的表现捍卫了各州政治家族的集体利益，政治家族们也投桃报李，美国政府成立之后，各州的议员一致同意华盛顿出任美国第一任总统，他从弗吉尼亚政治家族的代表成为全美政治家族的代表，200 多年来，他身上圣人的光环越来越浓厚，成为美国民主的化身。

诺克斯由于关键时刻站对了队，独立后出任战争部部长。

盖茨这一次彻底得罪了权贵，战后在美国政治分赃中没有分到任何东西。他卖掉弗吉尼亚的庄园后定居纽约，依旧在各方势力之中摇摆，先支持亚当斯，后来因为支持杰弗逊而得罪了亚当斯，只出任了一届纽约州议会议员，于 1806 年死于纽约。

尼古拉战后还是缺钱，1794 年请求华盛顿在联邦政府中给他个位置，可是华盛顿没办法找到一个能让 77 岁的人出任的职位，但为他的儿子詹姆斯在军中安排了位置。尼古拉干到 81 岁才退休，然后搬到弗吉尼亚，和女儿住在一起，死后葬于弗吉尼亚。

10. 天下为"公"

另外一个让人忽视的真相是，尼古拉在接到华盛顿的回信后，几天之内连续写了几封回信，并不是唠唠叨叨地道歉，而是在继续推销自己的建议。他认为华盛顿为了自己的名气不愿意背叛大陆会议，于是转而建议华盛顿挥军西去，在13州之外开拓疆土，从英国人手中拿下西部一块土地，建立一个王国。在他看来，从道德上不存在问题，和现有势力也不冲突。

更合理的是，华盛顿的大哥劳伦斯和李家族曾经合伙成立俄亥俄公司，大力开发西部土地。华盛顿在战前也积极参与西进的计划，包括华盛顿在内的弗吉尼亚豪门就曾经游说英王，希望在俄亥俄河谷建立一个王国。华盛顿挥军西去，是继续家族的事业。

对这个建议，华盛顿连答复都没有答复。这同样是一件他不会也不可能干的事儿，因为美国之所以独立，与此休戚相关，这是弗吉尼亚豪门的光荣。

华盛顿和其他弗吉尼亚豪门一样，相信流经自己庄园的波托马克河可以通向北美内陆，因此弗吉尼亚殖民地的西部边界应该到密西西比河，甚至抵达太平洋。从1762年开始，他参与和领导了一系列沿波托马克河主流进行的探险活动，1790年他决定将首都定在波托马克，也是这个原因，但是探险的结果发现波托马克河并没有通向内陆。

1754年，弗吉尼亚殖民地成立民兵团，随即前往俄亥俄谷地，任务是驱除进入那里的法国人，民兵团的团长富瑞中校是皇家土地公司的合伙人之一，他的副手华盛顿上尉代表了俄亥俄公司的利益，这次进军其实就是两家公司借着殖民地政府的名义用武力去实现自己的利益。

走到中途，富瑞中校坠马身亡，团长只能由毫无军事经验的华盛顿出任，好在有一支和英国人友好的印第安人部落一起行军。

途中遇上朱蒙维尔爵士率领的法国巡逻队，在印第安人友军的帮助下，人数不多的法军措手不及被全歼，负伤的朱蒙维尔爵士强调自己是作为使节前来进行和平谈判的，可是印第安人首领不由分说，用印第安人的方式残忍地杀死了朱蒙维尔爵士及其手下,年轻又毫无经验的华盛顿在目瞪口呆之余来不及做任何反应。

愤怒的法国人和印第安人联军在朱蒙维尔的弟弟路易·库隆·德维利耶的率领下把毫无指挥经验的华盛顿和他手下的弗州民兵包围在尼塞西蒂堡。华盛顿一败涂地,只能请降。

法国人拿来一份投降书,要华盛顿签字,文件是用法文写的。上过威廉·玛丽学院的弗吉尼亚子弟都能看懂法文,可是没受过正规教育的华盛顿根本就看不懂。已经是弗吉尼亚民兵中校的华盛顿怎么好意思在法国贵族军官们面前露怯?于是毫不犹豫地签了。

很快他就知道后果了,因为签了字,就表明他承认杀害法国外交使节,承担了挑起英法之间战争的责任。英法之间的7年世界大战就是因此而引起的,其后的税收纠纷成为美国独立的起因,这一切都是因为华盛顿糊里糊涂地签了这个字。

华盛顿无意之中点起了西进之火,他被称为美国的国父是最理所当然的。

靠着费尔法克斯家族的帮助,挑起战争的华盛顿非但没有受到责备,反而受到赞扬,成为战争英雄,在其后法印战争中也算经历了血与火的考验,成为英雄人物。

尼古拉说得对,去俄亥俄建立一个王国是华盛顿未竟的事业。可是他没有看明白的是,这不是华盛顿个人的事业,而是弗吉尼亚豪门和其他殖民地政治家族的一个共同的梦想。这个梦想的破灭导致他们独立,在独立就要实现的时候,如果华盛顿把俄亥俄这个梦想之地变成他个人的领土,他同样站到了北美政治家族的对立面,同样没有好下场。因此华盛顿只能做到天下为"公",这个天下是俄亥俄领地,这个"公"是美国的政治家族。

尼古拉、汉密尔顿这些华盛顿的心腹都没有看清楚的也是这个"公",他们没有想明白,不是华盛顿不想,而是他知道不可能。华盛顿先生是个聪明人,知道是不可为,索性就做得漂亮些,战争结束后拱手交出军权,回家当农民，来一个"创古今未有之局"。他交出去的不过是政治家族在军中的代理人，却赢来了他们的信任。战后，华盛顿家族一跃成为弗吉尼亚豪族，他的子侄嫁娶均是豪门中人，实现了华盛顿少年时代的梦想和憧憬。

这就是所谓识时务者为俊杰。

五、人人生而平等吗？——建国的那些纵横

1. 平等的定义

《独立宣言》的闪亮点之一是"all men are created equal"，美国官方的中文翻译是"人人生而平等"。先不要管英文字面意义和中文翻译之间的区别，姑且接受人人生而平等这个译法，再看看号称第一部人权宪法的美国宪法是怎么定义平等的。

美国独立的理由是在大英帝国中北美人民缴了税但没有代表权，后来基本上不缴税了，没有代表权还是不成，现在独立了，就要落实缴税和代表权的问题，因此在宪法的第一章第二条第三段里就规定了谁缴税和被代表。

这一段的第一部分原文是这样的："Representatives and direct Taxes shall be apportioned among the several States which may be included within this Union, according to their respective Numbers, which shall be determined by adding to the whole Number of free Persons, including those bound to Service for a Term of Years, and excluding Indians not taxed, three fifths of all other Persons."

（众议员名额和直接税税额，在本联邦可包括的各州中，按照各自人口比例进行分配。各州人口数，按自由人总数加上所有其他人口的五分之三予以确定。自由人总数包括必须服一定年限劳役的人，但不包括未被征税的印第安人。）

这段文字让人看得很费解，咱们慢慢看。

《独立宣言》"all men are created equal"的字面翻译是"所有男人

生而平等"，在美国建国至今大部分时间内，这个翻译在某种程度上是正确的，因为直到1920年妇女才拥有选举权。如果放在美国内战之前，这句话应该翻译成"所有自由男人生而平等"，因为有奴隶制。不仅有黑奴，还有契约奴隶。

即便是自由人也不能保证，罗得岛州直到1842年才给予能出得起一美金选举税的白人男子选举权，在此之前只有地主和他的长子有选举权，造成罗德岛60%的白人男子不是选民。

契约奴隶是北美的传统，当年欧洲的穷人想去北美求发展又买不起船票，可以和伦敦公司签约，公司提供免费船票，到了北美后当几年契约奴隶，然后就自由了，这是当代人蛇集团的前身。黑奴的最初来源是从非洲贩卖来的奴隶，他们是没有契约的，他们不仅一辈子是奴隶，而且他们的子子孙孙都是奴隶。南方人说这有什么难以理解的？就好像你家里的鸡生了小鸡、猪下了小崽，难道就把它们扔到野地里放生？

当奴隶是不是要有个上限？1864年，美国内战，血流成河。北方再度集结重兵，统帅格兰特将军率领13万大军南下，在弗吉尼亚莽原和南军统帅李将军的6万大军血战三场，双方各伤亡一半人马。格兰特亮出了他在内战期间的最佳表现，虚晃一枪后，挥军南下，率仅剩的6万多人渡詹姆斯河，奔袭南方首都里士满。

詹姆斯河对岸，一小群黑奴静静地等待着他们，其中一位很老很老的黑人用苍凉的声调问："当了108年奴隶，到底够不够？"

帅老兵疲、士气低落的6万将士哑口无言，唯有拔足狂奔。这一次，除非战死，他们再也不会退过詹姆斯河。正是这一句悲问，彻底地埋葬了奴隶制。

选举权和纳税钱没有印第安人的份，《宪法》说因为不向印第安人征税，其实是收不上来。服一定年限劳役的人说的是契约奴隶，他们属于自由人，纳税而有选举权的，那个很费解的其他人口的3/5指的是黑奴。

为什么算3/5？这是制宪会议协调的结果。为了保证开国时的政治体制不被改动，开国先贤们规定美国宪法不容许改动，使得这一段文字才会永远地留在那里，像一个大写的耻辱，挂在美国的大门之上。2008年奥巴马当选为什么那么激动人心？不是因为他提出改革的口号，而是因为美国欠历史一个公道。

人人平等不是美国政治制度的出发点，他们把这个问题遗留下来，经过一场血腥的内战和长期的争取，在建国将近150年时才实现的。

2．"旧瓶装新酒"的制宪会议

1787年，那些先贤们再一次集中在费城，他们面临的首要问题并非是不是人人要平等，而是美国这个国家怎么样才像个国家。

摆在美国这个新生国家面前的一大堆问题中的最重要的一个是：必须有一个干得久一点儿的、像模像样的国家元首。

宣布独立后，大陆会议主席汉考克就是国家元首了，但他对这个议会总统并不看在眼里，大陆军成立时，他要求辞去元首之位，去当大陆军总司令。大陆会议鉴于他没有任何军事经验，甚至连马都不能骑，拒绝了他的请求，把总司令授予华盛顿。汉考克只好请马萨诸塞议会任命自己为马萨诸塞民兵司令，卸下元首之位去带兵，打了一场败仗后才明白自己不是领兵的料，改任马萨诸塞州第一任州长。

弃高位而低就，就是因为议会总统这个国家元首是个虚位，整天在议会中和稀泥，没有什么实权，也就没有什么人愿意长期干，14年间走马灯一般你方唱罢我登场，第一部宪法《邦联条例》于1781年生效后，换得更勤了，任期没有超过一年的，以致欧洲列国对美国的国书都没法写了，因为写好了国书，从欧洲坐三个月船来到美国，议会总统又换人了。

《巴黎和约》签署之后，美国彻底独立了，但好日子并没有到来，老百姓的生活比原来反而恶化了。独立后税收比原来多了许多倍，以致于马萨诸塞州的农民为此起义。

独立了，但中央政府并不存在，国会在同时行使立法和执法权力。权力虽然大，可是效率极低，因为议员是各州在中央的代理人，眼里只有本州的利益。各州都把权力抓得死死的，到处都是贸易堡垒，独立的美国其实是13个独立小王国的联合体。

对于这种情况，从中央到地方，有很多人忧心如焚，这样下去不是再分裂就只能重归英帝国了。为了解决这个难题，他们首先想到的是在现有体制内解决，还是人治，找个能干的人来当议会总统，于是选举当了5年州长的汉考克二度出任国家元首。

盛情难却，汉考克辞了马萨诸塞州州长，出任议会总统。可是他心有余而力不足，首先他骨子里是个商人，没有什么治国能力。其次他自身难保，病得很重，议会总统只能由别人代理，不到一年干脆辞职，连辞职信都得别人代笔。病好了以后，继续出任马萨诸塞州州长，直到死在任上。

汉考克已经是矬子里面拔出来的将军，他不成，其他人就更别想了。体制内解决走到了死胡同，强化中央的呼声占了上风，美国开始了制宪过程。

作为宪法的《邦联条例》已经有了，为什么还要制宪？这是因为《邦联条例》不管用，必须修改或者重写。汉考克辞职后不久，来自部分州的议员就开始探讨对《邦联条例》修改的问题，最终导致1787年在费城召开制宪会议。

制宪听起来很高尚，其实是以殖民地原有的民主自治体制成为美国新的政治体制的蓝本，按照各位先贤的理想加以修改，把总督换成总统，为这个职位制定选举原则。

在制定宪法之前，由谁来当第一任总统，在国会中已经有了共识，这个人就是在庄园里整天琢磨用什么样的作物替代使土地日益贫瘠的烟草的原大陆军司令华盛顿。

几年前，大陆军解散，华盛顿把军权交还给国会，回到弗农山庄园做庄园主。"齐家治国平天下"，然后归隐田园，无官一身轻地回家当地主，确实是百分百的心甘情愿。他那总司令当得非常窝火。从一开始，以塞缪尔·亚当斯为首的新英格兰地区议员就瞧他不顺眼，一直想换人，1777

年几乎成功了。好不容易打败了英国人，大陆军官兵因为欠饷几乎哗变。他这个总司令上面始终有个大陆会议的战争委员会管着，手下的军团司令中不缺野心家，作为总司令从来没有得心应手过，更不要说部队的供应从开始到结束始终缺乏。这种日子终于到头了，华盛顿如释重负。

但是，华盛顿是退而不休，尤其是汉考克无能为力和《邦联条例》不堪重任之后，华盛顿积极参与了制宪活动，在宪法中加进了他对政府的理念。

南方的多数政治人物，以及汉考克、塞缪尔·亚当斯等少数北方政治人物支持实质上的联邦制，希望只有一个形式上的中央政府，比如现有的国会形式。而多数北方的政治人物和很多中下层人士希望有一个有实权的中央政府，华盛顿本人就是其中之一。这个理念不能实现也是他退休的原因之一，制宪会议的召开正是因为形式上的中央政府不能应付新兴美国的需要，更多的人意识到必须有一个有实权的中央政府。

华盛顿本人也对此坚信不疑，于是退而不休的华盛顿从幕后再一次来到幕前，来到费城，参加制宪会议。

召开费城制宪会议的邀请在去年9月就发出了，13个州中的12个州接受邀请，答应派出代表参加，罗得岛州强烈反对建立强大的中央政府，所以不派代表。

到了预定开幕的5月14日，制宪会议并没有按期开幕，因为到场的没有几个人，其余诸位代表还在路上跋涉之中。开国之初，交通条件很不好，因此只好等，到了25日，7个州的代表到场了，超过半数，可以开会了。

1787年，费城的夏天既热又闷，许多人离开城市，到乡间避暑。而宾夕法尼亚州议政厅里热闹非凡，紧闭着的窗户让室内成了桑拿浴室，55位衣冠楚楚的先生把自己关在里面，争论得面红耳赤、汗流浃背，从5月25日到9月17日近4个月的时间，终于吵出了一份后世只能修正而不能更改的美国宪法。

同时会议首先一致选举弗吉尼亚代表乔治·华盛顿为大会主席，然后根据纽约代表亚历山大·汉密尔顿的建议，选举曾任华盛顿私人秘书的威廉·杰克森为秘书，而另外一名弗吉尼亚代表詹姆斯·麦迪逊主动地在前排就座，成为会议的志愿秘书，一字一句地把大家的发言都记录下来，这本制宪会议辩论记录成为了解这次制宪会议的主要历史资料，许多年以后破产的卸任总统麦迪逊临死前对老婆千叮咛万嘱咐，家里值钱的东西就剩下这份手稿了，一定要逼政府出个好价钱。

虽说当年美国独立运动的风云人物中的许多人并没有来到费城，汉考克和塞缪尔·亚当斯待在凉爽的波士顿，喊出"不自由，毋宁死"的帕特里克·亨利被弗吉尼亚州选为代表，但拒绝出席，因为他强烈地反对建立实质性的中央政府，杰弗逊和约翰·亚当斯出使欧洲，费城制宪会议因此少了美国最有激情和最有理性的头脑。

但是，继华盛顿、亚当斯、杰弗逊之后出任总统的麦迪逊并不觉得有什么遗憾。麦迪逊在辩论之余还有闲心把大家的发言都记录下来，是因为他对制宪的热情非常高涨，他是实权中央政府的大力鼓吹者。号称美国第一位大学生的麦迪逊相信他能够为美国政治体制画出一个完美的蓝图。除了对自己充满信心外，他在制宪会议中还有得力的帮手，就是曾任华盛顿的副官长、是华盛顿在军中的头号亲信的汉密尔顿。

麦迪逊是有备而来，来费城之前，弗吉尼亚的几位代表按照他的主张，草拟好了宪法的草案。5月29日，弗吉尼亚代表之一、现任州长、大陆会议第一任主席佩顿·伦道夫的侄子爱德蒙·伦道夫向制宪会议提交了弗吉尼亚方案。

弗吉尼亚方案完全具备了弗吉尼亚风格，因为弗吉尼亚是当时美国人口最多、地盘最大，而且也是最富的州，因此该方案建议立法机构分为上院和下院，下院由民主选举产生，下院议员的名额分配根据各州的人口和财富决定。上院由下院选举产生，执法机构由上院选举产生，此外还有一个比较模糊的司法机构。

麦迪逊起草的这个方案包含了三权分立，更包含了分级选举，在他的方案里，民选的只是下院议员，能选举总统的上院以及总统都不是民选。

也属于弗吉尼亚新兴政治豪门的麦迪逊的这个方案充分体现了弗吉尼亚豪门的政治理想，是一种古典式的寡头政治。民主对于他们来说，只是个招牌而已。

3. 僵局：怎么才算"人"

弗吉尼亚方案提出后，南卡罗来纳州代表查尔斯·皮克林马上提出自己的方案。他的方案没有写下来，全凭他说，麦迪逊记录。这个方案是联盟式的，也有两院，众议院和参议院，每一千个人选出一名众议员，众院选举参议员、总统和内阁成员，外加最高法院。由于皮克林好像心血来潮的即席发言，会议没有对他的口头方案进行辩论，但的确借用了他的概念和名词。

麦迪逊和皮克林的方案虽然差别不小，可是最根本的一点是一致的，就是人多的州在联邦权力机构中的权力就大。民主就是算人头，大州们对麦迪逊和皮克林的制宪原则一致叫好。

大州眉飞色舞，小州不干了，这样一来在联邦中分三六九等，小州只能看大州的脸色。独立之前大家级别是一样的，都叫大英帝国在北美的殖民地，各殖民地不论大小，在国王面前一律平等，怎么独立后要小的让着大的？

6月14号，几个小州的代表开小会，也制定了一个方案，由于挑头的是新泽西代表威廉·帕特森，因此叫新泽西方案。

新泽西方案是这样的：原则上和麦迪逊正好相反，麦迪逊要推翻邦联条例，帕特森则要在邦联条例上进行修改。现有的大陆会议继续保留，但具有收税等权力，大陆会议选举几位政府首脑，只任一届，而且任期未满，各州州长也有权让他们下台。政府首脑们任命终身大法官。最关键的是，立法机构只有一个，而且各州的名额相同。

这个方案就是今天的联合国的前身，充分保护了小州的权力，但让美国成了江湖联盟了，也没有任何民选的因素，在递交给会议之后，当即被会议拒绝了。小州代表勃然大怒，甚至威胁如果要求不能得到满足，他们将退出美国，加入外国势力。小州都在北方，他们指的外国势力，是他们的旧宗主国大英帝国。

大概还嫌不够热闹，汉密尔顿也不在乎麦迪逊怎么想，在新泽西方案提出之后，马上提出自己的方案。他的方案基本照搬英国的政治体制，取消州一级的权力，也是两院制，下院民选产生，每三年选一次；上院由民选的选举人选举产生，为终身制，选举人选举终身有否决任何法案权力的执政官，各州州长由国会任命，国会可以否决各州议会的立法。

汉密尔顿的方案被会议很有礼貌地拒绝了，虽然选举人的内容很有创意，但彻底消灭州权则无法让大州小州都接受，而且如此公然剽窃英国的政治体制，还不如直接回归英国算了。

在此之前，康涅狄克代表罗杰·谢尔曼提出他的方案，下院应该按人口比例选举，上院则每州只有一票。

方案摆了一桌子，分歧这么大，理应消除分歧，总结出一个折中的方案。可是代表们先得解决一个问题：怎么才算人？

因为涉及议员的分配，多数方案提出按人口分配。按当时的法律，女人是没有选举权的，是不是把各州成年男子都登记一下就可以了？不成，因为有奴隶。

美国当年每5个人之中，就有一个人是奴隶，在南方各州，奴隶占人口总数的40%。奴隶之中也有成年男子，他们怎么算？

华盛顿本人就是奴隶主，但他和杰弗逊等人一样，反对奴隶制度。反对奴隶制为什么不释放奴隶，做一位没有奴隶的地主？那样的话在弗吉尼亚就要受到排挤和歧视了，华盛顿和杰弗逊都是胸有大志的人，不会这样鲁莽地在家乡失去支持，因为华盛顿所做的是不再买卖奴隶。

弗吉尼亚虽然是蓄奴州，但在奴隶制的问题上，和华盛顿、杰弗逊意见一致的人很多，如果美国宣布废除奴隶制，他们也没有意见，但南部的几个州则不会同意，因为一旦废除奴隶制，这几个州的经济就会彻底崩溃。

独立之初，佐治亚、北卡罗林纳和南卡罗来纳加入美国的条件就是容许奴隶制。为了一致抗英，奴隶制便在美国保存下来，成为美国历史上的一大污点，也成为开国先贤们让后人耻笑的道德问题。

这件事让很多开国英豪们觉得窝心，于是在制宪会议上旧事重提，大多数代表要求废除奴隶制，起码要禁止奴隶贸易。奴隶不能买卖，就没有价值了，慢慢地奴隶制就会消失了。北方各州此时已经立法禁止买卖奴隶，宪法中应该包括禁止奴隶贸易的内容。可是在这件事上不可能少数服用多数，因为占少数派的南方三州威胁说，一旦这一条加入宪法，他们就退出美国。

开国先贤们的道德观再一次让位于和谐，在宪法中给予奴隶制应有地位，解决的办法是 20 年后国会有权禁止奴隶贸易。

既然奴隶制继续存在，就应该规定奴隶有没有选举权、有没有交税权，南方当然认为奴隶什么权都没有，既然这样，按人口分配议员名额和选举人名额时就不算奴隶了。南方人说不成，奴隶也是人，他们自己没有权，他们的主人有权。我们愿意把奴隶也算在人头税上，但奴隶也要有选举权，也就是说，蓄奴州的白人选民的一张票相当于废奴州白人选民的若干张票。北方代表当然不干，没有自由的奴隶要选举权干吗？

奴隶算不算人？制宪会议上吵成了僵局。

4. 和谐：100% 的支持率

和谐，一切为了新生的美国。

有人出来圆场，在零和一之间取中间值，每名奴隶按 1/2 算，这是弗吉尼亚代表提出的。南方各州觉得算少了，于是有人提出那就按 3/4 算，北方代表觉得算多了。最后宾夕法尼亚州代表、后来成为第一批大法官之一的詹姆斯·威尔森提出按 3/5 算，这个算法获得麦迪逊的支持。

南方的代表们并不是顽固不化的奴隶主，而是因为只有争取更多人数，他们才能在联邦权力分配中占多数，才能左右美国的政治。从建国到

1850年前的62年中，南方籍总统当政占了50年，只有可怜的12年由北方人出任总统，其中还包括亚当斯父子的8年。31位大法官中，南方人占18位。而在1850年时，北方人口比南方人口包括黑奴在内多了将近一倍，这个问题的最终解决办法只有战争，这一点则是开国先贤们所始料不及的。

人的定义解决了，该吵政治体制了。两院制度定了下来，众议院民选，参议院每州两名，这样一来解决了大州小州的问题。接下来是中央政府该怎么设立，一样是八仙过海各显神通。

方案之一是国会选举总统，反对者认为这样一来总统成了国会的傀儡，没有通过。

方案之二是各州选举总统，反对者认为这样一来总统成了各州的傀儡，没有通过。

方案之三是人民选举总统，反对者认为一来技术上难度比较大，当年从美国最南端到最北端，路上所花的时间比坐船从欧洲到美国都长，如果民选的话不知道多长时间才能选出总统来。二来普选出来的往往是各地的头面人物，而不是能在全国叫得响的人物，也没有通过。

一看又成了僵局，"3/5先生"威尔森关键时刻再次挺身而出，他建议采取抽奖的办法，在国会放一抽奖器，里面放满了球，其中几个球是金黄色的。议员们来摸球，谁摸到金黄色的球谁就成为选举人，有权选举总统。

对于"3/5先生"这一次的建议，大家认为还是留到将来摇六合彩的时候再用吧，不过他的选举人的概念却被接受了。最后普遍接受的方案就是今天的按参众两院议员的总数，各州派选举人组成选举院来选举总统。但是议员们和联邦高官不能当选举人，以免舞弊。选举院也不在一起开会，因为怕互相营私舞弊，要各州开各州的小组会。每名选举人投两票，其中一票必须投给外州的候选人，以防止他们只选本州的候选人。如果选举结果都不过半数，则由众议院投票，每州一票，半数以上者为总统。副总统如果出现平局的话，则由参议院决定。

虽然这个问题解决了，但吵架仍然在继续，并且还有人企图把内部吵架公开化，比如德高望重的富兰克林，到处乱讲话，以致大会指派两名代表贴身保护，一旦发现他乱讲话，立即隔离。

到了7月底，大家觉得吵得差不多了，可以中庸了，就成立了一个起草委员会，把各个方案中大家比较能接受的部分拿出来，写出一个各方面读起来都不那么令人气愤的版本。版本出来之后接着吵，吵到重新成立起草委员会，成员包括麦迪逊、汉密尔顿、杰克森、鲁福斯·金和古文诺·莫里斯，由莫里斯牵头，写出了最后方案。

对于这个最后的方案，代表们没有一个真正满意的，可是也没有更好的办法了，因此大部分人就将就着签字了。9月17日是签字日，55名代表就只剩下42个了，其余13位没有耐心，中途溜回家去了。剩下的42位中，有3个人拒绝签字，分别是弗吉尼亚的梅森、伦道夫和马萨诸塞的埃尔布里齐·格里，因此，在宪法上签名的总计39位。

总算通过了，主席华盛顿松了一口气，和汉密尔顿会意地一笑，再一次非常谦逊地离开费城，回到波托马克下游的弗农山庄园，继续过闲云野鹤的生活。这一次费城之行，华盛顿有得有失，失去了一名挚友，因为在制宪会议上观点严重分歧，梅森和他绝交。得到的呢？

华盛顿挥手拂去波托马克河畔的一团浓雾，就差捡起一根树枝，学姜太公老前辈钓鱼了。

用不着愿者上钩，在宪法中确立的总统这个职位就是为华盛顿准备的。在汉考克挂冠而去之后，几乎所有人都相信，最有资格成为国家元首的，正是住在波托马克下游的庄园主乔治·华盛顿先生。宪法中对总统权力的刻意限制，就是为了防止华盛顿成为独裁者。

《美国宪法》刻意地限制总统的权力，而且使国会两院具有了制衡和控制总统的能力，看似先贤们对出现独裁者和滥用权力的警惕，其实却是因人立法。如果为了预防独裁的话，宪法就应该首先规定总统任期，而不是要等到164年后再用宪法修正案的形式来确定。实际上在制宪的时候，很多人是倾向于总统这个职位和大法官一样，是终身制的。而总统也会和大法官一样，没有太多的实权，成为民主的一个德高望重的摆设。

一年后，11个州批准了宪法，国会派人来到弗农山庄园，想获得华盛顿先生的一个正式承诺。没想到，华盛顿竟然拒绝了，请国会另选贤能。

国会诸公的脑袋嗡的一声，大了好几倍。按部就班进行了一年多的事，到了最后关头偏偏流产了。从第一届议会总统开始，国家元首都是这样由国会内部推举的，被推举人最多半推半就，从来没有一口回绝的。

华盛顿不干，就找别人吧，可是国会实在找不到人干。除了华盛顿之外，当时美国还真找不到能服众的人。

是对薪水不满意吗？总统年薪25000美元在当年是巨额了，而且还可以商量。华盛顿说如果我干的话，跟上次任总司令一样，薪水不要了，支付生活费就成。

是要一个凯旋式的上任吗？国会可以满足。华盛顿说如果我干的话，不用花公费，我自己借钱雇车上任。

那您有什么条件？华盛顿说，我不希望听到有反对我任总统的声音。

民主呢？100%的支持率只有独裁政权才能实现。

5. "民主"不是天生的

美国的总统选举是两极选举制，最终不是靠着绝对多数，而是靠着选举人票的多数。这种办法在当年一是考虑到交通不便等因素，二是为政治家族影响美国政治留下的伏笔。

现在不仅所有白人，黑人和其他少数族裔、妇女都有选举权了，到了选举日，大家都去投票，可是投的不是总统副总统，而是本州的选举人。各州和华府各自选举自己的代表，代表的分配是根据各州参议员和众议员总数，众议员又是根据人口比例分派的。华府在国会里面没有代表，可是华府人民也有选举权，因此就参照代表数最少的州，有三个代表，这样全国一共有538名代表，组成选举院。这些被选出来的代表根据选民的意见支持不同的选举人，哪位候选人获得270票以上，就当选为总统。除了缅因州和内布拉斯加州容许候选人按得票多少平分代表外，其他州都采取得票最多的候选人拿走全部代表的方法。

100%的支持率，必须搞定每一个选举人。国会有办法，因为宪法并没有规定各州的选举人必须公开选举，可以由各州的议会指定，至于如何指定，宪法当时并没有硬性规定，而是后来经过修补才定型的。

这样一来，满足华盛顿要求的100%的支持率就有可能了。国会议员是各州的代表，尤其是参议员，在当时是由各州议会任命的，他们是各州在联邦中的利益代表人。国会先商量一致了，把任务分派下去，议员们回到本州，一定保证本州派来的所有选举人都支持华盛顿，就能够满足100%支持率的要求了。

总统有了人选，副总统也有了人选，是约翰·亚当斯，内定好了开始选举。1788年大选从当年12月开始。因北卡罗林纳和罗得岛州对宪法没有认可，没有选举总统的资格，纽约州应该选出8个代表，但是在究竟谁当代表的问题上，纽约州议会吵成了僵局，索性决定一个代表也不派了。结果美国的首次总统大选只有10个州派出了选举人，或者说这个总统只代表10个州。

这10个州里面有6个州让公众投票选举参加正式大选的选举人，其余4个州的代表则是州议会内部指定的。在有公开投票的6个州里，最后的决定权也掌握在州议会手中，也就是选民投票只是摆样子。这6个州一共有38818位选民投了票，根据1790年全美人口统计，全美一共有约300万人，因此这次大选的投票率为1.3%。不过如果去除了60万奴隶和没有选举权的妇女和儿童的话，投票率就很可观地变为5%左右。

最后组成的选举院一共有69位代表，每位代表要投两次票，一次选总统，一次选副总统。但是，临到投票了，汉密尔顿突然出了一身冷汗，不好，要出事！

大家说好了一票要单独投给华盛顿，这是千万不能改的，不能投给其他人，也不许不投。另外一票随便投，可是大家也基本上说好了投给亚当斯。这样一来，很可能华盛顿和亚当斯都是全票，两位得票一样多的时候，要由众议院决定。各州议员投票，说不定总统成了亚当斯，这不是白忙了吗？

汉密尔顿赶紧四处活动，劝说选举人们，另外一票随便投，只要别投给亚当斯。

他私下活动，亚当斯哪里知道？一开票，华盛顿全票，获得69票。副总统的选票一共有11个人上榜，亚当斯得票最高，34票，汉密尔顿的活动奏效了，4个州没一个投他的，一个州只投他一票，差一票过半数。

美国的民主选举制度就是以这种很不民主的方式诞生的，无论是既定的总统，还是选举出来的副总统，都和民意相差很远，完全是一小部分人暗箱操作的结果。

一切都在意料之中，不图钱不图待遇，只图一致拥戴的华盛顿再一次离开弗农山庄园，出任真正意义的国家元首。

1789年4月30日，在纽约举行总统就职典礼，华盛顿出任第一位美国总统。熟悉华盛顿的人们发现，华盛顿和没当总统时有了很大的变化，就是喜怒不形于色，非常有领导人的威严。

元首就应该有元首的样，要不怒自威，人们对此没有什么异议。他们哪里知道，华盛顿这样做是因为刚做的假牙硌事，不要说大笑了，连微笑时都痛。不过他对此已经很知足了，因为当年美国的牙医不是理发的兼职就是打铁的干第二职业，看牙如同上刑。

对华盛顿这种面部无表情综合征，副总统亚当斯最为满意。长期出使欧洲的亚当斯建议把欧洲王室的礼节引入美国，不仅要给华盛顿加上"尊贵的"之类的前缀，还要对他鞠躬。这个建议在国会中遭到强烈反对，大多数人是觉得这种贵族的臭毛病不民主，少部分人觉得还贵族得不够，包括大科学家富兰克林，吵到最后连能言善辩的亚当斯都认为欧洲皇家礼节不适合美式民主了，华盛顿本人也不同意，说你们大家叫我总统先生就成了。这一段小插曲，让民主派们更加庆幸限制总统权力限制对了，否则真有可能出现华盛顿国王陛下了。

华盛顿内阁规模很小，正副总统加五位内阁成员中出自弗吉尼亚亲友帮的有三人，虽然马萨诸塞亲友帮只出了亚当斯一人，但还有两位是马萨诸塞人，三比三，美国独立两大主体弗吉尼亚和马萨诸塞平分，很有些"王与马，共天下"的感觉。

既不追逐权力和名望，又照顾了革命老区，华盛顿的做法让各地的政治家族放下心来，尤其是南部豪门，认为他们理想中的"橡皮图章式"的中央政府实现了。

但是，他们并没有想到，耕读于波托马克河畔的华盛顿已经变了。

6. 独立不是革命而是分裂

美国的独立运动被他们的领袖们称为一场革命，但它和法国大革命及英国资产阶级革命是不一样的。后两者是阶级的革命，是资产阶级联合平民阶级推翻贵族阶级的革命。而美国的独立运动不存在哪个阶级推翻另外一个阶级的情况，而是北美殖民地作为一个整体对英国本土的革命，是一种地区性的分裂运动，因此严格说来不是一场革命。

在北美独立运动中，参与者有资产阶级和平民，也有豪门贵族，他们的参与不是按阶级分的，他们在英国本土和其他海外殖民地也没有本阶级的同盟者，实际上几乎没有什么同盟军。主导这场独立运动的也和其他国家的革命不同，不是社会的中下层，而是社会的上层。无论是南方的农场主，还是北方的律师和商人，他们大多数是北美殖民地上流社会中人，已经把握了殖民地的实权。他们的独立，不是为了夺权，而是为了保护自己既有的权力，并追求更大的利益。如果用革命的观点看，他们代表的是落后的势力，而英国政府才是先进势力的代言人。如果美国不独立的话，北美的奴隶制会提前半个世纪被废除，北美印第安人的处境也会好得多，所以这场独立是分裂不是革命。

美国的独立，并不像《独立宣言》所声称的、并为世人所熟悉的官逼民反，而是民逼官反。

根据正统的说法，美国之所以独立是因为大英帝国对北美殖民地的苛捐杂税越来越重，人民承受不住了，因此才揭竿而起。

美国建国虽然是在1776年，但他的政治历史则从17世纪初就开始了。同是大英帝国的土地，可是美国和其他英国殖民地有根本的区别，就是只能从海上坐船才能到达。船的运输能力毕竟有限，所以北美殖民地的人有天生的反骨。所谓天高皇帝远，大英帝国的贵族和议员们对这种一国两制的现象也无可奈何。因此北美殖民地从一开始就享受特区政策，也是为了永远享受特区政策，干脆独立了。

到了1786年，美国已经独立了。没有这些税了，可是又有人起义了。西马萨诸塞的农民因为税赋过重，忍无可忍之下武装起来袭击地方政府。过了8年，西宾夕法尼亚的农民因为威士忌税而造反，以致总统华盛顿本人、卸任财政部部长汉密尔顿、弗吉尼亚州州长亨利·李统统上阵，组织并率领了一支将近13000人的民兵去平叛。13000人大致等于当年和英军进行独立战争的大陆军的总兵力，以这样的兵力去对付抗税的农民，说明在华盛顿等人眼中，事态严重到了何等程度。

马萨诸塞的农民抗税是因为为了缴税，不得不出售一部分土地，不仅售价只有市场价格的三分之一，土地少了粮食不够吃，全家就得挨饿。这种情况在独立前并没有出现过，因为那时候用不着缴那么多税。西宾夕法尼亚的农民是因为威士忌要按加仑缴税，结果越是小本经营缴税越多，大富之家则是按估价缴税，反而交得少，这是美国政府制定的杀贫济富的政策。当时农民手里没有现金，全靠以货易货，威士忌就是硬通货的一种。现在要缴威士忌税，农民拿什么上缴？大的城镇既遥远、道路也不好，而且威士忌也卖不出好价钱，农民只能武力抗税。这种情况威士忌税在独立前也征收，但比例很低，而且处于有法不执行的状态。

从上面这两个例子来看，独立之后，北美农民的税赋比独立前要重了。对他们来说，脱离英国的统治不仅没有带来好处，反而带来了坏处。真正得到好处的是支持独立的豪门，他们赶走了英国贵族，彻底控制了这个国家。

独立以前，北美殖民地不仅不是英帝国里面税赋最高的地区，反而是最低的地区，英国本土居民的税赋要比北美殖民地的居民的税赋高50倍，从苛捐杂税的角度，要造反的应该是英国本土居民，他们有充足的理由抗议政府为了安抚殖民地的人心用他们的血汗钱不停地填补那个无底洞。

独立之前，北美殖民地是大英帝国各殖民地中最自由和自治的地方。虽然各殖民地的总督由英国委派，可是财政大权和立法大权都在本地的议会手里，如果没有议会的同意，总督就一事无成，相比之下，其他各个海外殖民地的总督就如同土皇帝。

"波士顿惨案"之后，英国政府赶紧亡羊补牢，除了茶税外，所有新税则完全废止了，而且如果没有列星顿枪声的话，再过6个月，茶税也会被废除，殖民地人民的所有要求都得到了满足。也就是说，当大陆会议这些代表们签署独立宣言的时候，他们所说的"纳税而无代表权"的独立理由基本上不存在了，虽然他们的代表权没有实现，可是他们也没有纳税，所以说美国的独立是因为地方豪门的野心膨胀。

促成美国独立的人中，无论是梦想着西进的华盛顿和弗吉尼亚豪门的亲戚们，还是追求彻底贸易自主的汉考克，以及希望平生有所成就的塞缪尔，都是怀着很强的个人目的，甚至是野心膨胀。华盛顿辞去大陆军司令后，干的唯一的一件事正是去西部探险。美国自建国之后到南北战争之间80年的历史，在很大程度上被这种豪门代代相继的野心所驱动，最后只能走入空前的内战。

促使美国独立的这一小撮豪门在独立以后获得了政治上的最大权力，华盛顿出任第一任总统，约翰·亚当斯出任第二任总统，弗吉尼亚豪门接着出了杰弗逊、麦迪逊和门罗三位总统，然后是约翰·亚当斯的儿子约翰·昆西·亚当斯，美国的前六任总统不出弗吉尼亚和马萨诸塞豪门，40年间外人无法染指。

独立以后，帕特里克·亨利出任弗吉尼亚第一任州长，次年再婚，新娘小他19岁，是弗吉尼亚豪门之一斯普特斯伍德家族的多萝西亚，因此他变成豪门中人。第二、三任州长是伦道夫家族的杰佛森和尼尔森。第四任州长是哈里森家族的哈里森四世，第五任州长还是帕特里克·亨利，第六、七任州长是伦道夫家族的爱德蒙和贝佛莱，第八任州长是李家族的亨利·李三世，弗吉尼亚州长同样跳不出豪门的掌心。

汉考克出任马萨诸塞州第一、三任州长，塞缪尔·亚当斯出任第四任州长，卡斯廷从第一届到第四届一直担任副州长，马萨诸塞的权力也不出豪门的圈子。但是，汉考克和他的商业伙伴们并不满足于政治权力。

7. 发财才是硬道理

和英国一决裂，豪门们就开始大肆投机，独立战争期间，大陆军几乎哗变的原因之一，就是因为这种投机行为造成物价飞涨，官兵的家属无法应付日常开支而欠债累累，在这种情况下拖欠军饷，导致不得不贱卖土地。

早在独立战争初期，根据老百姓和官兵们的举报，托马斯·佩恩等人就强烈要求大陆会议成立专门委员会，对莫瑞斯所属企业发战争财的问题进行调查。出人意料的是，调查结果是他没有干什么出格的事。

作为国父之一的莫瑞斯是宾夕法尼亚州首富，他父亲是马里兰州的大烟草商，其家族的经济实力和汉考克家族不相上下。莫瑞斯也是很早就继承家业，因为他父亲被船上的炮给炸死了，那艘船是他自己的船，开炮向老板致敬，没想到误伤了老板。继承家业的莫瑞斯很快成为费城的首富和权势人物，在反抗英国的运动中和汉考克结盟。在大陆会议主席汉考克的袒护下，官方的调查不了了之，而且莫瑞斯还出任了大陆会议的财长。

莫瑞斯出任财长期间，美国的经济状况更加恶化，大陆会议的财政状况更是处于破产的地步，最后根本无法按时支付军饷。在约克敦战役中，莫瑞斯自筹了140万美元的军需，后来解散军队时又拿出80万，超过了各州出的遣散费的总和。在战争中因为英国海军的封锁和打击，他一共损失了150艘船。这种损失对别人来说要彻底破产了，可是战后当别人问起莫瑞斯来，他居然轻描淡写地说：计算了一下，基本上不赔不赚。

150艘商船加上220万美元的损失，莫瑞斯是怎么赚回来的呢？

莫瑞斯靠的正是冲破英国海军封锁把货物运进来，然后在美国各地高价出售，发战争财。汉考克、莫瑞斯这些豪门为了发财才鼓吹独立，利用战争而发财。在赶走了英国统治者，他们成为统治者之后，他们要实现他们的梦想是去中国发财。

独立战争的硝烟刚刚散去，1784年2月22日，一艘载着人参、海獭皮和海豹皮的商船从费城启航前往中国。这是北美第一艘和中国直接进行贸易的商船，之所以选在这一天，是为了纪念华盛顿的生日。这位捷足先登的人正是罗伯特·莫瑞斯。

次年，商船从中国运回了茶叶、瓷器、丝绸等紧俏商品，这一趟的利润足够莫瑞斯在费城建豪宅了。几年之后，莫瑞斯靠着和中国进行直接贸易，积累了大笔财富，他用这笔钱在弗吉尼亚和马里兰之间买下大片土地，然后通过华盛顿等人，把美国的首都从费城迁到这里。

马萨诸塞新兴势力自然不能放过如此肥厚的回报。1787年，汉考克拥有的一只商船便直航中国，帕金森家族也不甘落后，波士顿的商船成群结队地驶向中国，很多人一夜暴富。十几年后，美国东岸的野生西洋参基本绝迹了，大西洋海岸的海獭和海豹也很难见到踪影，商人们只好用白银和广东十三行进行贸易，但北美的白银很少，对华贸易遇到了实际困难，利润也越来越小。

汉考克在独立后长期出任马萨诸塞州州长，开拓中国航线的业务交给了他的商业伙伴帕金森家族。帕金森家族是波士顿有名的靠经商致富的豪门，此时执掌家业的是托马斯和詹姆斯两兄弟。被称为波士顿商业王子的托马斯·帕金森是波士顿惨案的"旁观者"之一，后来成为马萨诸塞民兵上校、汉考克的助手，战后专心经商。此时的帕金森家族还是主要从事他们的传统业务——贩卖黑奴。

欧洲人刚到北美时，用不着掏钱买地，大片的土地你挑去吧。关键是没人开荒种地，生产不出东西来，政府就收不到税，政府想有钱，就得找人来开荒种地。印第安人就不要指望了，北美的印第安人的农业程度很低，也根本不听你的，他不来骚扰你就谢天谢地了。

弗吉尼亚公司最先采取契约奴隶的办法，希望去新世界但没有钱的人可以和公司签约，由公司资助来到北美，然后做工抵债，债还清以后就获得人身自由，这一点和近年偷渡集团的做法是一样的。北美后来的政治人物有很多的祖上就是这样来到北美的，他们为此还很自豪，丝毫不以祖上曾经给人家当奴才而自卑。

但是，英国愿意来北美的穷人毕竟是有限的，无法满足北美对劳力的需求，于是贩卖黑奴就成为主要的办法，因为不仅贩卖来的黑奴可以当一辈子奴隶，而且他们的子孙后代还是奴隶。1619年8月，一艘荷兰船来到北美最早的殖民点弗吉尼亚詹姆斯镇，把船上的20名黑奴卖给了这里的殖民者，黑奴制度从此在美国生根发芽。几乎每个殖民地都有黑奴，但主要集中在南方。帕金森家族就是靠做这种罪恶交易而发家的。

到了18世纪末，黑奴生意越来越难做，反对奴隶制的声浪越来越高，奴隶贩子已经不能像从前那样肆无忌惮贩卖黑奴了。和英国分裂后，贩运时还要担心在海上被英国海军拦截，而且在航行过程中，黑奴的死亡率很高，利润变得越来越低了。帕金森家族急需改变传统经营模式，1789年托马斯随船来到中国，在广州进行了实地考察，终于发现了解决中美贸易困境的办法：鸦片。

但是，回到美国后，帕金森找不到鸦片。鸦片供应基本上被英国人控制了，刚刚和英国分裂的美国人根本无法插足。

就在帕金森家族一筹莫展的时候，托马斯了解到一个消息，在土耳其的伊兹密尔可以买到鸦片。虽然英国商人控制着那里的鸦片交易，但是帕金森家族在那里有人。

独立战争开始时，和弗吉尼亚的伦道夫家族一样，帕金森家族也分成统一派和独立派，支持英国的家族子弟随着英军一起撤离，其中一位是托马斯的堂兄乔治·帕金森，他便跑到伊兹密尔经商。托马斯马上赶往伊兹密尔，于是土耳其的鸦片之门对美国敞开了。

1805年，帕金森家族的一艘商船满载着土耳其的鸦片驶向中国，从此美国正式介入鸦片贸易。

鸦片来源解决之后，波士顿、费城等地的大商人纷纷做起鸦片贸易，从中国运回来的商品在美国国内消化不了，他们就再出口到欧洲，波士顿成了非常繁忙的货物中转站。短短几年之内，从新英格兰地区到纽约费城，靠鸦片交易而出现的巨富比比皆是。

对财富的渴望促成北部商人政治势力对权力的诉求，南部那些土豪是他们走向全球的最大障碍，于是一场将近80年的政治势力之间的巨斗开始了。

六、翻云覆雨——建国后美国的政治斗争

1. 公园里著名的生死决斗

1804年7月11日清晨,纽约和新泽西州交界的一个公园。

纽约城中的酷热被绿叶红花隔开,加上湖面上的微风,让人心旷神怡。公园里游人稀稀落落,闲庭信步,很有偷得浮生一日闲的架势。几位结伴而来的人正要往林中小径而去,突然发现前面大树下的空地上有一群人,只见那伙人讨论起来,后来又争辩了几句,然后其他的人站到一边,空地上两个年近半百的人拿着手枪相对而立。人们连忙绕道而去,因为他们知道,又有人要在此决斗了。

纽约州的法律不许决斗,纽约城里的居民打算决斗的话,只好出城去其他州。离纽约城最近的就是新泽西州,虽然新泽西不禁止决斗,但不许非新泽西居民在新泽西的地盘上决斗。于是纽约人想了一个好办法,把决斗的地点安排在两州交界的这个公园里,这样纽约州的法律和新泽西州的法律都失去效力了。

决斗是欧洲遗留的骑士风俗,自然也流传于美国。和欧洲的风俗一样,各种原因都可以导致决斗,但大多数决斗并没有到这种面对面开枪的程度,只是在报纸上斗斗嘴而已,即便是真枪实弹,大多数情况也是摆摆样子,朝天鸣枪显示一下勇敢。比如这一天决斗的两位对手,过去都有过多次这种决而不斗的经历。

裁判下令开始,两个人举枪。枪响之后,美国的政治体制和美国的历史将为之改变。

这场决斗被称为美国历史上最著名的决斗，两名决斗者是美国开国之时政坛上的大腕，一位是还有最后半年任期的副总统阿伦·伯尔，另外一位是曾经担任第一任财政部部长、联邦党的创建人亚历山大·汉密尔顿。这种决斗，对今天的人来说是不可想象的。

更让人吃惊的是，伯尔和汉密尔顿曾经是好朋友，而且同为大陆军总司令华盛顿的副官。军中袍泽，手足情深，怎么会到了举枪相向的地步呢？

美国政治人物大多是经过学习法律，然后从做律师这条路起家的，虽然伯尔和汉密尔顿在从政前也是律师，但他们的名气是靠在战场上拼搏出来的，两个人都是美国独立战争中知名的英雄。约克敦决战的关键时刻，汉密尔顿拔剑而起，亲率纽约子弟迎着英军铺天盖地的炮火奋勇向前，取得了战役的胜利。伯尔随阿诺将军远征加拿大，以勇敢而闻名全国，后来在曼哈顿战役中又立大功，成为公认的战争英雄。

两个人还是美国金融业的鼻祖。1784年，汉密尔顿创立美国第一家银行——纽约银行。1799年，伯尔创立了摩根大通银行的前身曼哈顿银行。在政治上，汉密尔顿曾任大陆会议议员，联邦政府财政部部长，美军代理总司令；伯尔曾任联邦参议员，现任副总统；汉密尔顿还是美国第一个政党联邦党的创始人，伯尔则是美国政治竞选的先驱。

家族背景上，伯尔出自著名的谢尔曼家族，父亲是普林斯顿大学的创办人之一和第二任校长。汉密尔顿出身穷苦，但妻子伊丽莎白是当时纽约最富有也最有权势的三大家族的后裔。她出身纽约州豪门斯凯勒家族，她的奶奶来自纽约州另外一个豪门康特兰特家族，母亲来自雷恩斯拉尔家族。伯尔和汉密尔顿不仅是纽约州的政治领袖，而且是美国政坛上的重要角色。

晨风中，伯尔和汉密尔顿举起手枪。

此时美国首都华盛顿的白宫的总统办公室内，三个人静静地坐在那里，房间里弥漫着一股紧张而又激动的气氛。

这三个人分别是时任美国总统托马斯·杰弗逊，下任美国总统詹姆斯·麦迪逊，再下一任美国总统詹姆斯·门罗。这三个人都是弗吉尼亚人，从1800年开始一共主政24年,开创了美国政坛的第一王朝:弗吉尼亚王朝。

麦迪逊拿出怀表,看了一看,低声说道:"开始了。"

杰弗逊面无表情地站了起来,来到窗前,向波托马克河方向瞭望着。麦迪逊和门罗也来到窗前,顺着杰弗逊的目光看去。

河对岸是华盛顿家族的产业阿灵顿豪宅,居高临下地鸟瞰整个华府。

遥远的天边似乎传来两声枪响。

杰弗逊转过身,对着墙上挂着的华盛顿画像,脸上露出了笑容。

纽约和新泽西交界处,伯尔和汉密尔顿的手指同时扣在了扳机上,心里也不约而同地想到同一个人,已经去世5年的美国第一任总统乔治·华盛顿。

伯尔和汉密尔顿这两位美国政坛上文武双全的绝代双骄,竟然到了决斗场上以命相搏的地步,布下这个局的正是在白宫里焦急等待结果的杰弗逊,而真正的起因却是躺在坟墓里成为美国历史伟人的华盛顿。

这一切开始于15年前。

2. 内阁是用来挑战地方政治势力的武器

1789年,华盛顿就任美国第一任总统,约翰·亚当斯为第一任副总统。

国会表决通过总统年薪为25000美元,这在当时算数额巨大了,华盛顿照例很高风亮节地拒绝支取,接着便向国会提出内阁人选,因为有约在先,国会毫无异议。

各国开国之初政府规模都很小,美国这种联合体的中央政府就更省事,除了正副总统之外,只需要再找四位内阁成员。美国的第一届内阁是这样的,总统乔治·华盛顿、副总统约翰·亚当斯、国务卿托马斯·杰弗逊、财政部部长亚历山大·汉密尔顿、战争部部长亨利·诺克斯、司法部部长爱德蒙·伦道夫,此外非内阁成员还有邮政总督提摩西·皮特林。虽然约翰·亚当斯是选举出来的副总统,但在组阁上,华盛顿根本不征求他的意见。

约翰·亚当斯在独立开始后长期出使欧洲,合纵欧洲各国抗英,最后签署《巴黎和约》，对美国独立有"苏秦之功"。由华盛顿和他为正副总统，正好体现了弗吉尼亚势力和新英格兰势力的一种均衡。

北方出身的三位内阁成员中，诺克斯本来就是国会的战争部部长，继续出任战争部部长是理所当然的。汉密尔顿因为娶了纽约豪门后裔为妻而成为纽约人，他在纽约创办了美国第一家银行——纽约银行，因此出任财政部部长是最合适的。皮特林是大陆军的后勤部长，主掌邮政也是顺理成章的。

南方出身的有两位内阁成员，杰弗逊是《独立宣言》的执笔人，独立后曾任弗吉尼亚州州长，时任驻法国大使。美国的国务卿等于外交部部长，杰弗逊不仅有行政管理经验，又有外交经验，特别是正出任美国主要盟国法国的大使，主掌外交合情合理。唯一显得嫩一些的是伦道夫，但他是第一任大陆会议主席老伦道夫的侄子，无论从照顾先烈后代出发，还是培养接班人的角度，这种做法都是非常有人情味的。因此，华盛顿组成的第一届内阁看起来是一时之选的精英班子。

可是副总统亚当斯并不这样认为，他觉得除了他这个选出来的副手外，其他几位全是华总统的"自己人"。

华盛顿卸去兵权时，第一个上前含泪告别的就是诺克斯，他算得上华司令手下头号大将。汉密尔顿是华盛顿的副官长，是华盛顿在军中的头号亲信。这两位加上皮特林，都是华盛顿在军中的死党。

另外两位，杰弗逊和伦道夫是表亲，都来自弗吉尼亚豪门中的伦道夫家族，伦道夫家族本来是弗吉尼亚独立豪门的领军人物，佩顿被选为大陆会议主席，可是在第二届大陆会议刚刚召开时就因病去世。和英国决裂后，爱德蒙的父亲约翰效忠英国，跑回伦敦，老死在那里。伦道夫家族一死一跑，爱德蒙太年轻，因此弗吉尼亚豪门领袖由李家族接手。杰弗逊的母亲出自伦道夫家族，他和爱德蒙是同辈。

华盛顿重用伦道夫家族，是希望实现自己强权政治的梦想。以军中亲信加上伦道夫家族，华盛顿自信这次能够对付地方政治家族势力，尤其是手下杰弗逊和汉密尔顿这一龙一虎。

云从龙，风从虎，杰弗逊是弗吉尼亚豪门中的一条强龙。弗吉尼亚豪门这两代子弟都是含着金钥匙出生的，大多数人对在政治上出人头地并没有太大的热情，反正权力跑不出去，他们也懒得多负责任。李家族第四代老大乔治在独立前就死了，老二托马斯极负众望，但对政治没兴趣，李家族靠的是老三理查德·亨利。可是杰弗逊不一样，他14岁的时候父亲去世，家里要靠他撑起来，因此少了些纨绔，多了些雄心。华盛顿也是幼年丧父，因此对杰弗逊很有好感。

华盛顿手下还有一只猛虎汉密尔顿，他是美国政坛上的异类，和华盛顿在大政府上的观点一致，极受华盛顿信任，也对华盛顿忠心耿耿，华盛顿视之为自己的接班人。

汉密尔顿是开国群雄中极少的出身穷苦的人，他出生在西印度群岛，出生日期以及生父是谁都存在疑问，全是他自己说的。他妈妈丢下他大哥，逃婚途中遇见他爸爸，两人结合在一起，生下他和他二哥。可是这样的婚姻教会不承认，汉密尔顿因此不能进教会学校，只能在一所犹太私立学校学点知识，主要靠看家里的三四十本藏书自学。后来他爸爸又把他们娘儿仨遗弃了，他妈靠着开一间小铺子养活全家，后来不幸得病死了。这时候他那位同母异父的哥哥来了，依法把家里仅有的值钱的东西全拿走，那三四十本书公开拍卖，一位好心的邻居把这些书买下，还给了汉密尔顿。汉密尔顿兄弟俩成了孤儿，被一位表兄收养，成为一家出口工厂的工人。没多久这表兄不知为什么自杀了，汉密尔顿兄弟只好分开，他哥哥成为一名木匠，他则被一位叫托马斯·史蒂文斯的商人收养，据说这个人就是他的生父。

汉密尔顿在打工之余练习写作。1772年8月30日，一场龙卷风横扫家乡小岛，汉密尔顿写的一篇描述这次龙卷风的文章在报上发表了，家乡的父老觉得脸上很有光彩，募捐了一笔钱，供年轻的汉密尔顿到美国接受教育之用。于是，1772年秋，他来到美国，进入新泽西一家语言学校。

第二年，他先申请普林斯顿大学的前身新泽西学院被拒，然后被哥伦比亚大学的前身纽约的国王学院录取。

1775年独立战争开始，各学院成为革命的摇篮，20岁的汉密尔顿和同学们一起参加纽约民兵，通过自学军事和战略他成为少尉。在一次战斗中，率人成功地夺取了英军的几门炮，然后招募了60个人，成立一个炮兵连自任连长。

由于汉密尔顿在战斗中非常勇敢，受到几位高级军官的看重，都希望他到自己手下当副官。汉密尔顿自然要从中挑最好的，他于1777年3月开始担任华盛顿的中校副官长4年之久。官虽不大，但参与的事儿都是机密的，华盛顿所有的信件和作战命令几乎都出于他手。除此之外，他还负责情报和外交，以及和各级议会打交道，是华盛顿的头号亲信。其间最大的功劳是在1777年上演了一出美国版"蒋干盗书"，为弗吉尼亚豪门保住了军权。

如果以为汉密尔顿是陈平一样的人物就错了，他也一直希望有机会带兵打仗，可是华盛顿舍不得他离开，经过多次用辞职威胁后，他终于如愿以偿，得以率领纽约军的一部。在约克敦决战中一洗"白面书生"之印象，成为勇冠三军的虎将。

3. 汉密尔顿的理想

约克敦战役之后，立下大功的汉密尔顿马上辞去军职，潇洒告别，回到纽约，因为他已经成家了。两年前，24岁的汉密尔顿托朋友为他在南卡罗来纳州找个老婆，条件是年轻漂亮，朋友那边没有回音，他自己便找到了一位纽约姑娘，于1780年年底成亲。23岁的新娘的确年轻漂亮，而且家族有权势有财富，纽约州没有人可以抗衡。

新娘的父亲菲利普·斯凯勒是大陆会议的纽约代表，大陆军的少将。后来长期出任参议员的菲利普，之所以把女儿嫁给汉密尔顿，不仅因为他少年有成，最主要的是他为自己报了仇。因为盖茨的北部军团司令就是从斯凯勒那里抢来的。汉密尔顿的那出"蒋干盗书"，不仅保住了上司华盛顿的位子，还让自己跻身豪门之中。1782年他被选为国会议员，但是干了一年又辞职了，回到纽约开业当律师去了。1784年他建立了美国最古老的银行——纽约银行，还在政治上一直很积极，作为纽约代表参加制宪会议。汉密尔顿30岁出头，既是战争英雄，又是成功的律师和银行家，还是纽约政治势力的代表，富有且文武双全。

汉密尔顿虽然经过革命大潮，从一穷小子变成豪门的乘龙快婿，代表一方豪门的政治利益，但他和坚决独立的革命派比如弗吉尼亚和马萨诸塞的豪门中人不同。出生在西印度群岛的他是中间派，原来不主张和英国分裂，独立运动开始后他们站到了革命派一边。从纽约到马里兰的政治人物中有很多这样的人，希望有一个强大的中央政府，华盛顿虽然是弗吉尼亚豪门中人，但他也倾向于这种观点，受国际贸易利益的驱使，汉密尔顿的这种观点获得北方的新兴政治势力的支持。

华盛顿对杰弗逊和汉密尔顿的合作很有把握，不仅因为当年汉密尔顿"盗书"之举让弗吉尼亚豪门十分感激，而且因为杰弗逊的好友詹姆斯·麦迪逊和汉密尔顿立场一致，是政治上的盟友。麦迪逊虽然是弗吉尼亚人，可是他在新泽西受了教育，是普林斯顿大学第一位毕业生，和在纽约受教育的汉密尔顿在感情上比较亲近。两个人在国会一起参与宪法的起草，在建立一个强大的中央政府上意见一致，麦迪逊成为众议院的领袖人物，和汉密尔顿配合得不错。伦道夫为人中庸，很好相处，华盛顿觉得事情会进行得很顺利。

但是华盛顿没有想到，杰弗逊无法和汉密尔顿亲密合作，而且成了对头。麦迪逊同样和汉密尔顿绝交，反而成为杰弗逊的盟友，利用众议院极力反对华盛顿的大政府计划。到了1790年，华盛顿手下龙虎二将便势如水火，以至作为总统的华盛顿沦为配角，美国建国初的政坛成了汉密尔顿和杰弗逊两人的角斗场。

汉密尔顿是华盛顿的智囊，知道和南部地方政治家族争斗，需要有自己的力量，还必须借助当年军中的战友。诺克斯、皮特林都和自己志同道合，当年大陆军的官兵遍及美国各地。汉密尔顿作为华盛顿的副官长，在军中人脉极广。从1790年年初开始，汉密尔顿开始利用自己在军中的老战友的关系，加上主持财政部的便利，开始在各个州建立自己的网络。在各个大城市，他都找到了有影响的、和他志同道合的人，形成一个比较松散的组织。加上他掌管财政部的便利，通过发放贷款来收买和笼络人心，事情进展得非常顺利，尤其在新英格兰地区和纽约获得很广泛的支持，而且还有自己的报纸网，从1792年开始，汉密尔顿的这个组织被称为联邦党。

联邦党这个组织在外人看起来过于随便了。这是因为其始作俑者汉密尔顿建立联邦党的目的是拉帮结派，以实现自己的政治理想。从搜罗当年军中的同僚开始，利用财政部的优势加上自己的财力，很快建成了全国性的网络。为了壮大队伍，没有什么理想和纲领，只要同意有一个强大的中央政府就成。党的组织结构非常松散，没有专业的党务人员，更没有联邦、州、县市三级党组织。汉密尔顿昔年在军中只是校级军官，为了尽可能网罗重量级人物，他也不敢以领袖自居，人一多没有一个统一的领导，内部矛盾重重，完全是利益的结合，靠汉密尔顿个人关系在维系着。

麦迪逊在建立中央银行的问题上与汉密尔顿决裂，他找到杰弗逊，两人一拍即合，成立民主共和党。在国际政策上，他们反对华盛顿和英国签署的贸易协议，在英法战争中支持法国。在国内政策上，主张严格执行宪法，保护州的权益，特别是保护农民的权益，反对商人和金融家，代表着南方的庄园主的利益，年长麦迪逊8岁的杰弗逊成为该党的领袖。那些崇拜法国革命、主张限制政府权力的人们也在民主和共和的旗号下聚集起来。

民主共和党是专门为了对抗汉密尔顿而拉起来的政党，原则是敌人的敌人就是我们的朋友，因此成员就更没有统一的理想了，这样开始的两党制度和人们想象的朝野相互制约的两党制度是有很大区别的，这也为政治人物在两党间相互叛变留下了余地。

汉密尔顿的联邦党和杰弗逊的民主共和党，一个号称为工人出头，一个号称为农民争权,其实是豪门派系之间的政治角力,汉密尔顿这只下山猛虎要斗杰弗逊这只过江强龙,豪门的政治斗争便以党争的形式表现出来,这就是为什么美国的政党从一开始就是结构非常松散,非常像一个利益集团的根本原因。无论汉密尔顿还是杰弗逊都没有成为强势的党魁,而更像是个盟主。

华盛顿本人对政党表示反对,他是全票选举出来的,执政一靠自己出身的弗吉尼亚豪门,二靠大陆军中那些部下,用不着再搞个党派做自己的政治基础。这段时间,政治领袖们也没有成立政治集团的愿望,而满足于豪门之间的联姻和地区利益上的合作,但是对于有政治野心的人来说,政党是打破豪门势力、实现自己政治理想的最佳手段。政治出现了,政党就出现了,但政党的出现不是满足政治的需要,而是为了个人的野心。

4. 反水后的南北之争

1792年大选,汉密尔顿的联邦党大获全胜,正副总统华盛顿和亚当斯连任,两人都是联邦党人,在国会中联邦党议员也占绝对多数,昔日军中那些平常人家出身的将校唯他马首是瞻,而且他背后有纽约豪门的支持,加上北部豪门同声同气,和华盛顿如日中天的声望,应该能压住弗吉尼亚豪门了吧?

不能!因为弗吉尼亚豪门早有准备,他们在北方有不少同盟军。

北方各州的政客并不都是银行家和商人的代理人,有不少和弗吉尼亚豪门持同样观点的人,就是希望维持州的权力,减少联邦政府的权力,其中最有势力的正是汉密尔顿的乡亲,纽约州州长乔治·克林顿。

除了克林顿外,马萨诸塞的几位重量级人物也是弗吉尼亚豪门的同盟。约翰·亚当斯虽然和华盛顿、汉密尔顿不和,但赞同大政府的观点,他和堂兄塞缪尔·亚当斯、汉考克再度分道扬镳,这两位重量级开国元勋在这件事情上赞同弗吉尼亚豪门的政治观点。新英格兰地区大部分人支持华盛顿和汉密尔顿的政治主张,塞缪尔·亚当斯和汉考克主要是出于和英国的旧怨，独立是他俩引起的，思想上一时转不过弯来，不同意和英国和解。

南北豪门的第一场剧烈冲突根源就是在是否和英国和解上。

1763年《巴黎和约》签署后，美英双方结束战争状态，但敌视依旧存在。在丢掉了北美殖民地后，英国的主要精力用在和法国争霸上。法国闹革命后，因为法国在美国独立战争中是美国的盟友，杰弗逊任过驻法大使，因此以他为首的民主共和党人热烈拥护法国大革命，在其后的英法之争中也支持法国。

可是，以汉密尔顿为首的联邦党人不那么想。对于商人和金融家来说，没有永恒的敌人和朋友。当年和英国决裂，只是为了贸易的利益，目的达到了，就没有必要再坚持原则。在英法交战中很多和法国人做交易的美国商船被英国海军扣下，商业上损失惨重。海洋被英国人控制着，美国政府连海军都没有，怎么和人家斗？

杰弗逊要求政府采取强硬措施，继续支持法国。但新英格兰、纽约和费城的商人承受不起这种损失，因此就要求他们的代言人汉密尔顿，在政府里运作和英国和解。双方为此争吵得不可开交，最后闹到华盛顿拍板：我决定了，和英国签署友好条约。

杰弗逊为首的弗吉尼亚豪门这下子生气了，他们倒不是真心为了支持法国人民革命，而是不能让英国复辟。因为一旦两国建立友好关系，按照英国的法律，是要归还在独立战争中没收的保皇党的财产的。

别看两国交战拼得你死我活，只要不是彻底的征服，都会坐下来，双方谈一谈然后停战。停战协议都有条件，西方国家的惯例会涉及交战中双方平民财产的赔偿问题。因此他们之间的战争多数不会像日本鬼子的三光政策那样，不是因为文明，而是因为万一输了或者和了，赔偿起来比较吃力。除非是有完胜的可能，比如南北战争到了最后阶段，谢尔曼向海洋进军，彻底执行三光政策，那是因为要把南方这个独立国家打得灰飞烟灭，永远不会出现赔偿的问题。还有就是"二战"后期已经稳操胜券，才向日本扔了两颗原子弹，估计今后100年小日本除了痛哭流涕外不敢提出赔偿问题。

这种赔偿不是没有出现过，1814 年第二次独立战争结束时，英军撤军时顺便带走了几千名黑奴，到了西印度群岛统统解放，为的是打击美国南方的奴隶经济。战后双方谈判，美国政府要求归还这批黑奴，因为他们是我国公民的私有财产，按照英国法律，战争中被侵占的个人私有财产是要归还的。这个要求英方无法拒绝，虽然英国废除了奴隶制，可是在美国奴隶制是合法的，必须尊重对方国家的法律。站在英国的道德立场，不能再把这几千名黑人抓起来送回美国去，最后只好按美国奴隶市场的价格赔了一大笔钱，成为人类历史上一件主持了正义还要赔钱的英雄壮举。

到了南北战争时期，林肯就是担心战后南方奴隶主们以此把逃跑的、被北军释放的黑人都要回去，才努力推动宪法第 13 条修正案。该修正案在参议院很容易地通过了，但是在众院阻力极大，因为民主党在众院里占多数，极力阻挠该法案的通过。林肯只好私下找交易的路子，比如某位议员在南方的亲戚朋友作为战俘在押，他用释放来换取支持，再比如某位议员拥有公司，他用政府合同作诱饵换取支持，用非常肮脏的手段才实现了一个伟大的目标。

独立战争中，美国人口的 3% 离开了美国，不是跑到英国或者英国海外殖民地，就是去了加拿大。从新英格兰、纽约和费城等地跑掉的人没什么土地，失去的是商业机会。这种东西无法赔偿，你离开了，商机和市场就归别人了。从南部逃离的则都是地主，土地摆在那里，很容易指认。因此北部地区的豪门不在乎是否和英国和好，原来是为了抗税和走私，现在目的达到了，只要能赚钱，和谁做生意都一样。

但有先知先觉的弗吉尼亚豪门怎么可能让英美关系世世代代友好下去？别的不说，光是被没收的费尔法克斯家族的 500 万英亩土地，绝大部分都落到革命成功的弗吉尼亚豪门手中。著名的风景区天然石桥就归杰弗逊所有，盖了别墅，时常去度度假，这些"革命果实"怎么可能拱手让出？

弗吉尼亚豪门及其同盟和华盛顿一党到了彻底摊牌的地步，突然"后院起火"，有人反水。

5. 美人计、瘟疫、性丑闻

弗吉尼亚豪门根深蒂固，但联邦党早下了一着妙棋，就是历史上常用的美人计。这是一招使了十几年的美人计，到它发生功效之时，竟然将弗吉尼亚豪门这条强龙硬压了十年之久。

弗吉尼亚开国群雄在理论水平上不如新英格兰群雄，杰弗逊长于写作，但拙于表达，能拿得出手的只有帕特里克·亨利和乔治·梅森。梅森和华盛顿绝交后远离政治。和塞缪尔·亚当斯、托马斯·佩恩并列为美国革命之父的亨利是弗吉尼亚的喉舌。塞缪尔·亚当斯是很坚定的反联邦党人，亨利开始的政见和他是一样，以他的煽动性，一旦发作起来，联邦党只有退避三舍的能力了。

但是在关键时刻，本来应该是弗吉尼亚豪门领军人物的亨利突然反水，成为华盛顿的同党。结果他在弗吉尼亚成了孤家寡人，几乎所有的支持者全让杰弗逊拉走了。但亨利仍然坚决支持华盛顿等人的主张。1795年华盛顿提名他出任国务卿，1798年亚当斯提议他当驻法大使，他都因为健康欠佳而拒绝了。

亨利的转变是因为他的妻子。1775年第一任妻子去世，两年后，已经成为州长的亨利再婚，新娘小他19岁，是弗吉尼亚豪门之一斯普特斯伍德家族的多萝西亚，两人先后生了11个孩子。斯普特斯伍德家族和华盛顿夫人玛莎的家族关系非常紧密，不仅亲上加亲，而且还换亲。在玛莎这一代各嫁一个女儿到对方家里，下一代再次结亲，华盛顿二哥的女儿嫁入斯普特斯伍德家。多萝西亚正是玛莎表哥的女儿。这桩婚姻让亨利和华盛顿成为亲戚，当两人儿女成群的时候，亨利便支持华盛顿了。这门婚姻让一名对方的主将改变了政治观点，给了华盛顿在弗吉尼亚家乡难得的支持。

亨利叛变了，弗吉尼亚豪门聚集在杰弗逊旗下，但是汉密尔顿势力庞大，杰弗逊的同盟军力量不够，重量级的汉考克身体不好，塞缪尔·亚当斯在美国建国后又回复到一事无成的状态。杰弗逊心灰意冷，辞职退休回家。

说好了1793年年底辞职，可是到了夏天，临时首都费城暴发黄热病，死了10%的人。

瘟疫暴发，在费城的联邦政府、州政府和市政府全部瘫痪。联邦政府的那几位，华盛顿和杰弗逊南逃，亚当斯北逃，汉密尔顿染病，赶回纽约，在城外被隔离，伦道夫在外和印第安人谈判，负责留守的诺克斯坚持不了几天也逃了，在新泽西边境因为发烧被隔离，联邦政府彻底不运转了。

最要命的是，总统的权力由国会限制，但规定国会只能在首都开会，现在首都谁也不肯去，国会就开不成会，于是总统什么权力都没有了。

这一场瘟疫，让杰弗逊和麦迪逊等人改变了观点，倾向于加大中央政府的权力。

既然强权了，就更要抓住权力。

1793年年底，大雪天，杰弗逊庄园来了客人，是在朝堂里和汉密尔顿继续作对的麦迪逊。麦迪逊一见杰弗逊，激动得几乎语无伦次了，他有一个惊天大消息：联邦监狱里关着的一名诈骗联邦财产的骗子詹姆斯·雷纳德主动向他坦白，他是受汉密尔顿指使的。

知己知彼，杰弗逊可没有麦迪逊那么激动，而是叫人拿出酒来，给麦迪逊暖暖身子，等他冷静下来，杰弗逊再进行分析：汉密尔顿家财万贯，开着银行，怎么可能去诈骗退伍金这点小钱？真要干也不能干得这么拙劣，这里面还有文章。

麦迪逊点头称是，马上要去找汉密尔顿对质，让杰弗逊拦下了：汉密尔顿只能智取，这件事要让他们俩去。麦迪逊一听，拍手称快。

几天后，汉密尔顿家里来了稀客，是两名军中昔日同僚，来自弗吉尼亚的参议员詹姆斯·门罗，和来自纽约的参议员阿伦·伯尔。

后来出任美国第五任总统的门罗出身平民，入威廉·玛丽学院，是杰弗逊的学生，毕业后即投身大陆军，曾经出任华盛顿的卫士，有一幅著名的油画《华盛顿跨过德拉瓦河》，在华盛顿身边紧握猎猎军旗的壮士就是他。伯尔曾经和汉密尔顿同在华盛顿手下当参谋。当年在华盛顿帐下，这三位是亲密的战友，门罗由弗州议会而进入参院，是参院里年轻的反联邦党政治家，后来出任美国第三任副总统的伯尔也是民主共和党人，因此和汉密尔顿素无来往。

稀客登门，汉密尔顿愣了一下，随即热情接待。几个人聊开了战争期间的经历，气氛渐渐融洽起来，汉密尔顿的心情也非常好。

突然，门罗话锋一转，讲起军人的荣誉来了。

汉密尔顿有些莫名其妙，不知门罗是什么意思。

门罗终于说到正题：一个军人要珍惜自己的荣誉，盗窃国家财产是给大陆军全体官兵脸上抹黑。

汉密尔顿跳了起来，对雷纳德的指认一概否认。门罗和伯尔是有备而来，两人事先到监狱中提审过雷纳德，有凭有据，证据拿出来，把汉密尔顿说得无言可对。看着两位军中同僚，汉密尔顿一咬牙：只要你们为我保密，我就告诉你们真相。两人连忙点头，汉密尔顿说出了原委。

两年前，雷纳德的妻子、年轻的纽约女人玛瑞亚找到汉密尔顿求助，因为雷纳德把她们母女遗弃了，玛瑞亚请求汉密尔顿提供路费以便她们能回到纽约投奔亲戚。当天晚上，汉密尔顿亲自把钱送了过去，从此开始两人的私情。

汉密尔顿为人放荡不羁，过去和妻子的姐姐还有私情。雷纳德得知老婆成为汉密尔顿的情妇后，觉得挖到金矿了，给汉密尔顿写信要钱，否则就告诉汉密尔顿的妻子。于是在两年多的时间内，汉密尔顿一共给了雷纳德 1000 多美元。这次雷纳德犯事了，要求汉密尔顿保他出去，可是汉密尔顿打算利用这个机会除掉这个碍手碍脚的家伙。雷纳德无奈，只好向汉密尔顿的对手交代，拼个鱼死网破。把汉密尔顿牵扯进来，他肯定会救自己出去，没想到却成了汉密尔顿对手的把柄。

为了证明自己在雷纳德的指控上是清白的，汉密尔顿交出了玛瑞亚给他的情书。门罗一看收获很大，也表示不为已甚，答应替汉密尔顿保密，条件是汉密尔顿和杰弗逊一样退隐。

于是汉密尔顿辞职回到纽约继续当律师，华盛顿失去了军师兼干将，对改革美国政治体制心灰意冷，他打定了主意，下次大选不管他们两党怎么劝进，死活不连任，死也要死在自家的床上。

门罗的确没有把这件事说出去，但几封情书到了杰弗逊手里。

6. 伟人的"小人"一面

1796年大选，亚当斯如愿成为总统。由于汉密尔顿企图操纵选举结果，想让自己人平克尼成为总统，导致北方联邦党人反水，杰弗逊白捡了副总统。杰弗逊并未因此而感激汉密尔顿，因为他知道汉密尔顿是华盛顿培养的接班人，是自己竞选总统的对手。亚当斯才上任，汉密尔顿和杰弗逊就开始为下届大选竞争起来，双方的办法就是狂办报纸，于是美国各大城市新报层出不穷，全是两边的喉舌，使出浑身解数相互攻击。

就在这时，一位叫詹姆斯·考兰德的记者出了一本小册子，上面全文刊登了汉密尔顿当年交给门罗的情书，这个小册子一问世，汉密尔顿的政治生命就彻底完结了。汉密尔顿公开否认一切指控之后，愤怒地找到门罗，要同他决斗。门罗一脸无辜，伯尔也出面力证门罗的无辜，说这封情书是考兰德不知道怎么偷走的。伯尔这么干，导致他和汉密尔顿正式决裂。

杰弗逊的嘴都笑歪了，他不是笑中计的汉密尔顿，而是笑妄想挑战弗吉尼亚豪门的华盛顿：谁让你狗眼看人低！

华盛顿不是狗而是龙，他在行走权贵门下之时别的没学多少，倒是学会了英国贵族老爷们的气派，颇有英国贵族军官那种谁也看不上的架势，军中亲信除了汉密尔顿之外，大多是马屁精。华盛顿大将军带兵的最大特点是不容许犯上，胆敢让华司令不舒服的，这辈子就别想舒服了，就这样因为得罪了华司令而倒霉的大有人在。

华盛顿还有个毛病，也许是在法印战争中给英国人当副官当出毛病来了，好像觉得司令的副官是最优厚的待遇，总爱把能打仗的勇将都找来当副官，可是勇将们哪个不愿意领兵打仗？汉密尔顿在华盛顿手下做副官长做了4年，还立下"盗信"的大功，这才要求去领兵，直到用辞职相威胁才能如愿，权力极大的司令部中校副官长不干了，情愿去当一名营长，就是为了在战场上立功，这是军人的本色。可是华盛顿偏偏理解不了。

阿伦·伯尔被华盛顿揽到帐下当副官的时候，比夺了几门炮的汉密尔顿可有名多了。来到华盛顿麾下后，他和同事汉密尔顿一样，都愿意去当战地指挥官，不希望做参谋。加上说话没有遮拦，爱提意见，说来说去把华盛顿惹恼了，人家要走他也拦不住，临走的时候在人事档案上写下这样的评语："伯尔是一个平庸的人，甚至不能拼对简单的一句英文。"

华盛顿这句话可以说是伟人的小人的一面，他在弗吉尼亚的豪门子弟之中，大概是教育程度最低的，只请了家庭教师在家教了几年，充其量是小学肄业的水平。因此像汉密尔顿这样大学才上了一半的秀才就是华盛顿的师爷了，军令文书全由其执笔，弗吉尼亚的群雄中，杰弗逊、门罗等人都是威廉·玛丽学院毕业的，水平顶多算中专。总的来说，和弗吉尼亚的豪门和新英格兰的群雄相比，教育程度差一个档次。他们之中最有学问的是麦迪逊，是普林斯顿的第一名毕业生，号称美国第一位大学生。但他和伯尔相比还逊色很多。

伯尔像北方的许多美国革命先烈比如亚当斯兄弟一样，出身于牧师家庭，受过良好的教育。他父亲曾担任普林斯顿大学的前身新泽西学院的第二任院长，也是学校的创办人之一，很年轻就死在任上。因此伯尔作为学院领导的遗孤得以从普林斯顿毕业。从普林斯顿毕业2年后，伯尔又去学习法律，正好赶上美国革命，偌大的美国却放不下一张安静的书桌，于是，他就和汉密尔顿一样，放下书本走上战场。他这种学历在当时的美国算是顶尖的了，关于英文能否拼写正确的话本来应该他用在华盛顿身上。

伯尔在曼哈顿战役中又立大功，但未出现在华盛顿的战后报告中，结果伯尔成了独立战争中唯一立大功而不得封赏的将领，而且健康恶化，只能退役继续研究法律去了，毕业后在纽约当了律师。这时候汉密尔顿也在纽约，两人在华盛顿手下相处不错，都是文武双全之辈，自然结为朋友。伯尔一开始对政治并不热衷，虽然进入纽约议会，也没有从政的野心，到了1789年，汉密尔顿去给华盛顿当大臣了，伯尔才被州长克林顿任命为州检察长，开始正式从政了，1792年当选为参议员，来到了当时的首都费城，又和汉密尔顿见面了。可是，老朋友见面，汉密尔顿脸色很不好看，因为伯尔的参议员的位子是从汉密尔顿岳父手中抢的。不过政治归政治，好歹也算军中战友，因此两人的友谊还在。

从身世背景上论，伯尔应当和大多数北方政治家一样属于联邦党，他本人也上赶着投奔，可是因为华盛顿对他有偏见，对方也不能接纳他。他在参议员任内要求写内战史，让华盛顿给阻止了。后来有人提名伯尔出任驻法大使，也让华盛顿否决了。伯尔实在无聊，就把房东太太漂亮的寡妇女儿多丽，介绍给同事中的单身汉麦迪逊，1794年两人成亲。

这件事让回到纽约的汉密尔顿很不爽，因为多丽的妹妹嫁给了华盛顿的侄子，这桩婚事让麦迪逊这个对头把脚伸到华盛顿家族去了。麦迪逊本来就算弗吉尼亚豪门的远亲，他奶奶的父亲是斯普特斯伍德家族的帮闲詹姆斯·泰勒，泰勒家后来出了第12任总统扎卡里·泰勒。麦迪逊和亨利不一样，不吃美人计那一套，而且从此以后，更难对付这位主要对手了。汉密尔顿觉得伯尔这家伙真会搅和，干脆新仇旧恨一起算，在1796年的选举中动用联邦党的力量，帮助老岳父东山再起，从伯尔手中夺回参议员。这么一来，硬把伯尔彻底给推到民主共和党去了。

1796年选举之后，伯尔回到纽约，被重新选入州议会。美法准战争（1798年—1800年）时，亚当斯要任命伯尔当准将，让美军司令华盛顿和副司令汉密尔顿给否决了，结果伯尔当了一辈子上校。

于是，伯尔的才能只能用在政治上。

7. 杰弗逊的"连环计"

华盛顿签署的《英美贸易协议》造成的美法之间的互不信任越来越严重，为了打击英国的商业，法国大量扣押和英国进行贸易的商船，造成美国商船的保险费暴涨500%。由于汉密尔顿当年建立海军的提议被杰弗逊等人坚决反对而没有落实，而大陆海军的船在1785年之前就卖光了，因而美国海岸线根本不设防，任由法国军舰来往。对此，国会授权总统组建海军，可以购买或者建造最多12艘军舰。到了1798年，在联邦党和北部商人的鼓动下，美国对法国不宣而战，民主共和党对此强烈反对。

重新被任命为美军司令的华盛顿此时已经垂老，他强烈要求任命汉密尔顿为少将，实际指挥美军，主要用于防备南方的法国同盟国西班牙人入侵，汉密尔顿建立强大的中央政府的雄心又再次被激发起来。但双方的战事主要在海上进行。美国海军和英国海军默契配合，联手对付法国海军。而亚当斯则继续运用自己的外交手腕，于1800年和法国议和，结束了这场准战争。不管怎么说，在北部豪门的长期运作下，美国和法国这一对在独立战争中联手和英军作战的盟友终于兵戎相见了，英美关系也向良好的方向发展。

但为了保住自己的既得利益和胜利果实，弗吉尼亚豪门必须和英国再打一场，以彻底打消英国复辟的机会。在华盛顿和亚当斯当政的12年里，弗吉尼亚豪门只能等待机会，1800年的选举，他们势在必得。然而法国大革命在北美也造成恐慌，1797年经济衰退，很多人破产，其中包括当年的财长莫瑞斯，他一破产不要紧，整个联邦党的势力受到严重打击，因为很多联邦党人都把钱投资到他的项目上，统统血本无归，联邦党的势力大大缩水。

而1800年大选，杰弗逊再度和伯尔搭档。伯尔帮助民主共和党拿下了关键的纽约州，赢得大选，民主共和党如愿上台了。可是又出问题了，宪法第12修正案还没有生效，还是一人投两票。这次两党没有叛徒，弗吉尼亚的代表们也很感激伯尔，民主共和党的选举人一致投给杰弗逊和伯尔，于是出现了两个人都得了73票的局面。宪法说的是谁得票高谁当总统，一样高的话难道有两个总统？

宪法料到了这种可能，出现这种情况要由众议院按州来投票，各州的众议员讨论支持谁，获得超过半数的州的支持就当选，这时一共16个州，获得9个州支持的人当选。民主共和党内众所周知，杰弗逊是总统候选人，伯尔是副总统候选人，可是这时众议院控制在联邦党手里，他们不管贵党内部怎么商量的，一切按照宪法规定的投票吧。

杰弗逊是对方的首领，长期和联邦党对着干，伯尔则是温和派，在联邦党有不少朋友，又是北方人，能代表北方的利益，因此多数联邦党人都支持伯尔。可是伯尔到了关键时刻又犯不在乎政治的毛病了，待在纽约，也不拉票去。第一次投票杰弗逊有8个州支持，伯尔有6个州支持，还有2个州弃权，没人过半数，还得再投。

再投的话只要伯尔稍稍活动一下，杰弗逊的总统梦恐怕下辈子也没指望了。但是杰弗逊也不是等闲之辈，他搬出了救兵：老对手汉密尔顿。

杰弗逊告诉汉密尔顿，情书走漏的事是伯尔干的，于是汉密尔顿站出来表态："我觉得两个人之间杰弗逊还诚实一点儿。"并鼓动联邦党议员支持杰弗逊。他在党内的影响还在，结果第二轮杰弗逊获得10个州的支持，伯尔只好当副总统。

杰弗逊的总统来得太惊险了，汉密尔顿这一表态，在联邦党内恐怕人心尽失。杰弗逊知道，所谓政党都是虚的，联邦党的真正实力是新英格兰和纽约的政治家族。汉密尔顿为了报私仇，把总统的位子给了南方人，党内的政治家族们恐怕要找新的领军人物了，伯尔就是这样的人物。如果不行动的话，下一届总统就是伯尔的了。

虽然伯尔为杰弗逊的当选立了大功，但为了弗吉尼亚豪门的利益，他还是要打击伯尔，而且要一箭双雕，因为汉密尔顿的势力虽然今不如昔，但此人能力非凡，是心腹之患。杰弗逊要除掉伯尔和汉密尔顿这两头纽约的"猛虎"。

杰弗逊为人寡言，能连续说三句话就属于生病了，但极有心计。他和汉密尔顿两人是美国政坛上的"一时瑜亮"。汉密尔顿做事不择手段，而杰弗逊则从维护豪门政治着眼，不影响政治这场游戏规则。杰弗逊运用汉密尔顿的性丑闻，四两拨千斤地让强大的对手从政坛隐退，又滴水不漏地让伯尔为自己效力，拿下了大选，同时让汉密尔顿为自己拉票，赢得了总统之位。现在杰弗逊要继续发挥这计谋的长期效益，除掉伯尔和汉密尔顿这两个对手。

　　受杰弗逊的压制，伯尔这4年的副总统当得比亚当斯还窝囊，天天在参议院当和事佬。到了1804年，伯尔知道杰弗逊不会再找他搭档了，便回纽约去竞选州长。

　　没想到杰弗逊和汉密尔顿早算计好了，伯尔是作为联邦党候选人竞选纽约州州长，可是汉密尔顿公开支持民主共和党的候选人刘易斯，伯尔空有竞选能力，因腹背受敌而落选。

　　败了以后心里本来就有气，伯尔无聊地翻开看报纸，正看到上面刊登的汉密尔顿的一封信，通篇说自己坏话。伯尔越看越有气，写了一封信，派人送到汉密尔顿府上。汉密尔顿打开信，内容是要他解释清楚，并公开更正道歉。汉密尔顿这几年天天写信骂人，怎么可能更正道歉得过来？又想起来情书那件事了，于是告诉伯尔：道歉没门儿！

　　伯尔大怒，要求决斗。

8. 汉密尔顿虽死梦想犹在

　　美国这帮新兴豪门别的没学什么，西方贵族决斗的臭毛病倒学得活灵活现。伯尔之前和人决斗过一次，汉密尔顿则有事没事就找人决斗，一共决斗过21次，尽管其中多数是嘴上说说罢了。从来都是他挑战别人，现在居然有人挑战他？汉密尔顿当然不能低头。

　　刚刚要点头，汉密尔顿心里突然犹豫了一下，他知道一旦真的决斗，就要去纽约和新泽西交界处，他的长子三年前就是在同一地点在决斗中丧命的。

大丈夫不能服软，汉密尔顿最终还是答应下来了。

1804年7月11日，两名美国独立战争中著名的英雄、美国建国后政坛重量级人物、曾经的朋友面对面站好了，仲裁人一声令下，两声枪响，汉密尔顿开枪慢了3秒，腹部中弹，肝脾破裂，被送回曼哈顿后，于次日去世。

伯尔跑到南卡罗来纳的女儿家躲了几天，看看风声平息了，回到费城继续把副总统任期干完。事后纽约和新泽西州官方都控告他犯谋杀罪，但法庭判罪名不成立。

双雄决斗，杰弗逊是最大的获益人，因为这场决斗一下子为他消灭了两个敌人。汉密尔顿是他平生劲敌，伯尔是党内对他最大威胁的人。汉密尔顿死了，伯尔成了众矢之的，从此从政坛隐退。不管怎么说，汉密尔顿是一代豪杰，不管是朋友，还是敌人，都为他的死而伤心流泪，杰弗逊也假惺惺地掉了几滴鳄鱼之泪。1804年大选，杰弗逊找来纽约州州长乔治·克林顿当搭档，大获全胜而连任，从此开创了"弗吉尼亚王朝"的盛世。

美国建国后北方和南方政治势力的争斗和党争，以汉密尔顿的死达到了戏剧性的高潮。

究竟是谁杀了汉密尔顿，汉密尔顿夫人心里最明白。很多年后，汉密尔顿曾经的好友、卸任总统麦迪逊托人找到汉密尔顿夫人，希望为此事当面道歉，被汉密尔顿夫人冷冷地拒绝了：不给他这个机会。

汉密尔顿虽死，但他建立强大中央政府的理想被美国一代又一代政治人物一点一点地实现了。第一个继承他的理想的人居然是他的死对头杰弗逊。

杰弗逊刚刚就任总统，就收到北非的黎波里巴夏的国书，要美国交保护费，否则进出地中海的美国商船就有可能被劫持。

杰弗逊下令刚刚重新组建的美国海军远征地中海，这个消息连法兰西第一共和国第一执政拿破仑·波拿巴都颇为惊讶：美国海军要来地中海？美国有海军吗？

弱小的美国海军远征数年，最后赢得了有利的合约。这次远征的主要目的，就是用武力为美国国际贸易提供保护。这正是北方政治势力所要求的。从此时开始，美国南北政治势力逐渐在对外事务上观念趋于一致，建立了美国国家利益的概念，这个概念和在美国国内实施的民主原则脱钩，完全是赤裸裸的金钱驱使。

与此同时，杰弗逊趁火打劫，从拿破仑手里买下法国在北美的全部殖民地，使得美国领土扩大一倍，完全控制了密西西比河流域。为弗吉尼亚豪门的从海洋到海洋的梦想迈出了最坚实的一步。

走向海洋与从海洋到海洋这一南一北的豪门梦想在杰弗逊手中都得到了继承和发展。虽然南北政治家族的利益都得到了维护和支持，但双方的矛盾并没有消除，美国建国后政治体系中南方和北方的政治冲突并没有得到缓解，制宪时留下的那些隐患在不断地放大。

美国不仅拿到了俄亥俄谷地，还拿下了密西西比河流域，土地一下子多到咽不下去的程度。新拿下的土地成了东岸各地政治家族跑马圈地的所在，美国政治斗争的中心开始西移。

对于杰弗逊来说，虽然汉密尔顿已死，但他还有一个心腹之患必须铲除。这个心腹之患便是因为在决斗中打死汉密尔顿而成为过街老鼠的阿伦·伯尔。

七、争夺边陲——新领地的政治风云

1. "叛国"的副总统与三封通缉令

1807年1月10日,美国报纸头条新闻:联邦政府签发通缉令,要求各地执法人员一旦发现前任副总统阿伦·伯尔的下落,马上缉拿归案,以叛国罪加以起诉。由于交通不便,奥尔良领地的联邦法官看到这条消息时已经是两个星期以后了。

奥尔良领地是原法国在北美的殖民地中的一部分。1803年,趁着拿破仑一时糊涂,杰弗逊用1500万美元买下法国在北美的全部殖民地,使美国的领土扩大一倍。第二年,联邦政府将这块土地分为两块,一块称为路易斯安那领地,另外一块称为奥尔良领地。1812年,奥尔良领地作为路易斯安那州加入联邦,为了防止混淆,路易斯安那领地改名为密苏里领地,后者是包括今日中部大多数州的全部和部分。

奥尔良领地的法官大人对这条消息感到很惊讶,在决斗中打死汉密尔顿后,伯尔在千夫所指中完成了副总统的任期,杰弗逊再度连任的搭档是纽约州州长克林顿,伯尔下台后从政治领域消失了,以叛国罪起诉他,不知道有什么证据。

法官正在琢磨之中,秘书进来报告:外面有人投案自首,自称是阿伦·伯尔,正是联邦通缉的要犯。

法官吃了一惊:一向在纽约呼风唤雨的伯尔怎么到了南部边疆?

伯尔卸任后,因为汉密尔顿之死,纽约已经没有他容身之地,家乡新泽西也回不去了。于是他来到南部,从西班牙政府手里租下了德克萨斯的

4万英亩土地，开始招人来开垦。他也是从报纸上看到自己被通缉的消息的。

换上别人肯定跑路了，但伯尔不是傻瓜，当年当副总统时就以超强的判断能力让参议员们折服，静下心一想，哪里有没抓到人就先在报上大张旗鼓地宣传的？这又是杰弗逊的计谋，一跑的话就是跳到墨西哥湾也洗不清了。干脆自己投案自首，于是来到最近的联邦司法机构自首。

法官来到法庭，问伯尔究竟干了什么，导致联邦政府发通缉令？

伯尔很配合，他告诉法官，和其他美国政客一样，他也认为美国早晚会和西班牙王国一战，因此手下的农民都有武器，人数一共80个。

法官问完以后，觉得这是政府方面打击报复，当庭宣布：无罪释放。

几周之后，报纸上又有一个头条消息：联邦政府发了第二道通缉令，再次以叛国罪通缉伯尔。

伯尔读报之后，照旧去奥尔良领地联邦法庭自首，上次那位法官调走了，新来的法官问明情况，同样把他释放了。

几周以后，报纸上登出了联邦政府对伯尔的第三道通缉令，这次伯尔没有到法庭自首。

几天后，报上登出报道：伯尔在前往属于西班牙的佛罗里达潜逃的路上，被执法人员抓获，现已押往华府，准备接受审判。

伯尔待在联邦监狱中，觉得这次凶多吉少。

前两次以静制动很成功，这次为什么要跑路，落到人家的圈套里面？不跑不成呀，伯尔打听到奥尔良领地联邦法庭又换法官了，这次是杰弗逊的亲信。去自首肯定入狱，不去自首的话这位法官已经下令要抓人了，所以只有跑一条路，没想到还是落入杰弗逊的算计。

伯尔知道这次杰弗逊是下决心利用公器来清除异己，明年就要举行大选了，联邦党自从汉密尔顿死后，缺乏领军人物，政坛上现在这些联邦党人，没有一个是弗吉尼亚人的对手。能够为联邦党夺回总统宝座的只有自己，所以杰弗逊要为明年选举扫清障碍。伯尔知道杰弗逊不打无准备之仗，这两年自己也没有老老实实当农民，事情到了这个份儿上，只有到法庭上据理力争了。

伯尔究竟干了什么?

还在副总统任内,伯尔就找到英国大使马瑞,提出如果英国提供50万美元和一支舰队,他去和西班牙开战,并让路易斯安那脱离美国。由于伦敦对于分离美国一直没有兴趣,这件事以马瑞给了伯尔1500美元告终。

伯尔向杰弗逊推荐自己的朋友威金森出任路易斯安那首任总督,在美法准战争中,威金森是排在华盛顿和汉密尔顿之后的美军第三号人物,杰弗逊同意了。然而让伯尔没想到的是日后的他们将对簿公堂。

卸去副总统之后,伯尔远赴南部边疆,从公众和美国政坛上消失了。然而,伯尔并没有老老实实地隐退,而是一直在暗地里活动,不仅和美国国内的联邦党势力以及对杰弗逊等弗吉尼亚豪门不满的民主共和党势力相互串联,而且和英法私下来往。站在美国人的角度,他在组织志愿军和西班牙开战,这样可以使美国走向太平洋,后来的美墨战争就是这样的结局。站在英国的角度看,他是要借助英国的势力在美国西部属于美国和西班牙的土地上建立一个王国。而他告诉西班牙人的是,他不仅要建立一个西部王国,而且还要率军夺取华盛顿。

在西边另建一个国家是当年尼古拉上校给华盛顿的建议,被伯尔捡了起来。

伯尔是北方人,跑到遥远的南方,就是要争取南方政治家族的支持。弗吉尼亚政治家族把持联邦政坛,南方的民主共和党人虽然同属一个党,但他们心里也有不平。此外,路易斯安那领地和新奥尔良领地迟早会进入联邦,伯尔希望能捷足先登,抢先抓住新边疆的政治权力,以此作为和杰弗逊抗衡的基础。

联邦法庭开庭审判,法庭发现伯尔和驻美的法国和英国大使之间有秘密交往,企图借助英法势力把西班牙人赶出德克萨斯。为祖国开拓疆土是好事,但不能轻启战端,法庭认为伯尔爱国之心可嘉,打算教训几句放了他。

可是杰弗逊拿出了新的证据,证明伯尔企图把西班牙赶走后,在西部建立自己的国家，这个国家不仅包括德克萨斯，也包括现有的美国领土，政府据此告他四项叛国重罪。律师出身的伯尔对此一口否认，于是法庭传呼证人。

证人是詹姆斯·威金森将军。1805年出任美军驻新奥尔良军区司令，兼任路易斯安那领地总督，到了1806年因为滥用权力被解除职务。威金森到法庭做证，拿出伯尔给他的信件，证明确有此事。

伯尔辩称，威金森所呈的信件是伪造的。法庭当场鉴定笔迹，发现威金森所呈的信件是他自己的笔迹。

威金森解释说："原件让我丢了，这是我抄写的。"法庭内一阵哄堂大笑，陪审团宣布这个证据无效。

杰弗逊不在乎这些，要求最高法院判伯尔叛国。联邦党人恨伯尔打死了汉密尔顿，没有人帮他。民主共和党人在杰弗逊的高压下也不出头，伯尔连帮他做证的人都没有，现在只有老天才能救他了。

万万没有想到，救他的人是杰弗逊的亲戚。

2. 一家子打官司

伯尔的案子在里士满审理，这里是弗吉尼亚首府，民主共和党的老巢。伯尔已经是民主共和党的弃将，联邦党人因为他打死汉密尔顿，也从心里希望这次能绞死他。在里士满他孤家寡人一个，能救他的只有万能而又万不能的上帝了。

虽然失道寡助，但还真有人帮他。弗吉尼亚最有名的律师站了出来说："没人给伯尔辩护，我来。"

谁这么冒天下之大不韪？

爱德蒙·伦道夫。

因为华盛顿中了法国的离间计，导致伦道夫辞职回乡当律师。他为伯尔辩护和"波士顿惨案"中亚当斯为英国官兵辩护的原因一样，被告也有要求公开审判的权利。

杰弗逊本想痛打伯尔这条落水狗，没想到自己表弟成了伯尔的辩护律师，让在政坛上呼风唤雨的杰弗逊非常地郁闷。

伦道夫家族和杰弗逊对着干的还有一位，就是他的表侄约翰·伦道夫。这位伦道夫是南部保守势力在国内的领袖，反对大政府，更反对联邦政府在国际上的动作，这次纯粹是看表叔的热闹。

除了这两位，还有一位亲戚也和杰弗逊对着干。

1799年帕特里克·亨利临终前，全力向亚当斯总统推荐了一位人选，也是伦道夫家族的外戚约翰·马歇尔，马歇尔因此出任国务卿。亚当斯卸任前，任命马歇尔为最高法院首席大法官。在亚当斯的授意下，尽管杰弗逊动用了一切能量，马歇尔就是不肯判伯尔叛国。

杰弗逊几乎要气糊涂了，虽说马歇尔算是亚当斯的亲信，可他是弗吉尼亚人，而且还是自己的亲戚，马歇尔的妈妈是杰弗逊的表姐，表侄子这么不给自己面子，威风不可一世的杰弗逊也只能干生气。三权分立是他参与建议的，为的是司法不受干扰，最高法院在建国后一直是摆设，亚当斯临下台前，这个首席大法官人选先后问了好几个人都拒绝出任后，才在亨利的极力推荐下给了马歇尔。马歇尔倔脾气上来，六亲不认，维护法律至高无上的权力，表叔一边凉快去。

马歇尔大概是弗吉尼亚豪门唯一的叛逆，一生坚信联邦党的思想，先后经历6位总统，哪个也惹不起他，只能通过把自己人选进最高法院的办法，试图减少马歇尔的影响，可是马歇尔那一张嘴谁也说不过他，直到他死之前，最高法院都是联邦党的地盘，也奠定了最高法院和总统分庭抗礼的惯例。

一家子打了一场官司，最后人多的一边赢了，伯尔叛国罪不成立，流亡欧洲，从美国政坛上消失了。

搞倒了汉密尔顿、清算了伯尔，弗吉尼亚政治豪门保持住了联邦的权力，杰弗逊卸任后，麦迪逊、门罗相继出任了8年总统，把持国政24年之久，建立了辉煌的"弗吉尼亚王朝"。

美国政坛之上，讲究游戏规则，输了的讲风度，赢了的也要讲气量，因为豪门之争不是个人意气。伯尔在决斗之后已经认输退出政坛，杰弗逊为什么还要下这么重的手，痛打伯尔这条落水狗？

美国独立后，旧有的殖民地因为豪门势力已经形成，政治权力也被瓜分，但是新拿下的地盘还属于政治空白区。宪法规定每个新的州都有两名参议员名额，因此掌握新的州比掌握旧州要容易得多。此外，移民成批前往新的领土，那里的人口数量会很快赶上旧州，在众议院的席位也会赶上来，到边疆去圈地是有眼光的豪门的长远之计。几乎从新领土到手的那天起，争夺那里的政治权力的斗争就开始了，杰弗逊借用联邦政府的权力，出重拳打击伯尔就是这个斗争的一部分，他不能让北方豪门拿下南方新的领地。

另外一个原因，就是伯尔是当时唯一能对杰弗逊和弗吉尼亚王朝造成威胁的人。伯尔虽然从政坛隐退，但他和他背后的实力依然让弗吉尼亚豪门感到巨大的威胁，杰弗逊一定要消除这个隐患。

伯尔虽然家境贫寒，但他不是寒门子弟。

3. 让伯尔和杰弗逊"退避三舍"的谢尔曼家族

美国第三任总统、弗吉尼亚豪门的领袖杰弗逊一向眼高于顶，华盛顿等人均不入他眼界，甚至自己的平生对手汉密尔顿，杰弗逊嘴里也没有什么盛誉。在开国群雄中，杰弗逊只对一个人的评价极高，就是和他一起起草《独立宣言》的五人小组中的罗杰·谢尔曼："这位是来自康涅狄克的谢尔曼先生，一个平生从来不说蠢话的人。"美国那一代国父不乏英才，比如富兰克林，不仅自学成才，而且成为世界级的科学家和发明家，也是五人小组中人。为什么杰弗逊独独青睐谢尔曼？

美国历史上，罗杰·谢尔曼是国父中唯一一位参加了所有开国文件草拟过程的人，对美国开国宪政贡献很大，但他行事很低调，又来自地位无足轻重的康涅狄克，在国父中名气不是很大。美国建国后，谢尔曼因为年事已高，并没有参与联邦政治活动，是建国初期那段精彩的政治斗争的局外人。

在这里我们首先要了解一下罗杰·谢尔曼所在的谢尔曼家族。

谢尔曼家族的第一代老亨利于16世纪生活在英格兰的艾塞克斯郡戴得镇。那个年代的英国以及欧洲并不适合人类的生活和居住，黑死病已经在欧洲横行了200多年，在1348年到1351年3年大流行中，杀死了欧洲起码1/3的人口，使欧洲从人口过剩、资源紧张变成人口稀少、资源充裕。虽然肉多狼少了，可是黑死病并没有离去，每隔十年二十年就出现一次，很好地控制了欧洲的人口增长，直到1666年伦敦大火后黑死病才从欧洲基本消失。与此同时，穆斯林扩张的威胁依旧相当严重，让欧洲感到巨大的压力。

老亨利生活的时代，又是地理大发现的时代，西班牙人走向海洋，发现了美洲大陆，欧洲人一下子重新走上历史舞台。美洲的财富源源不断地流入欧洲，欧洲重新开始过剩的人口则移民美洲，解决了过去一千年的循环。

但是这一切是西班牙和葡萄牙的光荣，英伦三岛还是死气沉沉，英国的贵族们一如既往地不在意平民的死活，彼此之间的生活差距十分严重。在这种情况下，老亨利能够享年70多岁，应该算奇迹了。那个年代，人类和自然抗争的办法就是多生，于是谢尔曼家族第二代有五男二女，再往下人口就多了。

到了谢尔曼家族第四代成年后，正好赶上英国往北美移民的大潮。谢尔曼家族已经枝叶繁茂，很难在家乡发展，可能连吃饱饭都困难，加上从1620年到1635年，经济危机席卷英国，许多人找不到工作，农作物收成不佳，毛纺工业高速发展，需要更多的羊毛，养羊的人开始侵犯耕地。如此地艰难，他们索性去北美碰运气。从1633年到1637年，谢尔曼家族第三、第四两代人相继来到马萨诸塞，或者落地生根，或者陆续迁移到新泽西和康涅狄克。

来到美国后，谢尔曼家族的人们和其他早期移民一样，开荒种地，生儿育女，从岸边向内陆发展，把自己的根深深地扎在北美殖民地的土地上，一代一代地延续了下来。到了美国独立运动之时，谢尔曼家族的后人风云际会，开始在美国的霸业。

罗杰·谢尔曼是谢尔曼家族长房的第四代约翰的后人，在美国建国前后的政坛中，还有两位谢尔曼家族的后代。一位是马萨诸塞州派出的独立宣言的签署人之一罗伯特·佩恩，是二房的第四代约翰的后代，先后经历了威拉德、崔特和佩恩特三次姓氏转换。另外一位就是阿伦·伯尔，他的曾祖母出自谢尔曼家族。罗杰·谢尔曼于1721年4月19日生于马萨诸塞州的牛顿市，出身贫寒。3岁的时候举家随父亲来到斯托顿。父亲是个鞋匠，把这门手艺传给了他。1741年父亲去世，两年后他随着母亲去投靠定居康涅狄克新米尔福特的哥哥威廉。谢尔曼虽然教育程度不高，但有一个很好的习惯，就是爱学习，对历史、数学、政治和法律都很有兴趣，修鞋的空闲里就看书自学。两年之后，他成为县测量员。这是一个公职，华盛顿的一个公职也是县测量员。谢尔曼当选的原因不是像华盛顿那样有贵族的举荐，而是因为数学好，当然脚力好也是一个因素。上次搬家，他是背着修鞋工具，徒步160多英里走去的。

北美殖民地地广人稀，地方都是新开拓的，必须进行勘测测量，这是一项很艰苦的工作，但对于年轻人来说，也是一件很有意思的工作。谢尔曼从事这项工作到1758年，并自己绘制出版了一部很受欢迎的地图。利用工作之便，他开始拥有土地，并积极介入公共事务，先后担任镇里的几项职务。

1754年，罗杰·谢尔曼靠自学通过了律师考试。当年北美的大多数律师都没有受过正式的法律培训，因为需求量太大，有关学校根本供不应求。成为律师的条件是只要读过法律，通过考试，然后再通过几名执业律师的口试就可以了。1755年他代表新米尔福特进入康涅狄克议会，其后被任命为法官和康涅狄克最高法院大法官。1765年成为耶鲁大学财务长，并获得该校荣誉硕士学位。1766年进入康涅狄克上院。其后正值独立运动开始，作为康涅狄克代表，谢尔曼参加了大陆会议，因此成为国父之一。

谢尔曼除了在政治上的成就外，在教育上也很有成就。在他出任耶鲁的财务长之前，耶鲁只是一个很不起眼的小学院。在谢尔曼的经营下，耶鲁一跃成为美国一流学院。

耶鲁是继哈佛、威廉·玛丽之后，美国第三历史悠久的学院，从殖民地时代到建国之后，美国的政治人物大多出自这三所学校。马萨诸塞富豪毕业于哈佛，弗吉尼亚豪门出身威廉·玛丽，耶鲁则是康涅狄克人就学的地方。别看康涅狄克地方不大，但耶鲁后来居上，尤其在政治领域，已经成为政治家的圣地。

罗杰·谢尔曼是康涅狄克州的政治领袖，开国群雄中的理论家之一。罗伯特·佩恩是亚当斯的兄弟和汉考克的密友、两届大陆会议的议员、马萨诸塞州的权势人物，阿伦·伯尔是纽约州的政治巨星，号称"美国政治选举竞选之父"，在两党中人缘极好。在西方人的眼里，无论是罗杰、罗伯特还是伯尔，他们的血管里都流着谢尔曼家族的血液。谢尔曼、佩恩加上伯尔，一个家族在北方三个州都有政治影响，因此这个家族在开国之初就具有了令杰弗逊退避三舍的政治力量。

罗杰已死、佩恩只活跃于马萨诸塞州，在联邦一级出头露面的谢尔曼家族的代表是伯尔，因此杰弗逊一定要在政坛上彻底毁灭伯尔。

4. 罗杰·谢尔曼编织的一张大网

一门三杰，又盘踞在三个不同的州，这种豪门势力确实很厉害。但是美国从独立开始，政治人物不是朋友就是亲戚，以弗吉尼亚的政治人物为例，绝大多数都是反复联姻的几家豪门的后人，其势力远非谢尔曼家族这几门远亲可比，而且谢尔曼家族是一个新兴的豪门，杰弗逊是不会因此而煞有介事的，谢尔曼家族特别是罗杰·谢尔曼另外还有让杰弗逊佩服的能耐。

伯尔的父亲是一名牧师，参与了普林斯顿大学的创办，是该校的第二任校长，而且死于任上，所以杰弗逊的政治盟友、美国第四位总统麦迪逊和伯尔关系很好，因为麦迪逊毕业于普林斯顿，他和伯尔不仅是校友的关系，伯尔还是他的师门后人，又是他的红娘，所以在对伯尔的处置上，杰弗逊花了很大的力气，也是美国政治史上绝无仅有的大手笔。

北美殖民地的高等教育机构出现得很早，马萨诸塞殖民地刚刚开创不久，1636年哈佛大学的前身哈佛学院就出现了。殖民地时代，各种人才奇缺，连多数律师和法官都是自学成才，受过高等教育的就是宝贝了。对于下层民众来说，这里是进入上层社会的最佳途径。对于豪门子弟来说，学院是他们建立关系网的地方。参与美国独立的政治人物中，马萨诸塞帮都出自哈佛，弗吉尼亚群雄大多出自威廉·玛丽学院。老伦道夫和杰弗逊能够相继成为弗吉尼亚豪门的领袖人物，华盛顿之所以重用伦道夫家族，正是因为威廉·玛丽学院是伦道夫家族创办的，对于弗吉尼亚豪门子弟来说，伦道夫家族是他们的师门。

谢尔曼家族不仅仅因缘际会，成为北部两所名校的掌门，而且和哈佛大学还有渊源。罗杰·谢尔曼的掌上明珠——小女儿萨拉嫁给了众议员塞缪尔·霍亚。塞缪尔所在的霍亚家族是马萨诸塞的老豪门，他的曾祖父罗纳德·霍亚是哈佛第三任校长。塞缪尔和萨拉的儿子埃比尼泽先出任联邦司法部部长，后担任众议员，两人的另外一个儿子乔治则是参议员。议员成了霍亚家的祖传职业，埃比尼泽的儿子和乔治的儿子也都是众议员。

这门婚事对于谢尔曼家族来说，不仅和哈佛一系的豪门建立了关系，还通过霍亚家族和马萨诸塞著名豪门昆西家族、亚当斯家族以及汉考克家族成为亲戚。霍亚家族的建立者罗纳德·霍亚的妹妹嫁到了昆西家，汉考克的夫人就是来自昆西家，美国独立后马萨诸塞出现的最大的豪门亚当斯家族的约翰·亚当斯的妻子阿比盖尔的母亲也来自昆西家族，她的曾祖母便是罗纳德的妹妹。这桩婚姻把新英格兰地区两大政治势力连在了一起。

罗杰·谢尔曼的另外一个女儿玛莎嫁给了杰里迈亚·戴，戴因此担任耶鲁校长21年之久，使谢尔曼家族牢牢控制了耶鲁。

罗杰·谢尔曼最让杰弗逊佩服和自叹弗如的正是这一点。

罗杰·谢尔曼因为年事已高,在独立后并没有进入美国政坛,但这并不表明他从政治领域引退。杰弗逊看得很准,谢尔曼先生不仅从来不说蠢话,而且从来不干蠢事。在其他人为了权力争得头破血流、两败俱伤的时候,谢尔曼家在踏踏实实地做事:编织一张大网。

罗杰有15个子女,虽然听起来让人吃惊,但是在当时这没什么奇怪的。教会不容许采取避孕措施,加上婴幼儿死亡率很高,那时候很多家庭都生一大群孩子,比如著名的废奴主义者约翰·布朗两次婚姻一共生了20个孩子,于是靠着儿子们和女婿,他很轻松地组织起一支废奴恐怖武装。布朗家的孩子与众不同之处是武力废奴,谢尔曼家的孩子们与众不同的是婚姻,他们的婚姻都有政治色彩。

罗杰的儿子们都是从耶鲁毕业的,大儿子威廉只活了38岁,但两次婚姻都非常有谢尔曼家的特点。第一次婚姻是和本地的豪门联姻,娶了曾经出任过康涅狄克殖民地总督和殖民地最高法院首席大法官的詹纳森·劳的孙女萨拉。几年后萨拉病死了,他马上和罗得岛州的豪门联姻,续娶了罗德岛殖民地总督本尼迪克特·阿诺的孙女阿尔盖比。好在他没有他父亲那么长寿,否则各殖民地前总督家的孙女都得让他娶遍了。他的独生女嫁给了众议员菲利普的儿子。

玛莎和杰里迈亚·戴的儿子谢尔曼·戴曾任加利福尼亚州参议员,女儿嫁给了耶鲁教授托马斯·撒可。老婆死了后,撒可干脆续娶罗杰的亲孙女伊丽莎白,从外孙女婿变成孙女婿。他自己的女婿是众议员,孙子是司法部副部长。

罗杰的另外一个女儿瑞贝卡嫁给了众议员西蒙·鲍德温,瑞贝卡去世以后,鲍德温又娶了罗杰的另外一个女儿、成了寡妇的伊丽莎白。他的儿子罗杰·鲍德温是参议员,罗杰的儿子西蒙当过康涅狄克州州长,外孙当过司法部副部长。

罗杰的另外一个女儿米西泰波嫁给埃瓦茨,她的外孙担任过华盛顿州州长,一位外重孙担任过众议员。

罗杰·谢尔曼的妹妹的后代也出过参议员。比如20世纪40到70年代肯塔基重量级人物,参议员、州长约翰·谢尔曼·胡柏就是之一。

罗斯福总统的好友、参议员谢尔曼·米顿,佛罗里达州州长威廉·谢尔曼·詹宁斯,美国历史上唯一一位三次竞选总统都失败的威廉·布兰,新罕不什州州长、艾森豪威尔总统的白宫主管谢尔曼·亚当斯,参议员乔西·迪普,商业部部长亚历山大·特罗布瑞格等都是谢尔曼家族的后裔。

下面这张图就是罗杰·谢尔曼编织的一张大蜘蛛网。

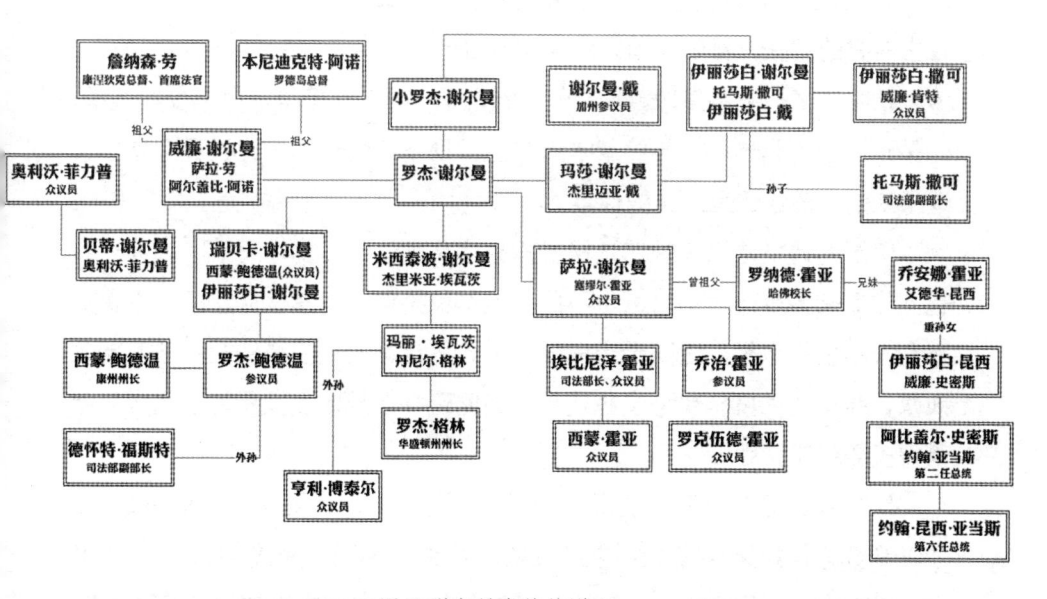

图 2 谢尔曼家族族谱之一

这张网里面的很多家庭的后人不仅仅有在新英格兰地区从政的,而且散布到全美各地,使谢尔曼家族从地区性的政治家族变成了全国性的政治家族,也可以说是美国第一家全国性的政治家族。

这才是足以让杰弗逊全力以赴打压伯尔的重要原因之一。

5. "美式"民主游戏规则的创始人

杰弗逊痛打伯尔的重要原因之二是伯尔是"美式"民主游戏规则的创始人。

伯尔本来应该是联邦党人，因为受华盛顿的排挤，只好投奔民主共和党，也因此在两党都很有人缘。在政治之中混迹了几年，特别是丢了参议员的位置后，让他悟出了选举的真谛。

美国的民主选举也是一个不断成熟的阶段，游戏规则不断地完善，游戏方法也层出不穷。在此之前，竞选的方针不是东风压倒西风，就是西风压倒东风，交通情况也不适合到处竞选，候选人在报上宣扬自己的主张，攻击对方的主张，希望全国人民都支持自己。

伯尔动了一下脑筋，选举是什么？就是选票。无论是选民来投票选举，还是州议会投票选举，最终就是选票。即便州议会选举，州议员也是选民选出来的，最终还是选民的选票。

美国的选举法没有规定选民的投票率必须达到多少才有效，因为一来也不知道有多少选民，二来也不能强迫选民投票。投票是宪法赋予选民的权利，不投票也是宪法赋予选民的权利，不让选民投票是侵犯宪法赋予的人权，强迫选民投票也是侵犯违宪。因此选举法规定在投票的选民中只要获得多数就能获胜。

比如本选区有一万个选民，一万个人都投票，你要获得5001张选票才过半数，但如果只有100个人投票，只要有51个人投你就成了。5001个人支持你，你可以代表10000人。51个人支持你，你也能代表10000人。

那么就学习村匪恶霸，威胁选民不要去投票，只容许自己人去投票？这样不成，这是违法。那么只有支持自己的选民占投票选民的多数就成了，可是怎么做到这一点呢？

伯尔知道，一般公众对民主选举没什么热情，平常老百姓要谋生养家。美国的很多选举出的公职尤其是一些基层公职是那种权高薪薄的，市长的薪水还不如个校长。平民百姓家无隔夜之粮，也没有什么亲戚朋友可以以权谋私，他要那权干什么用？政府说你们现在有权投票了，大多数人不是犯懒就是没时间或者没兴趣，投票的寥寥无几。选举地方官员也许还有点兴趣，但选举州议员和总统，很多老百姓并没有太大的兴趣。

因此，只要让选民有投票的兴趣，就能够控制多数。因为，为兴趣来投票的选民并没有中意的候选人，而是可以被左右的，只要你给他们回报。

贿选？

不，贿选违法。

不违法的贿选有另外一个名词：利益交换。

利益交换是政治中的必然现象，民主之后利益交换就更严重了。美国开国之后，从提名到选举主要在国会和各州议会中进行，这一小批精英们之间的利益交换非常严重。

我支持你，你上台以后任命我为部长大使，要不把联邦的大笔合同交给我下属的公司。这种利益交换是人所共知的，也是从美国开始有民主选举就存在的现实，大家都很清楚，而伯尔发现的是离开这个权力圈子，也有利益可以交换。

每名选民都握着一张选票，当时只有白人男子称得上选民。当然选票和选票不一样，纽约几大家族的选票顶得上小半个纽约州的选民的选票，那是因为他们的影响力大，声音洪亮到别人不敢发言的地步。以几大家族为后台的汉密尔顿用联邦党作为武器，纠集了一批信奉联邦党政见的头面人物，因此控制了纽约州议会，然后任命支持联邦党的12个人为选举人。

怎么改变这种情况？伯尔知道，要让民主共和党控制州议会，也就是一个选区一个选区地争夺，让民主共和党的候选人取胜。做到这点，要走基层路线。

伯尔争取选民的第一站是美国的纽约。纽约是大港，欧洲移民第一站通常是这里。现在的选举反移民是主流，因为新移民没有选举权，就成了被栽赃陷害和受攻击的对象。然而美国建国时，新移民很多，有了选举权，但是他们和前几代移民一样，还被歧视、受欺负。伯尔一想，如果我给他们提供帮助，其实就是半黑社会似的罩着他们，不让别人欺负他们，这些人就会投我的票了。

黑社会不是一个人能组织起来的，伯尔虽然也算纽约大豪，可是纽约有的是呼风唤雨的人物，汉密尔顿就坐镇在纽约，联邦党在纽约的势力极大。而以克林顿家族为首的传统的民主共和党势力又不爱搭理他这位联邦党不要才投奔民主共和党的人才。伯尔总结了一下自己的优点和长处，发现他这个人最大的长处是左右逢源，在两党中都有朋友。他和联邦党内部分成员颇有共同语言，在民主共和党内又交了很多朋友，但是怎样利用这个长处呢？

有了，坦慕尼俱乐部。

坦慕尼俱乐部，1789年由一位叫威廉·穆尼的家具商创办的社交性俱乐部，最初是一个全国性的爱国慈善团体，专门维护民主，尤其反对联邦党的上流社会理论。1797年，伯尔把坦慕尼俱乐部接管下来，变成政治性的社交俱乐部，政治人物不分党派一律欢迎，很快就成为政治会馆。这个政治性的俱乐部就可以作为左右选举的工具。

有了组织，还要有经济基础。伯尔两年前创建了曼哈顿银行，就是今天的摩根大通的前身，正好用这家银行为选举募捐。有了人也有了钱，坦慕尼俱乐部的成员就开始走出去。先在州议会里为基层民众谋福利，立案要求建立水厂，解决民众拉肚子的问题，让选民们看到谁真正为基层百姓谋福利。然后到贫民窟去，为移民解决困难、提供工作机会，同时拉票。到了选举那天，坦慕尼俱乐部提供马车，拉支持民主共和党的选民去投票。

1800年大选，靠着坦慕尼俱乐部成员的四处宣传，民主共和党占据了纽约州议会的多数。

这种民主选举的游戏规则一直沿用到今天，利益是"美式"民主的关键。

伯尔虽然没有被判叛国罪，但他的政治前途彻底破灭了。谢尔曼家族的大网虽然强大，但当时并没有能够和弗吉尼亚豪门在联邦一级叫板的人物。

6. 三十功名"西北王"

弗吉尼亚豪门两线作战，一方面稳定后方，另一方面全力和北方豪门争取北方的新领地，就是他们之所以要求独立的俄亥俄河谷。

1801年，杰弗逊就任第三任总统后，发表了一条授权令，授予印第安纳领地总督和印第安人签署条约的自主权，总督可以代表美国和印第安部落谈判，所有条件都可以自作主张，用不着请示政府和国会。也就是说，这位总督是全权钦差大臣，和印第安人的外交事宜可以任意行事，不受国会和政府的牵制。

印第安纳领地原是西北领地的一部分。西北领地是美国建国后对宾夕法尼亚州以西位于俄亥俄河和密西西比河的那片土地的称呼，正是弗吉尼亚豪门几十年来不断追求的俄亥俄河谷。法印战争后，这片土地划归大英帝国。大英帝国为了缓和和印第安人的矛盾，不许殖民者进入这片土地，惹恼了本土豪门，成为独立的诱因之一。独立之后，美国政府称之为西北领地，按州一级对待。但是，英国并没有完全撤离这块地区，直到1815年英美第二次战争之后，这个地区才算彻底属于美国。

美国建国后，弗吉尼亚豪门想当然地认为这片土地是自己的，可是马萨诸塞、康涅狄克和纽约的豪门一拥而上，都声称自己有权拥有这片土地，吵成一团之后，国会只能决定谁也不给，单独成立西北领地，包括今天的俄亥俄州、印第安纳州、密歇根州、伊利诺伊州、威斯康星州和明尼苏达州的一部分。但是弗吉尼亚和康涅狄克各拥有一块地盘，弗吉尼亚占据南部一块地区，称为弗吉尼亚军事区。康涅狄克占据了北部的一块地区，称为康涅狄克西部保护地。从此，西北领地成为这两州角逐的中心。

1800年，西北领地一分为二，靠近东部的地区成立俄亥俄领地，于1803年以俄亥俄州加入联邦，剩下的部分设立印第安纳领地。总统亚当斯任命原西北领地州务卿、现任国会众议员威廉·哈里森为印第安纳领地总督。哈里森总督可以任命印第安纳领地所有的官员，还可以任命议会的议员，也就是说印第安纳领地的议会不是民选的，而是由总督指定的。亚当斯下台后，杰弗逊并没有换人，反而加大了哈里森的权力，使哈里森成为名副其实的"西北王"，也成为美国历史上独一无二的独裁者。

从殖民地时代开始，北美的总统和州长从来没有过这么大的权力。议会从来都是经过选举产生的，尽管这类选举不民主，但起码要有民主形式，而且议会的权力在总督和州长之上。总督和州长虽然能够任命官员，但一定要由议会正式批准。到了印第安纳领地，总督不仅可以随意任命官员，而且还任命议员，这件事发生在美国建国后25年，美国的宪法早已经被各州接受，成为美国民主的基石，怎么竟然公然出现这种十足的违反宪法、违反民主的事情？

威廉·哈里森这位拥有美国历史上最集中的权力的人，当时还不到30岁，大学肄业后从军，以中尉军衔退役，无任何说得出口的战功。担任州务卿两年，无特殊建树。出任国会议员一年，无特殊表现。这样的人凭什么获得南北双方豪门的青睐？

原因就是他姓哈里森。

哈里森家族和李家族、伦道夫家族和卡特家族都有婚姻关系，这个家族源自1630年从英国来到美国的一位叫本杰明·哈里森的人。按照英国人的习惯，当爹的就连名带姓全传给儿子了，儿子小本杰明·哈里森更干脆，他的儿子叫本杰明·哈里森三世，孙子叫本杰明·哈里森四世，这个哈四世和华盛顿一样，靠从军这条路进入上流社会。成了上校后，哈里森四世娶了弗吉尼亚殖民地巨富罗伯特·卡特一世的长女安妮，生下来的哈里森五世就再也用不着当兵去了。从威廉·玛丽学院毕业，进入弗吉尼亚议会，后又随着姐夫佩顿·伦道夫去参加大陆会议，在独立宣言上签字，名列国父之一，1781年到1784年出任弗州州长。威廉·哈里森是哈里森五世的幼子，典型的豪门子弟，或者叫美国的太子党。

哈里森家族是弗吉尼亚大豪门之一，作为北方豪门的代表人物，亚当斯怎么能让威廉出任边疆的总督，而且给他这么集中的权力？

因为在亚当斯眼中，威廉是弗吉尼亚豪门的弃子，和亨利、马歇尔一样是弗吉尼亚豪门的叛逆,而且反感奴隶制,因此在卸任前予以重任,希望他和马歇尔一样,起到抑制弗吉尼亚豪门的效果。

威廉的父亲哈里森五世开了豪门政治的一个先例,就是政治强龙过江。在此之前,豪门们都从家乡开始从政。美国的政治家族通常有很强的地方性,这是因为他们的形成有很强的地方色彩,都是从地区议会开始起家,经过数代人的努力而成功,他们把持的权力首先是地方性的,在联邦中的代表主要维护的是自己家乡的利益。

但是当家族人口繁衍之后,如果愿意从政的人多的话,就很难摆平。特别是弗吉尼亚这种老殖民地,几大家族反复通婚,最后只能是亲戚之间的竞争。为了解决这个问题,弗吉尼亚规定州长不得连任,要轮流坐庄。但是轮流坐庄仍解决不了问题,因为争位子的人太多了,有政治价值的位子却非常有限。

1784年,弗吉尼亚州州长哈里森五世任期满了,哈里森当然不希望从此自政界退休,他早就考虑好了,打算去竞选家乡的州议员。弗吉尼亚州议会的议员和联邦参众议员相比要差得远,哈里森五世是国父之一,又担任过美国第一大州的州长,按理应该去竞选联邦参议员或者众议员。但哈里森有自知之明,知道联邦议员的名额有限,弗吉尼亚能人太多,自己去争联邦议员的位子,要和亲戚们同室操戈,胜算不大,州议会的议员比联邦议员名额多多了,卸任州长又不是无名之辈,竞选成功没有什么问题。

哈里森五世满怀信心回到家乡竞选,没想到家乡的选区还有一位不识时务的约翰·泰勒先生和他竞争。更没想到竞争之后,前州长败北,泰勒被选为州议员。哈里森家族和弗吉尼亚亲戚们再有势力,不能也不敢改变选举结果,因为这是他们所制定的游戏规则。

怎么办?

7. "强龙过江"的哈里森家族

约翰·泰勒从战胜哈里森开始进入政坛,后来也曾经担任弗吉尼亚州州长，他儿子小约翰也是以从这个选区进入州议会的方式从政。选区归了泰勒家了，哈里森家要么憋足了劲儿和泰勒家族较量，要么只能另想办法。

哈里森想出的折中之计，就是赶紧到隔壁的选区去，因为那里没有强势的政治人物，哈里森如愿进入州议会。

从哈里森开始，为了自己的政治前途，豪门中人开始离开家乡。因为他们发现，从竞选的角度，到还没有形成大家族的选区去竞选，比在竞争激烈的家乡竞选更容易当选，比政治上的无名之辈更能给他们争取来好处，选民也乐意选举这种在政治上有根基的人来代表他们的利益。从豪门的利益来说，到其他选区也能够扩展家族的政治力量，从一个选区发展到几个选区，甚至几个州，形成更为强大的政治势力。因此到了今天，美国的著名豪门比如肯尼迪家族和布什家族，都是在不同的州，肯尼迪家族立足于马萨诸塞州，在加利福尼亚、马里兰等州都有自己家族的代表。布什家族的势力更为庞大，仅布什父子一家人，就曾把持了德克萨斯和佛罗里达两个大州。因此有远见的豪门开始抬起头来，不再只看自己的万顷良田，而是让子弟走出去。从哈里森开始的过江龙式的从政模式，使政治家族势力像蜘蛛一样深入到美国各个地方。

1791年，哈里森五世去世了。他是哈里森家族在政治上第一个出头露面的，七个孩子中大儿子哈里森六世没什么出息，甘愿做一个庄园主。另外一个儿子卡特继承父业，先后出任过州议会议员和国会议员，是哈里森家族在政治上的继承人。

而哈里森五世的小儿子、18岁的威廉则面临着衣食不继的处境。

威廉没有和哥哥们一样进威廉·玛丽学院读书，而是在14岁的时候被父亲送到汉普顿·悉尼学院读书。哈里森五世没有想到小儿子入学就加入一个反对奴隶制的社团，便赶紧让他退学。弗吉尼亚是蓄奴州，威廉这种人如果继承父业从政的话，他的废奴思想会给哈里森家族惹麻烦的。哈里森五世想来想去，觉得小儿子还是不要从政了，就把他送到宾夕法尼亚大学，跟着另外一位《独立宣言》签署人本杰明·拉什医生学医。

学医是哈里森五世对威廉的一厢情愿，威廉本人对医学一点兴趣都没有，完全是被逼的，因此根本就不好好学。等到老爹突然去世后，家里分财产，依旧是英国的传统，按孩子的长幼决定多寡，到了最小的威廉这里没有分到多少财产，加上他本来就不事生产，没多久就坐吃山空。也没有钱继续上学了，只好退学，自谋生路。

虽然医没有学完，但美国当时医生奇缺，大多数都是草药郎中，像他这样的医学生已经属于凤毛麟角了，做个医生很容易过上富裕的生活。可是威廉实在不愿意给人看病，想来想去灵机一动，去找亲戚帮忙。

哈里森家有势力的亲戚数不清，特别是姑妈嫁入的伦道夫家族，两位表兄一个是国务卿一个是司法部部长，随便帮帮忙，自己就有活路了。没想到威廉转了一圈，这帮有权有势的家伙全是不冷不热，没一个办实事的。

威廉知道不是人情冷暖，而是自己天天和一群主张废除奴隶制的人混在一起，惹得家里奴隶成群的亲戚们不高兴。事到临头后悔也没有用，仔细想了一阵，几位近亲不帮忙，只有去求一位远亲了。

这位亲戚就是时任弗州州长的亨利·李三世，李家族和哈里森家族在三代人之前联姻，而且不止亨利这一支。这位李州长正是华盛顿初恋的美女露西的儿子，被华盛顿视为己出，在独立战争中是华盛顿手下的骑兵司令，此时华盛顿当权，亨利左右逢源。威廉希望能在州政府谋个差事，没想到李州长建议威廉从军。为了和印第安人开战，美军正处于重新组建之中，但军官名额有限，只有24小时考虑的时间。威廉也没有别的办法，只得同意了。于是，在李州长的安排下，18岁的威廉成为美军11步兵团的一名下级军官。参军之后，威廉随着部队来到当时叫作西北领地的辛辛那提，因为那里正在和印第安人打仗。

威廉来到属于边陲的西北领地，正赶上美军新败。西北领地设立后，各州政治人物对总督一职垂涎三尺，最后这个职位落到阿瑟·克莱尔手中。克莱尔生于苏格兰，曾任英军军官，退役后来到北美，成为西宾夕法尼亚最大的地主和地方法官。独立战争中加入大陆军，以上校军衔指挥宾夕法尼亚第三团，很快升为将军，但先胜后败，被解除指挥职位，其后一直当华盛顿的参谋。战后克莱尔入选国会，西北领地建立之时，他正好担任议长，因此借用职权任命自己为西北领地总督，议长这个国家元首的虚位当即辞去。威廉也算知识分子了，亨利让他参军确实有些大材小用。弗吉尼亚豪门子弟主要是当律师和从政，从军官开始的很少，不过亨利一家祖孙三代都有军队经验，在他眼中，娇生惯养的威廉应该在军队里锻炼一下。去边疆当个下级军官，威廉·哈里森只能自叹倒霉，没想到这一去，成就了哈里森家族真正的强龙过江。

8. 一笔写不出两个弗吉尼亚

西北领地总督最大的任务是从印第安人手里拿到土地，克莱尔很快就因此和印第安人冲突起来，导致美军和印第安人进入战争状态。独立战争结束了，各位将军纷纷回到家乡争夺独立后的位置，美军规模缩小到一个团。从1784年到1791年，美军最高指挥官是第一团团长、同样是宾夕法尼亚州人的哈马。和印第安人开战后，哈马初战失利，克莱尔接任美军最高指挥官，率领两个团加上大批民兵继续进攻，结果造成623名士兵阵亡，对方只阵亡50人，是印第安人对美军最大的一场胜利。华盛顿不得不撤销克莱尔的司令职位，但保留总督的位置，从佐治亚招沃伦重新服役，指挥美军。

沃伦同样是宾州人，也是华盛顿在军中的亲信。独立战争结束后，他挥军为佐治亚政府征服印第安人，佐治亚政府奖励他大片土地，他便做起大庄园主来了。华盛顿执政后，重用和自己理念相同的联邦党人，特别是宾夕法尼亚州人，以便和南方豪门抗衡。

沃伦掌军时，威廉已经被提升为中尉，很快被沃伦任命为参谋。沃伦提拔威廉的原因，是因为他出自宾夕法尼亚州政治人物拉什的门下，虽然是医学生，也算是宾夕法尼亚州豪门中人。哈里森中尉因此成为《格林维尔协议》的签署人之一。战败的印第安人接受了价值20000美元的物品，把今天的俄亥俄州全部和伊利诺伊州一部分拱手交给美国政府。

1796年年底,沃伦病故,哈里森很快退役,年仅24岁就出任西北领地的州务卿,并在总督克莱尔不在时代理总督。哈里森既没有学历,也没有战功,更没有从政经验,成为克莱尔的副手,靠的是自己的婚姻。两年前他结婚了,岳父是国会议员,他的继岳母是新泽西州州长利文斯顿的女儿,加上自己的家族背景,有南北双方政治背景的哈里森成为西北领地的实权人物。两年后,他被选为西北领地的第一任国会议员。西北领地一分为二,克莱尔和哈里森各管一半,俄亥俄已经让沃伦夺到手了,哈里森的任务是继续西进,拿下印第安纳领地的土地。

哈里森掌握的印第安纳领地,绝大多数土地在印第安人手里,为了让哈里森尽快夺到土地,亚当斯和国会破天荒地给予他绝对的权力。

杰弗逊上台后,对掌握西北领地的两名总督的态度正好相反,对异己分子克莱尔,他以打击为主,1802年免去了克莱尔俄亥俄领地总督的位置。对哈里森则是给予更大的权力。

哈里森雷厉风行,先后从印第安人部落那里买来6000多万英亩的土地。所谓买,实际上是花言巧语骗下的,在印第安人的意识中,土地是没有主人的,哈里森通过提供一些礼品、食物或药品,让印第安人部落和他签署条约,离开居住的土地,到其他地方定居,之后印第安人占据的土地就算美国政府的领土了,然后招募白人移民开荒种地。即便这样,其中将近300万英亩的土地是他用威士忌灌醉印第安人后,非法骗来的。

这种行径造成印第安人的强烈反抗,导致战争。在蒂皮卡诺之战中,哈里森占据绝对优势,可是却伤亡惨重,最终击败印第安人取得胜利,因而成为美国英雄。

克莱尔和哈里森都属于联邦党的人,虽然哈里森是亲戚,但亲戚中不乏政治对手,杰弗逊是不会傻到为了亲情忘掉原则的,那样的话哈里森当年就不会沦落到去俄亥俄当兵了。哈里森继续得到重用是因为他和弗吉尼亚豪门的一项交易。倾向废奴的哈里森出于个人的政治利益改变政治观点,同意在印第安纳领地推行奴隶制，成为南方势力在西部的代理人。

黑奴是1520年由西班牙人带到美洲的，300年间共计1200万黑人被从非洲贩卖到美洲，途中起码200万人死亡。自1619年起首批非洲黑奴抵达美国弗吉尼亚州到19世纪初，全美有上百万名黑人，其中90%是奴隶，占美国人口的19%。

1772年，英国废除奴隶制，为了和英国对抗，在宪法中没有涉及奴隶制的美国，从道德上也要有所表示。于是，建国后各州陆续禁止奴隶贸易，似乎奴隶制会很快从美国渐渐消失，但是没想到很快死灰复燃起来，尤其在南方，奴隶制度也成为南北双方种种矛盾的焦点。北方高举道德旗帜，废奴的呼声越来越高。南方则以宪法做武器，强调人权。

在表面的道德观之下，深层还是政治权力的角力，因为关系到谁控制联邦的问题。建国之初，宪法规定按人口比例选议员，作为选民的代表组成国会。那时候南方人口多于北方，如果按绝对人口数的话，联邦的权力会被南方彻底控制。于是，北方人提出异议：既然黑奴没有选举权，即不是公民，就不应该计算在内。一旦去除黑人人口，南方人口就会成为永久的弱势，南方自然不愿意。双方协商的结果，一名黑奴按3/5人计算，并写进了宪法，使这部号称民主法典的人权宣言显得非常滑稽。

当然，北方并不是从人人平等的角度出发，波士顿的商人们一直在干贩卖黑奴的买卖。他们认为做奴隶对黑人是好事，因为这样使他们从野蛮的非洲跑出来，而且因为信仰天主，灵魂得到拯救。但是，美国最缺的就是劳力，大量的廉价劳力以奴隶的形式被束缚在土地上，是北方所不可忍受的。无论是工业化发展，还是西部开发，都需要自由的劳力，因此北方希望能够把黑奴从奴隶主手中解放出来，当务之急是不能让奴隶制在美国泛滥，不能让西北领地成为蓄奴州。南方一方面在南方新领地上大肆推行奴隶制，另一方面试图将奴隶制引入北方新领地，从而达到永远控制美国的目的。

克莱尔希望将俄亥俄领地分成两个州，增加国会中联邦党人的力量，导致被杰弗逊解职，俄亥俄领地作为一个州加入联邦，但被联邦党人控制住。南方能插进去的是印第安纳领地，通过哈里森，奴隶制在印第安纳开始推广。

但是最大的问题是，在印第安纳领地推行奴隶制是违法的。1787年建立西北领地时，国会在法案中明文规定西北领地不容许奴隶存在。但是南方迫切希望在新的领土推行奴隶制，这样他们在国会中的势力就能够增加，以便继续控制国会。在杰弗逊等人的背后操纵下，1803年哈里森出面游说国会，借口奴隶制可以吸引移民、对领地的经济有好处，使国会将上述法案废除10年，并让领地自己决定是否引进奴隶制。所谓自己决定，就是由领地的议会投票表决，然而印第安纳领地议会的议员不是选举出来的，而是哈里森指定的。于是，他让自己指定的议会通过法律，使奴隶制得以进入印第安纳领地。

此举在美国政坛上引起一场轩然大波，北方势力全力阻止印第安纳领地变成蓄奴州，同时派自己的子弟西进和南方势力争夺俄亥俄河谷。

美国的未来从此取决于俄亥俄。

9. 角逐俄亥俄

北方并未坐以待毙，一方面在国会中力争收回哈里森的权力，另一方面在印第安纳领地大肆渗透。1809年，哈里森的独裁到头了，国会下令，印第安纳领地议会由公开选举产生而不是由他指定。选举结束后，哈里森才发现，在北方的运作下，持废奴观点的议员占多数席位，新议会马上推翻以前的法律，把奴隶制赶出印第安纳领地。这样的议会把总督管得死死的，从此哈里森开始走下坡路。

1812年，美国和英国终于开战了，俄亥俄成了主战场。通过这场战争，美国终于彻底消除了英国复辟的隐患，也把英国势力赶出俄亥俄谷地。

哈里森在第二次英美战争中立下战功，但战后还是无法在印第安纳继续自己的政治生涯，只好学习老爹当年跨区竞选，跑回俄亥俄州，先后出任联邦众议员和参议员，但竞选俄亥俄州州长失利后，从政坛隐退。

这时候的俄亥俄已经不是哈里森作为一名下级军官驻守的俄亥俄了，北方政治家族特别是对俄亥俄一直有领土要求的康涅狄克政治家族已经来了。

西进的代表是谢尔曼家族第九代的查尔斯·谢尔曼。他出生在康涅狄克州，按谢尔曼家族子弟的传统教育和就业方式，先进耶鲁大学学习，毕业后成为律师，考取康州律师执照并结婚后，于1810年来到俄亥俄州兰开斯特，很快成为一名很成功的律师。经过十几年的努力，1823年查尔斯成为俄亥俄州最高法院的法官。

但是到了1829年他突然患病去世，丢下老婆和11个孩子。孤儿寡母生活困难，其中一位9岁的男孩威廉被邻居和好友托马斯·尤英收养。尤英是弗吉尼亚人，1816年来到兰开斯特开业当律师，很受查尔斯的照顾，成为谢尔曼家族的朋友。

俄亥俄在当年算边疆，生活条件比旧殖民地差多了，谢尔曼家的这种情况很常见。孤儿在那时很受欢迎，通常会有很多家庭愿意收养，因为美国当时没有儿童保护法，孩子在21岁以前由父母完全控制。由于劳力奇缺，使用童工非常普遍，多领养一个孩子就等于给家里多添了一个劳力。但是尤英领养威廉后，非但没有把他当成劳力，反而对待他比对待自己的亲儿子还亲。

正是通过领养威廉，尤英等于进入谢尔曼家族，代替查尔斯成为谢尔曼家族在俄亥俄的代理人。领养威廉之后的第二年，尤英便开始从政。一点儿政治经历都没有的他，竟然去竞选俄亥俄的两名联邦参议员之一，而且能够一举成功，全凭谢尔曼家族在背后的推动作用。尤英也很自然地加入辉格党。

辉格党是在联邦党消失之后，民主共和党分裂而出的新兴政党，在很短的时间内成为足以和民主党抗衡的政治力量，尤其在原西北领地非常活跃，在很大程度上继承了原联邦党的政治遗产，到了1836年大选时，辉格党已经拿到了国会的多数席位。

这年大选，杰克森连任两届后按之前的惯例不追求连任，民主党推举副总统马丁·范伯伦竞选总统。

辉格党此时不仅在北方各州占据优势，很多南方人也因为杰克森忽视各州的权力而倒向辉格党，这样一来使辉格党的势力快速膨胀，也使辉格党更像一个政治泡沫。首先就体现在无法推举出单一的候选人上。

辉格党的几大巨头各不相让，也不愿意对方或者对方的人马出线，于是商量的结果，干脆采取1824年大选的办法，一次推出几个候选人，这样就可以把辉格党在各地区的优势都调动起来，其结果很可能是所有的候选人都不能过半数，这样就要由国会投票。因为辉格党在国会占多数，就能够选出辉格党的总统。马萨诸塞、南卡罗来纳和田纳西各推举出一名辉格党的候选人，关键的西北边疆，辉格党看中了在家当地主的威廉·哈里森。

哈里森这几年定居在俄亥俄务农，已经是个俄亥俄人了，他本来就喜欢独裁，对奴隶制也不再坚持了，辉格党很对他的脾气，于是欣然出马。辉格党这个计划看起来很美，可是实施起来不是那么回事，几个候选人内耗造成选票流失，范伯伦还是过了半数。

4年以后，辉格党势在必得，这次知道团结的力量，决定只推举一名候选人。结果在全国大会上又吵成一团，一共进行了五轮投票，才确定由哈里森出线。搭档约翰·泰勒正是当年击败哈里森五世的约翰·泰勒的儿子，这样得到了弗吉尼亚和南部的帮助，在1840年大选中大败范伯伦，辉格党实现了组阁的目的，哈里森也成为第一位出任总统的俄亥俄人。哈里森上台后任命的财政部部长正是靠收养遗孤而进入谢尔曼家族的俄亥俄人托马斯·尤英。

哈里森就职的时候正赶上下雨，因为年纪偏大而感冒，结果上任一个月就病死了。副总统泰勒成为美国第一个不靠竞选就当上总统的人，泰勒本来就是南方的代表，继位后和辉格党的政见相左，被辉格党开除。哈里森的儿子约翰本来是个农民，父亲死后在母亲的帮助下成为国会议员，约翰的儿子本杰明于1889年成为美国第23任总统。这是迄今为止唯一的祖孙总统，照目前的政治形式看，还看不出来近期会出现另外一对的可能性。

哈里森之死，使新兴的俄亥俄势力暂时中止了夺取美国政权的努力，但是作为西进的中转站，俄亥俄河谷是美国在19世纪上半叶发展的热点，北方各州来到这里的人们形成了越来越庞大的俄亥俄势力，在等待着机会。

除了查尔斯之外，谢尔曼家族的其他人也陆续来到俄亥俄，塔夫托家就是其中之一。阿方索·塔夫托于1839年回到俄亥俄的辛辛那提市，外人看来，这是一位新近从耶鲁毕业的年轻人，刚刚取得康涅狄克州的律师执照，然后回到家乡开业。

阿方索·塔夫托出生在佛蒙特州，他家原本在马萨诸塞，他爷爷举家来到佛蒙特州，父亲是从律师开始，当县法官，然后成为州议员，后来举家来到俄亥俄的辛辛那提市。阿方索是谢尔曼家族的亲戚，因此进入耶鲁读书，1833年从耶鲁毕业后，又继续进行耶鲁法学院学习，直到1838年获得康涅狄克州的律师执照，回到俄亥俄后才一边开业一边从政，从辛辛那提市议会议员开始。

但是，阿方索·塔夫托有一个秘密，他是耶鲁校园中一个秘密社团的两名创始人之一，这个秘密社团的名字叫：骷髅会。

22年后，美国遍地骷髅。

八、走入战争——美国内战的前因后果

1. 南北战争是美国政治的统一战争

1861年2月11日晨，美国伊利诺伊州春田市火车站，一位瘦高的中年人站在列车的门口发表讲演：

"朋友们，这个时刻我非常感伤。这个地方和这里的人们对我来说是无法取代的。我在这里生活了25年，从年轻到老去。我的孩子们生在这里，其中一个永远安息在此地。在离开的时刻，我不知道什么时候、能否回到这里，因为一项艰巨的任务在华盛顿等待着我……"

汽笛长鸣，火车开动了，打断了这个演说，载着这个人向华盛顿驶去。

同一天，密西西比州维京斯堡，也有一个中年人在人群的簇拥下登上火车，前往阿拉巴马里兰州蒙哥马利市。

这一天离开家乡的两个人都被人们尊称为：总统先生。天无二日，但从这一天开始，到这两个人退出历史舞台，美国同时有两位总统，一位是离开春田市前往华府的亚伯拉罕·林肯，他是第16任联邦总统。另外一位是离开自己的庄园前往蒙哥马利的杰佛森·戴维斯，他是第一任邦联总统。此时，美国已经分割成两个国家。

就在林肯和戴维斯离开家乡后两个月，一场战争在两人分别担任总统的"国家"之间爆发了，成为美国历史上最大的灾难。最后仅联邦政府就花费了116亿美元，以今日的价格算超过3000亿美元，加上双方62万多名死亡的士兵，而美国的其他战争，从独立战争到越南战争，死亡军人总数不过64万8千人。当时几乎每个美国家庭都失去了亲人、朋友和邻居，

尤其是失去了 1/4 男性人口的南方，南方的妇女们不得不改变对男性的审美观点，因为四肢健全又没有伤疤的男性几乎不存在了。战争彻底摧毁了南方的经济，使得南部各州尤其是战前富甲一方的佐治亚州和南卡罗来纳州成为废墟，至今还是美国最落后的地区之一，曾经作为美国的象征的南方生活方式从此不复存在。

在美国历届总统中，以开国总统华盛顿和打赢了南北战争的林肯最受后人推崇。人们讲华盛顿让美国独立，林肯让美国建国，说的就是这两位在美国历史上的贡献，如果以华盛顿为国父，林肯则为国之长兄。在历史形象上，林肯更是后来居上，近年来远远超过华盛顿和其他总统，成为美国人心目中最伟大的总统。

林肯的伟大在于他使美国维持了统一，今天的美国是一个整体，没有人胆敢妄想分裂，可是林肯之前的美国是一个联合体。就拿 UNITED STATES 这个词来说，在林肯之前，用的时候要当作复数，要说 UNITED STATES ARE，因为各州的权益大于国家的权益。在林肯之后，用的时候要当作单数，要说 UNITED STATES IS，因为这是一个整体。这个从 ARE 到 IS 的转变就是由林肯完成的。

林肯的伟大之处还在于战争结束仅仅数日，林肯遇刺，他死在胜利的时刻，留下千古名声，个人的悲剧加上胜利者的光环，给了他永恒。

林肯的伟大之处更在于他的出身。在历届总统之中，无论是教育程度，还是家庭出身，林肯都是倒数第一。其他的总统再穷也读过几天书，林肯则没有上过一天学，虽然成年以后当上了律师，却是完完全全自学成才的。在历届总统中，林肯稳坐第一把交椅的是武功，如果单打独斗的话，连格兰特这种蛮牛在他面前也走不了几个回合，换了布什父子的话即便一起上阵也不过是一个照面儿的事。林肯的功夫是从小干繁重的农活儿练出来的，尤其善使斧头，一把大斧运将起来，一日之内可在莽原中开出一条道来。他不仅力大无比，而且小巧功夫也十分了得，两个人贴着一棵树相对站着，林师傅可以将中间那棵树劈成干柴而不伤两个人一根毫毛。

正因为林肯是豪门政治的异类,又不像另外一个异类格兰特那样笨蛋,才使得他占据了美国人心目中最伟大的总统的地位。

相比之下,邦联总统在历史上的形象集愚蠢、自私、贪婪于一身,与林肯的贫穷出身正好相反,他出自南部大奴隶主家庭,又通过娶了总统扎卡里·泰勒的女儿成为豪门中人,是美国的叛徒、维护奴隶制的螳螂、分裂国家的跳梁小丑。

这个世界上很多事情的真相并不是表面上看到的那样,这个规律恰恰可以套在林肯身上,同样也可以套在戴维斯身上。

这两个人似乎创造了历史,尤其是林肯,在国家生死存亡关头,成为自由美国的擎天一柱,用自己的生命捍卫了国家的统一完整。然而,在真实的历史中,这两个人是身不由己地被历史所创造所推动的,是历史选择了他们,而不是他们选择了历史。

对于美国南北战争的起因,多数学者认为是在1850年到1860年这十年之间发生的几个事件所引发的连锁反应,极少数学者认为战争的起因在建国之时就埋下了,南北战争是作为联合体的美国的种种矛盾,尤其是南北双方矛盾不可调和的必然结局,这才是真知灼见。美国这场内战,正是南北两帮政治家族从建国开始长期斗争的最终结果,也是建国后多次对外战争的延续,是豪门政治的死结,也是豪门政治的浴火重生。

南北豪门在控制联邦权力上一直处于明争暗斗之中,而这种不是东风压倒西风就是西风压倒东风的斗争是无法在政治体系中进行调和的,只能通过战争,以一方彻底压倒另外一方的形式解决。

无论是林肯、戴维斯,还是谢尔曼将军、李将军,都是两派豪门的代理人,对于他们来说,是别无选择。

南北战争是美国的统一战争,通过这场战争,北方在政治上统一了美国。

2. 好战美国的 40 年

从 1754 年的法印战争开始，北美就处于一种战争状态。英国、法国、西班牙势力范围的确定，使殖民的自由扩张达到了极限。法印战争之后，英国拿下加拿大和俄亥俄谷地，然而为了安抚印第安人，丢失了北美殖民地。

独立战争之后，在北美大陆上，有新兴的美国、占据加拿大并靠支持印第安人以控制俄亥俄河谷的英国势力、占据中西部的法国势力，以及占据南部的西班牙势力，这几种势力中，以美国最为好战。掌握了美国的政治势力不甘心只夺回本应属于他们的权力，而且要夺取更多的土地，在华盛顿等人的心中，美国的西部边界应该是太平洋，所以美国首先在西北领地大肆扩张，同印第安人发生一系列武装冲突，把印第安人逐步赶出俄亥俄地区。

然而，美国的独立揭开了法国大革命的序幕，英法重新进行战争。法国是独立战争时美国的盟友，但美国在独立之后马放南山，陆军规模缩小，海军被撤销，对法国的帮助只有通过贸易，商业豪门也借机发战争财，成群结队的美国商船驶往法国。英美本来就是敌人，因此英军大肆扣留美国商船，造成美国商人损失惨重，对政府施加压力，要求解决问题。

美国没有海军，无法和英国动武。于是出现两种意见，以杰弗逊为首的南方势力要求不惜一切支持法国，绝不向英国妥协。以汉密尔顿、亚当斯为首的北方势力则要求和英国和好，最后华盛顿拍板，美国倒向英国。

美国忘恩负义，法国一怒之下开始对美国商船进行制裁，此举正中北方的下怀，美法进入战争状态。这次战争只是一场准战争，双方架势十足，但并没有真正开战，最后是以外交方式加以解决。此举满足了英国的要求，为美国对华贸易开了绿灯，美法准战争之后，北方开始了对华鸦片贸易。鸦片的收益为北方势力西进提供了所需的资金，也让他们财力迅速增长，在经济实力上压倒南方势力。

美国和英国越走越近，引起了那些靠着独立而掠取英国贵族田产的南方势力的恐慌，因为一旦英美彻底和好，这些田产他们必须吐出来。以杰弗逊为首的南方势力用尽心机，狠狠打击汉密尔顿、亚当斯、伯尔等北方领袖，终于从1801年开始掌握了美国的大权。下一步就是等一个机会，然后和英国再度决裂。

英国也是缺心眼儿，明知道杰弗逊为首的弗吉尼亚豪门把持美国政坛了，还不多加小心，不仅不收敛些，反而公然在海上拦截美国船只，绑架美国船员。大英帝国这也是没有办法的事，和法国开战，人手奇缺，尤其是有经验的海员。自从美国独立后，因为受高薪的吸引，两万多皇家海军官兵跳槽，为美国商船打工去了。英国海军在公海上拦住美国船，只要是不能证明是美国人的，统统被强行抓到英国海军服役，一共有上万名美国人被抓了壮丁。此外，西进的美国人遇到英国武装的印第安人的抵抗，英国还禁止美国和欧洲的贸易，这几件事加起来，让弗吉尼亚豪门有了对英国开战的理由。

此时，杰弗逊已经任满两届，总统是麦迪逊。弗吉尼亚豪门希望借此一战夺下加拿大，把英国人赶出北美，这样整个北美就是他们的了。1812年6月18日，麦迪逊在国会发布了宣战讲演。

上次和法国交战并没有正式宣战，这次要搞得正式一点，可是国会中的新英格兰议员强烈反对，争论了两个礼拜，最后以4票的微弱优势通过了。这时英国已经意识到自己的错误，解除了对美国贸易的禁令，可是等这个消息在海上花三个星期到达美国时，美国早就宣战了。

这场战争双方都没有准备好，弗吉尼亚豪门盲目乐观，认为英国在全力对付拿破仑，一开战加拿大就是自己的了，没想到加拿大民兵表现出众，美军根本就打不过去。英国虽抽不出更多人手，就靠着海陆并进，居然拿下华盛顿，焚烧白宫，但是在巴尔的摩海陆齐败，在一曲《星条旗永不落》的歌声中，双方休战，在土地方面维持原样。

号称为第二次独立战争的英美战争对于弗吉尼亚豪门来说，彻底地解决了英国复辟的威胁，英国正式地承认原殖民地是一个平起平坐的国家了，从独立之前就存在的西进的限制也终于消除了。而对于新英格兰的新兴豪族来说，是非常窝心的，以至于在战争中，以皮特林为首的新英格兰议员们单独开会，提出退出联邦的口号，南北分裂实际上从这时就开始了。

1814年麦迪逊总统仓皇逃出首都时，意识到为了局部的利益反对建立一支强大的军队的错误，美国的民兵制度所组成的军队根本不是英国正规军队的对手。想要扩张，就要建立一支强大的军队。从这时期，弗吉尼亚豪门接受了联邦党人关于建立正规军队的主张，美国开始走上扩张之路。

美国建国后的前40年，是豪门政治体制得以巩固的时期，因此也是美国历史上政治斗争最为激烈的时期。华盛顿和汉密尔顿试图实现他们强权政府的理想，结果以惨败告终。经过这几十年的洗牌，站住脚的还是根深蒂固的政治家族。

政治的游戏规则确立后，是否需要一个强大的中央政府就不成为问题了。因为一个强大的中央政府同样符合地方势力的利益，只要这个政府是控制在他们手中的。地方势力通过拥有立法权的国会来限制政府的权限，更限制军队的职能和权限，使美军成为一支很职业化的军队，完完全全服从国家也就是国会的指挥，成为对外扩张的工具。

但是，在没有了共同的敌人之后，南北之间存在的根本性的矛盾并没有解决，因此美国不可避免地走向内战。

英美战争后，联邦党烟消云散，但北方并没有甘居下位。靠着经济发展，他们的实力更加壮大，其政治重心也从新英格兰南下，以纽约为基地，俄亥俄为触角，从东北向西南挺进，而南方在弗吉尼亚王朝结束后不思进取，重心逐渐南移，以致传统的南方代表弗吉尼亚沦为南北的中间派，成为双方合纵连横之地。北方正是看中这一点，才促成辉格党，推出有弗吉尼亚背景的俄亥俄人哈里森，于1840年夺到总统的位子。

哈里森病死，继任的泰勒和辉格党反目，使辉格党失去了总统位置，但辉格党在国会中势力庞大，重新夺回总统宝座只是时间问题。南方看出这个趋势，他们的对策是战争。1846年，美国同从西班牙帝国独立出来的南部邻居墨西哥开战。美国建国40年来林林总总的战争中，足以看出美国是个好斗的民族，继续战争将不可避免。

1846年—1848年爆发的墨西哥战争，和美国建国后历次战争一样，美国国会是在吵得不可开交中开战的。

3. 墨西哥战争与奴隶制

独立战争开始后，北美殖民者在争取自己的独立和自由，因此认为黑人也有自由的权利，包括华盛顿和杰弗逊等奴隶主都认同这个观点。从1776年到1804年，北方各州通过立法或者废除奴隶制，或者给予奴隶所生孩子以自由。任何在大西洋上贩卖奴隶的人都要被当作海盗吊死。1787年立法禁止在西北领地蓄奴，不少南方奴隶主或释放奴隶，或容许他们自己出钱赎买自由。1790年全美有59000名自由黑人，到1832年增长到319000人。眼看奴隶制就会以这种比较温和的方式消失，但是变数出现了。

1793年埃利·惠特尼发明了锯齿轧棉机，产量比旧轧棉机高出十多倍，使得棉花种植变得有利可图了。在这之前，一个劳力最快要花半天时间，才将一磅棉纤维和棉籽分开，惠特尼轧棉机每天可以分离上千磅，导致种植棉花的黄金时代的到来。1850年，世界棉花供应的78%出自美国南方，占美国出口总额的一半。可是轧棉机不管种植，因此还是需要大量的人手。其结果使得奴隶的价格狂涨，从1790年每个人300美元到1860年涨到1800美元，南方将近400万奴隶总值20亿元。

在人们的印象中，废除奴隶会造成南方人民的群体反抗。其实，南方的废奴声音并不比北方弱。由于成本的原因，养黑奴并不是一件很轻松的事，即使在南方，也只有少数人拥有奴隶，在南方有20多万自由的黑人，其中也有一些人拥有奴隶。1860年550万南方人中，只有46000人拥有20名以上的奴隶。拥有100名奴隶的不足3000人，只有12人拥有500名以上的奴隶。南方的多数白人的生活状况甚至还不如奴隶，他们对奴隶制没什么好感。此外因为奴隶主经常和黑奴生子，生下的混血儿还是奴隶。一方面是夫妻的忠诚；另一方面是一旦经济状况不好，奴隶主同样会卖掉自己的同父异母兄弟姐妹，因为一个健康的黑奴很容易拍卖到1500美元。因此，在南方女性中废奴的声音很强烈。

南方人支持奴隶制的印象，是因为南方各州的权力集中在大奴隶主手中，他们极力宣扬拥有奴隶是成功的标志。农民有余钱后购买奴隶，然后可以挣更多的钱，运气好的话就可以像后来的邦联总统戴维斯他老爸那样白手起家，最后成为密西西比最富有最有权力的人。拥有奴隶成为南方人的致富之路和成功的象征，虽然这样成功的人凤毛麟角，但舆论在奴隶主的控制之下，成为南方唯一的声音。而北方的极端废奴者再次要求北方脱离联邦，单独成立一个自由的国家。

南方的农业依赖奴隶制的存在，北方的工业发展更需要自由的劳力，双方没有妥协的余地。1850年前，联邦的折中办法是配对，一个畜奴州和一个自由州配对，同时进入联邦，以维持参议院的权力平衡。但是对南方来说，时间是他们最大的敌人，因为当年还没有化肥，土地种棉花的时间一长就越来越贫瘠，必须轮耕、开发新的土地。俄亥俄谷地落到北方手中，大部分州干脆不许黑人进入，不管是奴隶还是自由人，根本不给奴隶制任何机会，中西部的其他领地也已经瓜分完毕，这样下去，棉花产量越来越低，他们就养不起奴隶，奴隶制就会自然消亡。

面对这种现状，南方只有扩张一途。于是，属于墨西哥领土的德克萨斯的美国移民宣布独立，墨西哥军队前来平叛，美军奉命防守边疆，真实目的是引墨军先开第一枪，墨军果然中计。于是，美国舆论大哗，国内民族主义情绪高涨，身为民主党人的皮尔克总统，要求国会批准对墨西哥宣战。

眼看大势所趋，北方并没有全力反战，而是利用对墨西哥开战的机会，继续他们西进的方针，德克萨斯和墨西哥成为主战场，北方政治家族中人却远去加利福尼亚，如华盛顿家族的约翰·弗里蒙特，汉密尔顿的孙女婿亨利·哈莱克，谢尔曼家族被尤英收养的威廉·谢尔曼等后来内战中北军的各地司令官，均未出现在墨西哥战争的主战场，或者远征墨西哥城，而是参与了对加利福尼亚的争夺，使得战后加利福尼亚州成为自由州，达到了他们横跨美国的目的。

1848年大选，辉格党希望再次拿下总统的位子，这次他们推出职业军人出身的扎卡里·泰勒。泰勒不仅是墨西哥战争的英雄，而且家族也很显赫。他的曾祖父詹姆斯是当时弗吉尼亚总督的亲信，并且和弗吉尼亚豪门的李家族联姻，扎卡里·泰勒的奶奶来自李家族。詹姆斯的女儿弗朗西斯嫁入麦迪逊家，是第四任总统詹姆斯·麦迪逊的奶奶。

辉格党在副总统人选上颇费周折。瑟劳·威德的呼声很高，他是纽约的政治大佬，而且是辉格党的领袖，1824年曾经帮助小亚当斯拿下纽约州，但是瑟劳·威德和他的好友，后来出任林肯的国务卿的威廉·西沃德是坚决的废奴派。所以辉格党中弗吉尼亚豪门支持废奴倾向没那么坚决的亚当斯家族的菲尔莫尔当泰勒的搭档，这样也可以防止西沃德入阁。

扎卡里·泰勒当选后，以强硬的姿态压制住南方，但执政一年后病故。菲尔莫尔继任总统之后，成绩平平，以致1852年大选连党内提名都没有拿到。但他签署的逃跑黑奴法案授予了南方各州可以把逃跑的黑奴抓回来的权力，导致了辉格党的分裂，威德因此建立了共和党，辉格党不得不开始寻找另外一位政治上的代言人。

这个人命里注定要来自俄亥俄谷地。

4. 两个男人为了一个女人的总统之争

俄亥俄谷地虽然已经不再是荒原了，但依旧是激情四溅之地，很多有抱负的人源源不断从北方各州来到这里，期望能闯出一番事业。

十几年前，威德的同乡，一位19岁的年轻人来到俄亥俄，又从俄亥俄到了美国当时新的边疆：伊利诺伊州，在当教师的同时学习法律，然后从政。8年之后，27岁的史蒂芬·道格拉斯成为当时在美国政坛占主要地位的民主党在伊州的领袖、州议会议员、州最高法院助理法官、州务卿，是当年美国政坛上一枚前途不可限量的政治新星。道格拉斯个子很矮，不到1米6，但头很大，被人称为"小巨人"，这是一个褒称，有"身不满七尺，而心雄万夫"的意境。在政治上，没有人敢小看矮小的道格拉斯。

政治前途一片大好，道格拉斯考虑应该成家了，他看中了一名来自肯塔基的姑娘，这位叫玛丽·托德的姑娘出身一个奴隶主家庭，因为和继母关系不好而离家出走，来到远嫁伊利诺伊州的姐姐家，她姐夫是州长的儿子。

1841年，伊利诺伊州首府春田市。

道格拉斯来到玛丽门外，郑重地向她求婚："玛丽，嫁给我，你将成为总统夫人。"

好一句狂言！

旁边的人听得频频点头，当时在美国政坛上，很多人相信，早晚有一天，这位矮小的年轻人会成为美国总统。

玛丽看了一眼单膝跪地、手捧钻戒的道格拉斯，几乎不假思索地拒绝了："我会成为总统夫人的，但不会成为道格拉斯夫人。"

"玛丽，你疯了？！"玛丽的姐姐和姐夫异口同声地喊了出来。

玛丽再不发一言，扭身进屋，随手关上房门。

道格拉斯无法相信这个事实，目瞪口呆地跪在那里。

在伊利诺斯，难道还有别人能够成为美国总统吗？

春田市的人们饶有兴趣地议论了一阵小巨人失败的求婚，普遍认为玛丽可能在继母那里受过刺激，才会做出这样的反应。没想到这件事刚刚让人们不再作为茶余饭后的消遣了，又传来一个惊人的消息：玛丽订婚了，男方是林肯律师。

听到这个消息的人中，十个人有十个人不相信，得知消息千真万确之后，所有的人都认定这姑娘精神不正常，和道格拉斯相比，林肯有什么呀，除了个子高？

在玛丽姐夫家中，她姐姐使劲埋怨丈夫，为什么上次聚会一定要请毫无名气的林肯律师，然后两个人一起连劝带威胁：即便真的看不上道格拉斯，也不能嫁给林肯这个农夫呀。

在全城人的惊讶和冷嘲热讽中，玛丽不为所动，可是林肯动摇了，所有的人都认定他配不上玛丽，那就真的是鲜花插在牛粪上了。林肯考虑了几个晚上，觉得大家说得没错，自己是癞蛤蟆想吃天鹅肉，因此主动解除了婚约。

林肯是美国政治家中出身贫困的典型代表，他和玛丽是肯塔基老乡。读了一些美国历史的人都知道亚伯拉罕·林肯没有上过一天学，完全靠自己的努力自学成才，从一个农民成长为律师，然后去竞选议员，最后成为总统，打赢了南北战争，消灭了奴隶制，让美国真正地成为一个国家，自己也因此遇刺，死于任内。

但是，多数人所不知道的是林肯的父亲是个到处开荒的农民，而且永远不安分。林肯7岁那年，他爸爸汤姆又决定搬家，去刚刚加入联邦的印第安纳碰碰运气。当年从肯塔基到印第安纳没有路，全是原始森林，林肯一家必须一边走一边开路，林肯从这时起就学会砍树了。一家人走到印第安纳西南边境的鸽子湖，车子沉到河里，没法再走路，于是就在此处安家。两年后家里的奶牛误食毒草，母亲喝了有毒的牛奶死了，林肯很快有了一位继母。

林肯的父亲对他很严厉，但并不算寡恩，边疆生活那么艰苦，让孩子从小干活也算应该的。林肯从小很愿意看书，农村没有图书馆，他经常走几十里到邻居家去借书还书，如果不小心毁坏了就给人家打工赔偿。有一次因为毁坏了一本书，为人家白白当了三天劳力。每当他看书的时候，他父亲从来不要求他干活。当时法律规定,孩子21岁之前,父母对孩子有全权，很多父母都和林肯的父亲一样让孩子早早为家里挣钱。林肯最出色的本事是砍木头，从7岁开始就伐木，到了十几岁时就能够凭这个手艺每天给家里挣到25美分的工钱。号称手艺出众的卡特总统所擅长的木匠活在林肯眼中，是小孩子过家家。林肯的继母对他也非常不错。但到了21岁生日那天，林肯离家出走，再也没有回去过。

这时候，林肯的文化程度还属于勉强识字的水平，靠着不懈的努力，自学法律，成为律师，在伊利诺伊州也小有名气。仅凭自强不息，不要说当总统了，竞选个议员都成问题。克林顿虽然出身贫寒，但学业出众，学生时代就作为全国优秀学生代表受肯尼迪召见，一通鼓励让克林顿有了政治上进心。而林肯对自己从伐木工变成律师已经很满足了，直到他在那次聚会上遇见玛丽。

婚约虽然解除了，可是玛丽痴心不改，死心塌地等他回心转意，一年以后林肯为真情所动二人重归于好，玛丽的姐姐和姐夫也只好同意了，两人于1842年11月4日结婚，婚后没什么钱，只能租房子住。大儿子诞生后，玛丽找到自己的爷爷，说让儿子姓自己家族的姓，这样从爷爷那里要来1500美元，才有了自己的房子。

为了使自己配得上玛丽，林肯努力上进，进入政界，1846年当选为国会议员，此时道格拉斯已经当了两任议员了。墨西哥战争爆发后，道格拉斯支持战争，林肯则强烈反对，这几乎断送了自己的政治生命。连任失败后林肯踏踏实实当律师，很快成为伊利诺伊州著名的律师，收入极丰，但是政治心愿未了。1858年，林肯挑战道格拉斯在参议院的席位，两人拼得难解难分，最后道格拉斯险胜。两年后总统大选中，两人再次决斗。林肯是共和党候选人，道格拉斯是分裂的民主党的候选人之一。1860年大选，林肯得票第一成为美国第16任总统，道格拉斯得票第二，两个男人为了一个女人的总统之争终于有了输赢。

5. 美丽传说下的庸俗背影

大选揭晓的当晚，玛丽坚持不住，先回家休息了。当选举结果出来后，林肯放下一切，回到家里，叫醒了玛丽，告诉自己的"小女人"，她的愿望实现了。

在林肯的就职典礼上，林肯上台后摘下帽子，正在找地方放下，道格拉斯走上前接下帽子说："我虽然没有当上总统，但可以拿总统的帽子。"两个男人的决斗就这样很有君子风度地结束了。三个月后，道格拉斯因喉癌在芝加哥去世，没有圆他的总统之梦。

在1860年大选中，道格拉斯代表北方的民主党力量，其票源因为林肯而大量流失，如果没有林肯的话，道格拉斯很有可能当选总统，也就是说玛丽无论嫁给谁，都会成为总统夫人，而只有成为她丈夫的那个人，才能成为总统。

不仅如此，南北战争在很大程度上还因她而起。

林肯的上台造成南方下决心分裂自不待言。为了争口气，道格拉斯在政治上锐意进取，很快成为参议院的重量级人物。为了解决因新州加入联邦而造成南北双方权力天平失衡的困境，1854年他提出《肯萨斯－内布拉斯加》提案，建议改变根据1820年设定的以北纬36度线作为畜奴州和自由州的界线，让新加入联邦的州的居民自己选择畜奴或自由。这个看起来很民主的提案彻底打破了美国在奴隶制这个敏感问题上的平衡，是把美国推向内战的导火索之一。道格拉斯在落选后，私下和南方谈判，他为南方开出的条件是用武力把奴隶制度引入已经废除奴隶制的墨西哥，企图靠让国家恢复和平的功劳来推翻选举的结果，让自己成为总统。

1841年在美国伊利诺伊州首府春田市，一个小女人的选择和一段美丽的爱情，彻底改变了一个国家的历史和未来。

美丽的故事往往都有庸俗的背影，林肯和玛丽的故事很不幸同样出不了这个俗套。

如果我们在历史中再稍稍多流连一下的话，会发现这个看起来很不寻常的选择和其他的选择一样很寻常，因为林肯的家族背景绝不像正统传记里面宣传的那样简单到了一个农民的儿子的地步。

他的妻子玛丽身为一个和继母闹到水火不相容的年轻女子，跑到姐姐这里寄人篱下，她的父兄已经视她为外人。对她来说，唯一的出路就是找个出色的丈夫，以便终身有靠。当玛丽做出选择的时候，她并没有选一个垃圾股，在她眼中，林肯要比道格拉斯有潜力。

林肯的父亲虽然是一个很不安分而且很不成功的农民，但林肯家族自从林肯的爷爷的爷爷开始就一直和政治有关。这位老林肯是新泽西殖民地的一名政治精英，并和州长家联姻。他后来离开新泽西来到宾夕法尼亚殖民地，成为一名很富有的铁匠和地主，当选为本县的法官。当年这个职务只给本县最有身份的人，他的两个儿子先后成为宾夕法尼亚殖民地议会议员。

林肯的祖父按着家族的习惯，继续向西发展，来到肯塔基，打算在这里开创自己的政治基业，没想到不幸让印第安人杀死了。林肯的父亲虽然没有成为政治世家子弟而成为农民，但是林肯的几个叔伯和堂兄弟则成了肯塔基当地的政治人物，其中几位来到伊利诺伊州、宾夕法尼亚州和肯塔基州的，分别出任县长和法官，而且和林肯有来往。毫无疑问，林肯投身政治，是受了叔伯和堂兄弟们的影响。只不过他们都是县一级的政治人物，在州和联邦两级比较低调，不太为后人注意罢了。进入政界后，林肯在这些重量级亲戚的帮助下，很容易获得其所在地的支持。可以说，林肯后来的成功，和这些亲戚的支持有很大的关系。

而道格拉斯虽然在政治上已经很成功，但他家往上数九代人，他是唯一一个从政的，从这一点来看，林肯比道格拉斯成为总统的希望要大多了，所以从家族政治的角度，玛丽做了一个非常聪明的选择。

林肯的婚姻也确实对他在政治上的帮助很大，玛丽的姐夫是原州长的儿子，这场婚姻使他进入了伊州政治圈。如果不是因为林肯的遇刺，次子在白宫病死、丈夫和父兄分属南北双方给予她沉重压力，造成精神受到很大刺激，以玛丽强烈的权欲，林肯家族肯定会成为美国一个影响巨大的政治家族。

但是，林肯能成为总统一来不是因为玛丽的选择，二来不是全靠着自己家族在几个州的地方政治势力，而是适逢其会。

林肯从政之后，为了和民主党人道格拉斯划清界限，自然成为坚定的辉格党人。1846年成为众议院的新科议员，辉格党在联邦政坛上风头正劲，林肯算是站对了队，没想到赶上墨西哥战争。

看到北方反对借战争为名推行奴隶制，作为辉格党的新人，林肯视之为出头机会，在国会极力反战。没想到北方老百姓的情绪也被煽动起来，林肯这一下丢了选区的人心，改选的时候名落孙山。押错了宝，林肯知道后悔是没有用的，在1848年大选中全力支持本党的候选人泰勒，为泰勒当选立下汗马功劳。泰勒出任总统后，林肯要求出任对自己政治生涯很重要的土地管理局局长，可是这个肥缺泰勒给了别人，而把俄勒冈领地的职位给了他。这个职位也很有前途，没准能有哈里森当年的成就，可是玛丽不愿意去荒凉的西部，林肯只好拒绝，回到伊利诺伊州继续做律师，几年后林肯的年收入已经达到5000美元，比州长的薪水要多三倍。到了1860年，他成为伊州富人之一和著名律师。

墨西哥战争的胜利，使美国不仅彻底拿下了德克萨斯，而且还得到了加利福尼亚州、内布拉斯加利福尼亚州、犹他州、亚利桑那州和新墨西哥州的大部，以及科罗拉多州和怀俄明州的一部分，成为真正的帝国。

这么多土地，南北双方自然要展开一番争夺，双方的人马涌向这些新的领地，准备和当年在西北领地那样再次交手。国会依旧和稀泥，这些新的领地进入联邦的日子遥遥无期。本来豪门之间有的是时间交手，可是一个人从加利福尼亚来到华盛顿，吹皱了一池春水。

6. 林肯因为时势成为伟人

从加利福尼亚来到华盛顿的这个人是驻守在当地的威廉·谢尔曼，他来华府是报告一件事情：加利福尼亚发现了黄金。

黄金！西班牙征服美洲的动力就是黄金，一下子全美为之轰动，无数的人涌向加利福尼亚，那里顿时成为无政府世界。淘金热使国会不得不加快加利福尼亚加入联邦的步骤。由于北方先下手为强，加利福尼亚作为自由州加入联邦，华盛顿特区也成为自由地。1848年，辉格党拿下了总统的位子，对北方来说，前途是光明的；对南方来说，则是离心离德的开始。

联邦中南北的天平开始失去平衡，因此到肯萨斯和内布拉斯加加入联邦时，问题就很难处理了，因为根据当年划的分界线，这两个州应该都是自由州，可是这样一来南方就会在国会中沦为少数。

这时候有一个人站了出来，提出一个看起来非常合理的建议，他就是败在林肯手下的情敌道格拉斯，试图调和鼎鼐的小巨人并不知道他是在往火上浇了一桶柴油。

1854年，伊利诺伊州民主党领袖、联邦参议员、参院准州委员会主席道格拉斯提出《肯萨斯－内布拉斯加法案》，让新加入联邦的州的居民自己选择蓄奴或自由，这个法案在国会得以通过。

道格拉斯是北方民主党的领袖人物，北方民主党希望维持现状，继续寻求南北双方的平衡。道格拉斯这个提案原意是指望在这两个准州中蓄奴和自由州各一，这样就解决了棘手的问题。但是他的提案等于让南北撕破了脸，双方的人马涌进肯萨斯和内布拉斯加，进行武力对抗，最终导致了布朗的恐怖活动，使南北双方的矛盾更加不可调和。

1860年大选，辉格党已经衰落，废奴更为坚决的共和党兴起，在共和党全国大会上，经过一番交易，最后确定由名气不大的林肯参选。这是靠着共和党领袖威德等人的支持，威德本来一直想让自己的盟友威廉·西沃德出线，可是西沃德是废奴主义者，在党内反对声音很大。威德和林肯做了交易，如果当选后就任命西沃德为国务卿。除此之外，各派都和林肯进行了交易，条件是胜选后内阁中有自己的位子，结果林肯内阁成了美国历史上罕见的分赃内阁。

林肯虽然名气不大，但他反对奴隶制，又不是废奴主义者，加上在几个州的人脉，共和党团结一心，胜算极大，特别是因为南方分裂主义情绪越来越高涨，南方和北方民主党已经分裂。1860年大选，共和党胜券在握，无论谁参选，都能够成为美国总统。如果推选一位态度温和的候选人的话，是有可能把一个面临分裂的国家重新团结在一起的，但是威德等人要的正是南北彻底分裂的结局，要的就是北方以废除奴隶制为理由，用武力消灭南方势力的结果。

林肯当选后，任命西沃德为国务卿，于是南方七州退出联邦，林肯起身就任总统的当天，参议员、原战争部部长戴维斯也起身去就任邦联总统，林肯下令武力平叛后，弗吉尼亚等四州也脱离联邦，南北战争于1861年正式打响。

南北战争刚刚结束，林肯便遇刺，成为美国历史上第一位被刺客杀死的总统，对林肯的神话也开始了，林肯成为美国人心目中最伟大的总统。南北战争是美国南方和北方长期矛盾的爆发，奴隶制只不过是导火线。林肯用武力维护国家统一，成为最伟大的美国总统。其实这是胜者王侯败者贼的论调。正是因为林肯的征兵平叛令，才使战争不可避免。在此之前，宣布退出联邦的只有南方七州，南部最有实力的弗吉尼亚还在联邦之中，没有弗吉尼亚，南方是很难作为一个国家而生存的。作为南方各州实力最大的弗吉尼亚一方面反对对南方动武，另一方面坚持国家统一，如果各方面克制的话，战争完全可以避免。

在南部各州，反对奴隶制的人并不少，因为蓄奴的是少数，广大的白人平民没有这个能力，而且奴隶主家的妇女对奴隶制很反感，逐步废除奴隶制是有可能的。在当时的危机情况下，只要北方在奴隶制的问题上做出让步，南方各州是有可能回归联邦的。比如林肯的情敌道格拉斯就私下向南方建议用支持他们夺下墨西哥为条件，换取他们回归联邦。

奴隶制是一个落后而残酷的制度，但是这并不说明美国南方的奴隶生活在水深火热之中，南方的穷苦白人的生活状况还不如奴隶。奴隶制虽然废除了，但种族隔离还延续了一百年，南北战争只做到了让黑人从地主的显性奴隶变成资本家的隐性奴隶。

最关键的是，在当时很多美国人的概念中，美国就是一个松散的联邦，各州本来就是愿来就来，愿走就走，加入是自愿的，离开也是自愿的。这本来是新英格兰在第二次美英战争中先提出来的，他们只不过没有独立成功罢了。

此一时彼一时，由于工业化的飞速发展以及移民潮，北方的人口和经济实力超过南方，以新英格兰为首的北部占据主动地位，就容不得你自愿离去了，而且他们知道弗吉尼亚的尴尬，他们要迫使弗吉尼亚离开一道建立的国家，然后他们用国家的名义去惩罚这些叛徒，这样一来在美国政坛上，再没有这股强大的势力和自己作对了。这场战争是非打不可的，林肯的当选和他当选后的举措就是为了走向全面战争。

林肯身上的光环是别人为他披上的，被他解放的黑人就不领情，因为林肯是一名种族隔离主义者，他甚至建议黑人离开美国，以达到白人团结的目的。但胜者王侯败者贼，林肯打赢了一场必赢的战争，完成了北方赋予他的使命，因此被掌握美国的人们树为伟人。

7. 将军们究竟为谁而战

1945 年 3 月 30 日，盟军将德军 B 集团军群 43 万官兵包围在鲁尔。B 集团军司令莫德尔元首困兽犹斗，准备以全军覆灭为希特勒效忠。

4 月 15 日，一名美军上尉来到 B 集团军群司令部，向莫德尔转交美军第 38 空降军军长李奇微中将的一封劝降信。莫德尔看罢，长叹一声，下令遣散少年兵和老兵，允许下属部队指挥官决定是否投降。4 月 21 日，莫德尔举枪自尽。

莫德尔是"二战"中防守大师，多次力挽狂澜，"二战"中各国将领之中，在防守艺术上无人能出其右。盟军如果强攻的话，恐怕要承受几十万的伤亡。他本人对希特勒十分忠诚，誓死不降。究竟是什么样的一封信，能让一员悍将斗志全无，饮弹自尽？

"无论西方历史还是军人职业，都未曾见过比美国的罗伯特·李将军更加高尚的人物、更加卓越的战争艺术大师、更加忠诚的国家公仆。80 年前的今天，他忠实的部队残破凋零，被优势敌军重重包围，并且失去了继续战斗的一切手段。他选择了体面的投降。现在同样的选择摆在您面前。为了一个士兵的荣誉，为了德国军官团的名声，为了您国家民族的未来，请立刻放下武器。您的人民急需您拯救生命去恢复正常的社会生活，您保全的德国城市是民生不可或缺的部分。"

莫德尔所在的德国军官团眼高于顶，欧美各国的将领都不在他们眼界之中，但唯独美国内战中南军统帅罗伯特·李将军能让这些容克贵族们低头，正像李奇微所说，论出身高贵、论战争艺术，尤其是忠诚，西方将领无人匹敌。

南方成立邦联后，原战争部部长杰弗逊·戴维斯出任南方总统，他是扎卡里·泰勒的前女婿，算是弗吉尼亚豪门的外戚。南方的分离对于多数的北方人来说是一种解脱，因为这样一来奴隶制就在美国消失了。对于弗吉尼亚豪门来说，则是非常尴尬的。一方面他们不愿意从美国分离出去，因为这个国家是他们的光荣与梦想。另一方面，他们也反对对南方的独立实施武力。而北方终于等到了这个彻底打败南方的机会，林肯宣布征兵平叛，弗吉尼亚只能加入南方，双方进入战争。

战争开始后，很多认可美国国家概念的南方人留在北方，比如掌军的老将、出生在弗吉尼亚的斯考特。也有很多同情南方的北方人跑去为南方而战，比如维京斯堡的守军主将宾夕法尼亚州人潘伯顿。但是，对于豪门子弟来说，是不存在选择的。

开战后，南北双方干的第一件事就是建军，于是将军满街走。林肯在斯考特之下任命了三名将军，其中两名是豪门中人。约翰·佛里蒙德的岳父是参议院民主党领袖汤马斯·本顿，但开战后他和岳父分道扬镳，出任北军西部战区司令，因为他是华盛顿家族的亲戚。亨利·哈莱克是一名民主党人，本人很同情南方，但开战后则效力北军，接替佛里蒙德出任西部战区司令和军队总司令，他的妻子是汉密尔顿的孙女伊丽莎白。

南军所封的五名上将中，库伯、约瑟夫·约翰斯顿和总统戴维斯一样是弗吉尼亚豪门的亲戚，而排名第三位的李将军不仅是李家族的正宗传人，而且是华盛顿家族、哈里森家族、伦道夫家族、卡特家族的传人，集弗吉尼亚五大家族血缘为一身，是弗吉尼亚豪门的一代天骄和完美代表。

1066年，诺曼底公爵威廉登陆英国，开始对英伦三岛进行征服。在一次战斗中他身陷绝境，幸亏手下的卡特兄弟拼死相救，才保住性命。功高不过救主，威廉成为英国国王后，对卡特兄弟大肆封赏，卡特家族成为英国的显贵。几代人之后，卡特家族不仅拥有大量的土地，而且成为很成功的商人。北美殖民地建立后，卡特家族很敏锐地看到了又一次发财的机会，他们派约翰·卡特来到詹姆斯镇，在兰开斯特县建立殖民点，并成为民兵上校。在英国富有的亲戚的帮助下，约翰做起贩卖黑奴的事。他的儿子罗伯特继承家业。靠着烟草贸易，和帮费尔法克斯家族收租子，在1700年的时候卡特家族是北美最富有的家族，拥有30万英亩土地和1500名奴隶。这位绰号是"国王的卡特"的女儿嫁入哈里森家族，他的重孙女嫁入著名的李家族，就是李将军的母亲。

美国独立后，李家族在政坛上大放光彩，理查德是独立宣言签字人、美国国会的第六任议长，并出任参议员。佛朗西斯也是《美国独立宣言》的签字人。威廉和阿瑟是独立战争中美方的外交家，阿瑟也是大陆会议的代表。李将军的曾祖母玛丽·布兰特具有英国王家血统，而且是杰弗逊的姨奶奶。祖父亨利二世担任过议员，就是他娶了美女露西，结果两人的儿子极受华盛顿宠爱，李将军的父亲亨利三世是华盛顿手下骑兵统帅、弗吉尼亚州州长，叔叔查尔斯是华盛顿和亚当斯手下的司法部部长，还有一位叔叔理查德是国会议员。

李家族的另一支在马里兰落户，托马斯在独立时组织民兵，自任上校。1777年进入州议会，1779年到1782年任马里兰州州长，大力支持大陆军，是华盛顿的好友。1783年到1784年是大陆会议议员，促成马里兰加入联邦，1792年到1794年再度出任马里兰州州长，是独立及其后的马里兰州的政治领袖。

第12任总统扎卡里·泰勒的奶奶来自李家族。

李家族最近的一位政坛人物，是 1971 年到 1979 年任马里兰副州长的布莱尔·李三世，其祖父曾任联邦参议员。

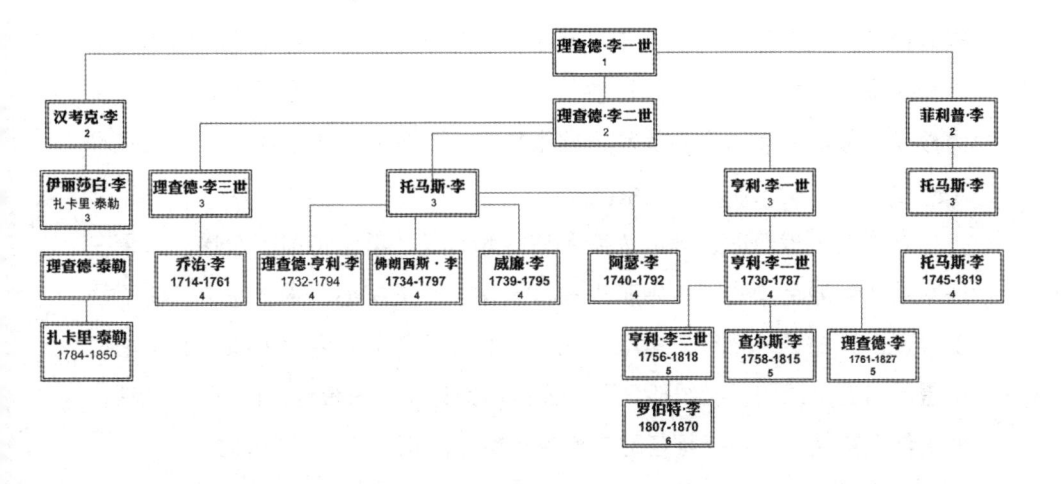

图 3 李家族族谱

李将军的妻子则来自华盛顿家族，华盛顿本人无后，收养了妻子的孙子卡斯蒂斯，卡斯蒂斯妻子的母亲来自伦道夫家族，卡斯蒂斯只有一个女儿，因此李将军是华盛顿的直系传人，他的长子名叫乔治·华盛顿·卡斯蒂斯·李，意思就是华盛顿家族的继承人。论豪门血统，19 世纪的美国以罗伯特·李最为雄厚。

世家子弟总免不了纨绔习气，特别是弗吉尼亚豪门之家，因为都是在大庄园里养大的，身上的毛病多了去了。自门罗之后，靠选举上台的弗吉尼亚豪门中人只有哈里森和泰勒这两名职业军人，几大家族的后人中没有能出马竞选总统的人才。

第 7 任总统安德鲁·杰克森对豪门深恶痛绝，对豪门子弟从来没有好脸色，1825 年他刚败于小亚当斯，对裙带关系痛恨到极点，但是当他一见到前来请求推荐入西点军校的罗伯特·李后，却非常喜欢，因为这个孩子身上不仅没有一点豪门子弟的臭毛病，而且品行到了完美的程度。

罗伯特·李小时候，父亲投资失败，家道中落，父亲又很快去世了，母亲长期生病，照顾母亲和年幼的弟妹的责任都落到他一个人身上，因此磨炼出了吃苦耐劳的品质。家里的豪宅转手了，他在亚历山大市长大，那里有他们家很多亲戚以及当年父亲手下的老兵，在这种环境下，他养成了平和谦虚的性格。进入西点军校后，学业上十分出色，在学生期间就被聘为数学助教。西点对学生的品行要求极严，罗伯特·李是西点有史以来唯一一位品行完美无缺的毕业生。

到墨西哥战争时，李成为斯考特的副官长，斯考特留下遗嘱，如果在进军墨西哥城途中去世，由李来指挥全军。在进军墨西哥城途中，李率领工兵逢山开路遇水搭桥，为取得战争胜利立下头功。内战中双方的将军们也是因为这个原因，甘居他之下，公认他为这个国家最优秀的军人。战后，他出任西点校长，后来担任驻守德克萨斯州的第二骑兵团副团长。

美女露西的美貌果然不同凡响，亨利·李三世就是美男子，罗伯特·李则是他那个时代最帅的男人。有显赫家世、学业优秀、有战功，还有全军诸将的服膺，如果没有内战，罗伯特·李会顺利接替老将斯考特，成为美军统帅，继他祖父和父亲后，再次出一名美军将军。

斯考特曾经作为辉格党候选人参选，以罗伯特·李的家族背景和个人经历，他也会被某个政党推举为总统候选人的，而且很有可能当选，弗吉尼亚豪门会迎来新的辉煌。但是，战争爆发了。

战争对于军人来说，其实是最好的机会。在斯考特的强烈举荐下，林肯任命罗伯特·李为美军战区司令。李本人反对奴隶制，岳父死后，他马上释放了所有的奴隶。如果他接受任命的话，只需要一次行军就可以拿下南方首都里士满，战争会在6个月之内结束，李也会成为扎卡里·泰勒之后另外一位战争英雄，也会很快成为美国总统。

但是，他无法接受这个任命，因为他父亲曾经说过：弗吉尼亚是我的祖国。

斯考特也算是弗吉尼亚人，他和很多弗吉尼亚人都选择了留在联邦中，为国家统一而战。但罗伯特·李不能做出这样的选择，虽然他反对南方分裂，但是作为弗吉尼亚豪门的领军人物，他必须听从弗吉尼亚豪门的调遣，为弗吉尼亚豪门的利益而战。

一年之后，李将军临危受命，在北军兵临城下之际，接任南军主力北弗吉尼亚军团统帅，成为世界战争史上唯一一位曾被交战双方任命为统帅的军人。90天里，他击败了敌人两支强大的军团，把一场败局完全翻盘，将北军赶出弗吉尼亚。正因为他的存在，南北战争才打了4个年头，南方在绝对劣势的情况下，能够坚持不败，直到格兰特靠和李将军拼伤亡，在莽原展开三场血战，双方伤亡均为50%，北军伤亡是南军的一倍的情况下，李将军才失去了再战的能力。

在南部残破、里士满失陷、帅老兵疲的情况下，李将军放弃了军人的荣誉，选择了投降，为的是国家能够尽快弥合创伤。战争结束后，促使南方独立的政治人物摇身一变，再次成为议员和州长，在一片废墟上重新获得自己的政治权力，而李将军则绝对不再涉及政治，以大学校长终老。这样的人格才能让莫德尔这样的悍将低头。

内战之中，北军诸将中能称得上名将的只有出身新英格兰豪门谢尔曼家族的直系子弟威廉·谢尔曼将军，他在亚特兰大战役和向海洋进军行动中的表现为他赢得了名将的声誉。但是李将军和谢尔曼将军这两大豪门的直系传人在内战中王不见王，李将军作为一名反对奴隶制的人，为奴隶制的存在而顽强奋战，谢尔曼作为一名同情奴隶制的人，却成为美国历史上解放奴隶最多的人，美国奴隶制的掘墓人。从这一点上，说明豪门的利益永远高于豪门子弟个人的信仰，谢尔曼的成功和李将军的悲剧都是因为他们身为豪门中人的缘故。

因缘际会置身内战的风云人物，戴维斯、李、谢尔曼、哈莱克、佛里蒙德、库伯、约翰斯顿这些出身豪门的政客和军人们，对他们来说，只能为家族而战，除此之外，别无选择。

九、王朝的兴起——俄亥俄的美国

1. 来自俄亥俄的"蒂皮卡诺诅咒"

1931年，有一位业余历史学家突然心血来潮，统计了一下死于任上的美国总统。到那时候，一共有六名总统死于任内，这位业余历史学家发现了一个非常奇怪的现象，就是这六名总统中除了1848年当选的扎卡里·泰勒之外，都是于尾数为零的年头被选上的，始于1840年当选的老哈里森，然后是1860年当选的林肯，1880年当选的加菲尔德、1900年再次当选的麦金莱和1920年当选的哈丁，80年中无一例外，其中老哈里森因为宣誓的时候淋雨而病死，哈丁很可能是被人害死的，其他三位是遇刺身亡。

如此巧合自然有人不相信，深挖了一下历史，原因找到了，这就是很有名气的"蒂皮卡诺诅咒"。

1811年，印第安纳领地的总督威廉·亨利·哈里森率军队，在蒂皮卡诺之战中一举击溃了印第安人谢尼部落首领蒂皮卡诺和他的军队，两年后在美英战争中，哈里森击败了英军和印第安人联军，并击毙了蒂皮卡诺。蒂皮卡诺的弟弟是印第安巫师，据说他俩中的一位对美国白人施加了咒语，从哈里森开始，每隔20年当选的总统都会死在任上。

如果说在1931年多数人对此将信将疑的话，过了30多年，相信的人就多多了，因为又连续出现两次，1940年再度连任的小罗斯福病死在任上，1960年当选的肯尼迪遇刺，120年中无一例外。于是1980年里根当选后，大家就瞪眼瞧着什么时候轮到他。果然，没过多久里根遇刺，可是由于医学进步了，里根大难不死，于是专家宣布，这个诅咒被破除了。20年后轮到小布什于2000年当选，也没有人盼着他哪天殉职了。

诅咒之事，姑妄听之，然而另外一个巧合却没有人总结出来，就是开始这五位应了诅咒的总统还有一个共同之处，就是他们都来自一个地方：俄亥俄河谷，其中除了林肯是从伊利诺伊州当选的之外，其他4位都是从俄亥俄当选。从老哈里森到哈丁，正是一个王朝从兴起到衰落的过程，这个王朝就是美国政坛上继弗吉尼亚王朝之后的俄亥俄王朝。

哈里森的当选，吹响了俄亥俄势力正式进军联邦政坛的号角，俄亥俄政治人物蠢蠢欲动，打算在联邦政府中大显身手。哈里森任用的第一个私人，就是因为收养威廉而成为谢尔曼家族一员的尤英，任命毫无管理经验的尤英为财政部部长。

俄亥俄是新开拓的领土，没有土生土长的豪门，政治权力被相继而来的其他各州豪门所瓜分，其中最成功的是谢尔曼家族。哈里森重用尤英，其实是为了答谢谢尔曼家族。从对印第安人作战起，谢尔曼家族就给予他支持，查尔斯·谢尔曼曾经和他一起同蒂皮卡诺交战，为了纪念这段经历，查尔斯特意为儿子威廉起了中间名，叫蒂皮卡诺。

查尔斯死后，尤英成了谢尔曼家族在俄亥俄的领袖，很快被选为联邦参议员，哈里森的当选，谢尔曼家族功不可没。

哈里森病死后，尤英在泰勒总统手下又干了不到半年之后去职。扎卡里·泰勒上台后，任命尤英为新成立的内政部部长，结果又赶上总统病死在任上，继任总统是亚当斯家族的菲尔莫尔，和谢尔曼家族沾亲带故，尤英得以留任，直到参议员出缺，他又当参议员去了。虽然尤英特别看重参议员，可是每次竞选连任都失败。到了内战之后的1868年，约翰逊总统把战争部部长开除了，提名他出任，但参议院对总统开除部长十分不满，开始弹劾总统，根本不理会这个提名。

哈里森一上任便去世，俄亥俄新兴势力被当头浇了一盆冷水。从1841年到内战这20年间，俄亥俄谷地在孕育着颠覆历史的风暴，林肯和道格拉斯这一对情敌就是风口浪尖的弄潮儿，除了他们之外，还有一位俄亥俄人也谱写了历史。

1856年5月，肯萨斯州五名拥有奴隶的农场主被一队武装分子处死，这队武装分子的领队是一名俄亥俄人，名字叫约翰·布朗。布朗一伙人这样做的原因是要用血腥的手段在美国废除奴隶制。肯萨斯事件发生后，国会组织了专门调查，但在北方的袒护下，调查不了了之。与此同时，北方控制的报纸大力支持布朗的行动，使布朗一举成名。

1859年10月16日夜，布朗率领全副武装的14名白人和5名黑人，渡过波托马克河来到哈伯斯渡口，轻而易举地夺取了铁路、兵工厂和军火库。随后马上令人就近捕获居民，释放他们的奴隶，可是计划中的大批黑奴前来投奔的盛况并没有发生，布朗只能劫持了10名重要人质，在军火库门房中固守。

可惜，美国最优秀的军人罗伯特·李上校正在华府，率领海军陆战队轻而易举地粉碎了布朗的反抗，布朗被俘后经审判被判绞刑。布朗之死在南方和北方都造成巨大的反响，北方把布朗奉为偶像，南方人从这件事情上看出北方废奴的决心，因此加快了分裂的步伐。

布朗是俄亥俄州一名皮革匠，在历史书中，这位长得很像林肯的人，被描述成一位对废奴事业到了不顾一切的理想主义者。布朗在狱中接受审判时，有人策划让他越狱，可是布朗不肯，宁愿以一死激起国人的废奴热情。

39年后，中国也有一个人这样慷慨赴死。"各国变法，无不从流血而成，今中国未闻有因变法而流血者，此之所以不昌者也；有之，请自嗣同始！"

慷慨悲歌的历史背后，总会有令人意想不到的东西，就拿历史形象很平民的布朗来说，他的背景绝对不是一个皮革匠那么简单，起码他长期搞武装斗争所需要大笔的经费，就不是一般人能负担得起的。

布朗干过很多事，其一是做国际羊毛贸易，因为羊毛价格下跌，这个生意赔得很厉害，但他的合伙人单独承受了损失，布朗并没有赔钱。这个人是布朗的邻居，是富甲波士顿的帕金森家族中人。

为布朗武装斗争提供经费和武器的叫约翰·福布斯，是从帕金森家族手中接管对华鸦片贸易的福布斯兄弟的老三。布朗的遗嘱执行人叫威廉·罗素，他的叔叔塞缪尔·罗素曾经是世界上最富有的鸦片商人，和福布斯兄弟合伙成立了美国对华贸易的垄断商号旗昌洋行。

威廉·罗素于1832年和好友阿方索·塔夫托共同在耶鲁创立主力骷髅会，威廉是康涅狄克人，因此进入耶鲁大学读书。阿方索是俄亥俄人，他进入耶鲁大学的原因是因为他是长期把持耶鲁的谢尔曼家族的亲戚。

就这样，谢尔曼家族和福布斯家族利用布朗把美国推到了内战的边缘，下一步就是把林肯推上总统宝座，让美国进入战争。

2. 两个豪门所促成的内战

阿方索·塔夫托的父亲彼得曾经担任佛蒙特州的地方法官和州议会议员，得知谢尔曼家族在俄亥俄扎根后，放弃了这一切，来到俄亥俄，阿方索在俄亥俄长大，利用谢尔曼家族子弟的优势，进入耶鲁，和威廉·罗素成为好友。

威廉·罗素出生在耶鲁大学所在地康涅狄克米德镇，家境非常一般。耶鲁是私校，并不是后来那些公立的州立大学，美国那时候也没有照顾穷人受教育的奖学金。威廉上得起的只有不要学费的西点军校，进了西点后才两年，1828年父亲去世，家道中落，虽然他还可以在西点待下去，将来毕业后成为一个下级军官，像他家这种在军中没有背景的人，是很难快速晋升的。军队的那点薪水，照顾他自己温饱还可以，根本不能养活一家人。所以家中只能让他从西点退学，要学一门能挣钱的本事。

罗素家族的清贫子弟有靠经商致富的，家里也打算让威廉走这条路，可是他的叔叔塞缪尔认为威廉是家族中最有学问的，去铺子里干学徒太可惜了，于是出钱让他进入耶鲁，接受当时最好的教育，为了接受更好的教育，还出钱让他去德国进修一年。威廉去德国学习了一年多，在那里接触了骷髅会，回来以后和阿方索一合计，把骷髅会搬进了耶鲁校园，成为只能由耶鲁校友参加的直到今天还非常活跃的秘密社团。威廉上耶鲁和去德国的花费对于当时的中产阶级来说，都相当吃力，但是对于塞缪尔·罗素来说，只能算九牛一毛，因为到了 1836 年，塞缪尔·罗素已是全世界最富有的鸦片商人。

塞缪尔在 12 岁的时候成了孤儿，也没有什么遗产，只好去商号学徒。出师以后去了纽约，为康涅狄克人做买卖，后来在家乡成立自己的公司，给人做中间商。1818 年他来到广东，把鸦片卖给十三行，然后从十三行那里买来茶叶和丝绸运回美国。在那里他认识了托马斯·帕金森，帕金森一直待在广东主持家族的鸦片贸易，人手不够，便叫几个外甥前来帮忙。托马斯的妹妹所嫁入的福布斯家族是英国一支历史悠久的家族，在公元 9 世纪因为娶了公主而成为贵族，历代不乏大臣。靠着福布斯家族在英国的势力的帮助，帕金森的鸦片生意越做越大，生意稳定后，托马斯·帕金森把中国的生意交给外甥托马斯·福布斯，自己回到波士顿，用鸦片交易赚来的钱开始办学做慈善事业。

塞缪尔·罗素在纽约和康涅狄克的关系可以帮助立足于波士顿的帕金森家族和福布斯家族把生意扩大到全美，双方一拍即合，1824 年在广州成立罗素公司，中文名字叫"旗昌洋行"。旗昌洋行的目的，是垄断中美贸易，特别是鸦片交易。十三行的老大伍秉鉴非常喜欢托马斯·福布斯的小弟弟约翰，甚至把他当自己的儿子看待，于是旗昌洋行在几年之内，将广东的美国商号逐个挤垮，成为唯一和十三行做生意的美国商号。1829 年托马斯·福布斯掉进海里淹死了，帕金森家族在华的生意则由他另外一个弟弟罗伯特接手。

到 1836 年，塞缪尔·罗素做鸦片交易赚够了钱，把旗昌洋行的股份出让，离开中国，回到家乡养老，旗昌洋行由福布斯兄弟接手。因为有这层关系，威廉·罗素和福布斯兄弟得以相识，阿方索·塔夫托也得以和福布斯兄弟相识，福布斯兄弟中最有经济眼光的约翰也因此看到了西部的生财之道。

鸦片战争之时，负责旗昌洋行的罗伯特·福布斯表面上非常恭顺、左右逢源，一方面把"甘米力治"号高价卖给林则徐，改成战舰，另一方面则大肆鼓动英国政府对华宣战。1841 年罗伯特·福布斯和舅舅托马斯·帕金森一起到英国，动用福布斯家族在英国的力量，游说英国议会，对促成英国对华宣战起了非常重要的作用。

第一次鸦片战争之后，旗昌洋行成为获得实际利益最多的商号，一跃成为世界上排名第三的鸦片商。他们和世界上头号鸦片商、苏格兰的怡和洋行合作，在中国进行扩大吸食鸦片的行动。旗昌洋行囊括了美国驻中国主要通商口岸的领事职位，几乎包办了美国在华的外交事务。

中国国门打开之后，鸦片贸易非常兴旺，但就在这时，约翰·福布斯突然卖掉自己在旗昌洋行中的股份，于1846年回到美国。因为阿方索给他提供了一条消息：密执安州所拥有的密执安中部铁路因为无钱维持和继续修建而出售，在谢尔曼家族的帮助下，约翰用200万美元买下了9年前密执安州花了500万美元买的密执安中部铁路，于1852年将之修通到芝加哥。然后是芝加哥—伯灵顿—昆西铁路，就这样，在谢尔曼家族的帮助下，福布斯家族把用鸦片贸易从中国赚到的白银换成了中西部的铁路和土地，成为美国的铁路大王，也成为俄亥俄河谷的豪门之一。

福布斯家族在美国中西部铁路上的投资的回报如此地丰富，以至于旗昌洋行陆续结束在华的业务，把靠鸦片贸易赚取的资金投在铁路上。约翰的儿子威廉对贝尔公司做风险投资成功，又变成电信大王，出任美国电信电话公司第一任总裁。威廉的儿子开始从政，福布斯家族在政商两界都很有势力，2004年民主党总统候选人、现任国务卿克里的全名叫约翰·福布斯·克里，他的母亲正是来自福布斯家族。

约翰·福布斯绝对不仅仅埋头赚钱，修建铁路需要大量的劳力，可是美国劳力缺乏的现状并没有改变。虽然每年有很多移民来到美国，可是由于美国处于快速扩张之中，移民根本不能提供急需的劳力，影响了福布斯家族生意的发展。希望赚更多的钱的福布斯家族和希望拥有更大的政治权力的谢尔曼家族的眼光很自然地盯着南方那400万黑奴，如果能够给他们自由，劳力问题就很容易解决，他们的势力也可以伸展到南方。约翰·布朗就是他们的武器。

威廉·罗素早在1840年就为将来内战做准备，在自己办的私立学校中进行军事训练。内战爆发时，威廉·罗素的学生们因为受过军事训练，纷纷出任军队的军事教官。

1860年大选中，由辉格党衍生出的共和党在推举总统候选人时，伊利诺斯人林肯作为黑马出线，随后在大选中获胜，是美国历史上最没名气的获胜的总统候选人。此前他只出任过一任国会众议员，在伊利诺伊州之外毫无名气。他的当选靠着两股势力，一股是本州的铁路大王，约翰·福布斯，是林肯在伊州的主要支持者，另外一股是林肯家族的政治发源地宾夕法尼亚州。宾州的铁路大王、参议员西蒙·卡梅伦是林肯在宾夕法尼亚州的主要支柱。西蒙靠铁路发财以后从政，先加入风头正盛的辉格党，辉格党衰落后加入重新得势的民主党，被选为参议员，共和党兴起后他再度叛变，加入共和党并全力支持林肯竞选。

把福布斯家族和卡梅伦家族这两个铁路大王联络在一起的正是俄亥俄的谢尔曼家族，查尔斯的大儿子查尔斯继承父业当了法官，他的女儿伊丽莎白嫁给了西蒙的儿子唐纳，和西蒙成为儿女亲家。于是，除了伊州之外，俄州和宾夕法尼亚州也是林肯的坚强后盾，加上纽约豪门和谢尔曼家族在康涅狄克州、马萨诸塞等州的支持，林肯这匹最黑的马在大选中赢得了除了新泽西外的整个北方、加利福尼亚州及俄勒冈，获得了超过半数的选举人票，共和党一举掌握了国会和总统。林肯的当选使南方别无选择，只能退出联邦，于是内战爆发。

福布斯家族又促成了一场战争，他们的同盟俄亥俄豪门则通过这场战争赢得了美国。

3. 格兰特的晋升

美国的各级议员和很多公职都是选举产生的，虽然经常出现比如父子出任同一个职位这样的家族性行为，但还是要经过选举程序。作为民主国家，美国是不可能出现世袭制的。

但是什么事情都有例外，美国确实出现了一起议员世袭，成为对美国式民主选举的嘲笑，这件事就发生在卡梅伦家族。

林肯上台后，作为政治酬劳，任命西蒙·卡梅伦出任战争部部长，后来西蒙出任俄国大使，回来后继续出任参议员。1876年西蒙被格兰特总统再次任命为战争部部长，格兰特下台后，他再度任联邦参议员。1877年西蒙年事已高，有退休的念头，但是向宾夕法尼亚州议会提出一个条件，就是必须由儿子唐纳接替他出任联邦参议员。每个州只有两名联邦参议员的位置，在当时是由州议会任命的。州议会同意了这个请求，西蒙才正式退休。这是美国政治公职世袭的绝无仅有的例子，唐纳在联邦参议员的位置上又干了20年。

查尔斯·谢尔曼的另一个儿子约翰进入政界发展，在娶了俄亥俄一名法官的女儿后，约翰成为辉格党的积极分子，于1854年作为俄亥俄13选区的议员进入国会，在内战开始时的1861年代表俄亥俄州成为参议员，是林肯在战争中的有力支持者。

尽管有俄亥俄州和宾夕法尼亚州对自己大力支持，和大多政治人物一样，林肯首先扶持自己的势力，也就是伊利诺伊州的人马。南北战争开战之后，除了原美军总司令斯考特外，林肯任命的第二名将军是任职伊利诺斯铁路的麦克莱伦，让他统率最精锐的东部军团。

麦克莱伦在墨西哥战争中曾在李将军手下，表现优异，开战后在西弗吉尼亚击败李将军。可是这次林肯看走了眼，麦克莱伦是新泽西人，而且是民主党人，他和国会议员们的关系极好，林肯发现这是对自己连任的巨大威胁，因此先后两次免去麦克莱伦东部战区统帅之职。麦克莱伦果然在1864年成为民主党总统候选人，几乎击败林肯。

接受了这个教训，林肯在任命战区统帅上非常小心，首先不能在政治上对自己构成威胁。在关键的葛底斯堡战役之前三天，林肯再度更换战区司令，被任命为波托马克军团统帅的梅德是军团资历最浅的军长，他被选中的原因是他出生在西班牙，根据宪法不能竞选美国总统。

此外，林肯还任命了大批政治将军。南北战争开战之后，很多政治人物希望能借着战争的机会捞取政治资本，于是只要是支持自己的政治人物，林肯就任命为将军，让他们统率大军。结果北军中这种外行低能的将军到处都是，严重影响了北军的战斗力。

例如被林肯任命为将军的众议院议长班克斯，在谷地战役中以几倍的兵力优势，还让石墙杰克森打得丢盔弃甲，导致北军的战略优势被翻盘。林肯在此之后继续重用班克斯，让他负责华府的防卫。虽然这时东部战场南军总数只有5万人，班克斯一定要留下10万人保护首都，只给麦克莱伦8万人去迎击李将军的入侵。

还有马萨诸塞的民主党政客巴特尔在内战中支持林肯，为林肯拿下马里兰州，也被林肯任命为将军，而且专门为他成立了詹姆斯军团，结果在彼得斯堡战役中，以10倍于敌的优势，居然没有成功，导致战争多进行了10个月。

还有原11军军长辛格，在沼泽地之战被石墙杰克森偷袭，12000人顷刻瓦解。林肯为了竞选连任，为了拉拢德国移民，任命他主持西维军区，率领1万人进攻杉安道谷地，结果被4000守军打得大败，南军还因此出谷，兵临华府。

南北战争一开始，北方就具备了压倒性的优势，之所以打了4年，除了上面的原因外，还有林肯的瞎指挥，林肯过度干涉军事行动计划，对多次大败负有直接的责任。

在战争中，北军的将军频频被林肯撤职，以致风声鹤唳，梅德在接到波托马克军团任命时，居然以为自己被逮捕了。但是，只有一位将领始终受到林肯的信任和宠爱，那就是尤利西斯·格兰特。

格兰特上过西点军校而且在墨西哥战争中表现优异，但因为后来驻守加利福尼亚州时远离家人，因此染上酗酒的恶习，被开除出军队。此后一事无成，最后在父亲的皮革铺里记账。

格兰特的祖上可以追溯到13世纪的一位叫罗伯特·德·荷兰的男爵，

这位男爵在英国历史上没有什么大名气，因为叛变被兰开斯特伯爵杀了。但他和六位美国总统有血缘联系，华盛顿、杰弗逊、麦迪逊、格兰特、老哈里森、小哈里森，这6位总统都算是他的后代。

不过格兰特家并不是豪门，而是很平凡的小商人。他被林肯所钟爱的原因一是因为他家和他本人没有政治势力，二是他是伊利诺伊州的将领。格兰特以团长参军，很快被林肯提升为准将旅长，丹瑙森要塞之战后又晋升为少将师长。

北军在西部战区的统帅开始时是华盛顿家族的弗里蒙特，他在任上大力废除奴隶制，引起政治风波，被林肯调往其他战区，接任的统帅是汉密尔顿的孙女婿哈莱克。他上任后对格兰特很看不上眼，决定换人，他的人选不是别人，正是谢尔曼家族被尤英收养的威廉·谢尔曼。威廉被送进西点军校，娶了尤英的女儿。他也是以团长身份参军的，在第一次孟纳萨斯战役中表现非常糟糕，但居然比格兰特早被任命为准将和少将，因此在军中军阶高于格兰特。

谢尔曼被调到西部后表现依旧很糟糕，甚至出现精神症状，需要回家疗养。疗养归队时正赶上哈莱克征求他的意见。哈莱克和谢尔曼都属于北军中的贵族军官，气味相投，因此希望让谢尔曼去独当一面。可是没想到这么好的机会，谢尔曼不仅拒绝了，而且私下写信给格兰特，说愿意接受他的指挥。

独当一面是内战中将军们打破脑袋追求的东西，主动放弃的只有谢尔曼一个人，这正是因为他姓谢尔曼，而且是俄亥俄的谢尔曼。

威廉是一个很聪明的人，他知道自己的斤两，不仅还没有达到能够指挥大兵团的能力，而且连临阵指挥的能力都没有，他还需要在战斗中磨炼。同时他知道林肯会不惜一切保护自己的亲信将领，取代格兰特就站到了林肯的对立面，会受到林肯的打击，不仅自己没有前途，也会影响家族的利益。而投靠格兰特，则成为林肯的嫡系，自己和自己的家族就能够在战争中获得最大的利益。还有一点，就是格兰特是俄亥俄人。不仅和谢尔曼是同乡，而且格兰特的父亲是约翰·布朗父亲的徒弟，从少年时就和布朗成为好友。

格兰特本人虽然对奴隶制度没有强烈的反感，但他家的这个背景，就使他成为俄亥俄势力在战争中正义的象征。

4. 辉煌的俄亥俄王朝

果然，林肯无条件地支持格兰特，屡次推翻哈莱克的命令，最后将哈莱克从西部调到华府，给格兰特让出位置。到战争中期，林肯花大力气让国会通过决议，授予格兰特中将衔，指挥全国的军队，在此之前只有华盛顿被授予过永久中将军衔。格兰特出任主帅后，靠着极其巨大的伤亡结束了战争。

格兰特对林肯极尽忠心，战争快结束时，林肯希望儿子罗伯特参军以赢得功名，格兰特立即任命罗伯特为上尉，作为自己的参谋，任务就是接待来访的要人。这一资历使罗伯特后来得以出任战争部部长。

格兰特也对谢尔曼投桃报李，他升迁后，原来的位子总是由谢尔曼接任，战功永远归谢尔曼，尤英的几个儿子也统统成了将军。西部战区的俄亥俄军官晋升极快，俄亥俄王朝强盛时期的几位总统，都是格兰特或谢尔曼在西部战区的手下。

在谢尔曼家族以及其他俄亥俄豪门的支持下，格兰特从一个旅长成为西部战区司令，进而成为军队总司令。林肯遇刺后，靠着内战的功劳把持国会的俄亥俄豪门攻击继任总统约翰逊，并成功地将之弹劾。在这种政局下，1868年格兰特几乎没有悬念地当选为第18任美国总统，俄亥俄王朝正式开始了。

格兰特出任总统后，肆无忌惮地任用本州的豪门。军队总司令由威廉·谢尔曼接任。内阁成员中谢尔曼家族的就有两位，埃比尼泽·霍亚出任司法部部长，阿方索·塔夫托出任战争部部长。阿方索后来继任司法部部长，战争部部长则由谢尔曼家族的亲家詹姆斯·卡梅伦继任。阿方索相继出任驻奥匈帝国和俄国大使，使谢尔曼家族的分支塔夫托家族成为影响至今的大豪门。尤英的一个儿子则成了驻荷兰大使。

格兰特于1872年连任成功，他在8年任期内贪污横行，民怨极大。

1876年大选时，格兰特不顾美国总统通常只任两届的惯例，依旧争取第三任任期。但俄亥俄豪门看到有失去大选的危险，决意换马，结果作为现任总统，格兰特连共和党内初选都没有取胜。赢得共和党初选胜利的是俄亥俄州州长海斯。

海斯以俄亥俄23步兵团指挥官身份参战，在内战结束时升为荣誉少将，战后从政，最终出任俄亥俄州州长。

这次大选，由于共和党在格兰特执政中大失人心，大多数人认为民主党必胜。大选结果为民主党候选人提尔登获得184张选举人票，海斯获得165张选举人票，都没有过半数，另外有20张选举人票有争议，提尔登只需要其中一张即可当选。为了这20张选举人票的归属，参众两院加上最高法院成立选举小组。出人意料的是，选举小组裁定，这20张选举人票全部归海斯，于是海斯以185比184最微弱优势当选。

对这个结果，民主党大佬们认了，做出一副捍卫民主体制、忍辱负重的样子。海斯上台不久，联邦军队开始从南方各州撤出，黑人已经获得的选举权被大幅度剥夺，南方进入种族隔离状态。人们才恍然大悟，这次的最后选举结果是政治势力之间的一场交易。

促成这个交易的是另外一位俄亥俄人、众议院共和党领袖加菲尔德。加菲尔德以俄亥俄42志愿步兵团团长身份参战，不到两年就晋升为少将。和其他将领相比，加菲尔德并没有什么大功，在内战中唯一的战绩就是在肯塔基一场不起眼的战役中，击败了进攻的敌人，他还没主动追击，反而主动撤了回来。和其他几位后来出任总统的俄亥俄帮中人相比他的战功是最逊色的，海斯是参加内战的未来总统中唯一受伤的，而且负伤四次，战争结束时不过是一名准将和荣誉少将。升为联邦军所能授予的最高军衔少将之后，加菲尔德马上退役，因为他被选为众议员，成为靠从军捞取政治资本的典型。十几年在国会的经营，使他成为俄亥俄豪门在国会的代表。

加菲尔德用撤军和牺牲黑人权利作为条件，交换南方民主党人对海斯的支持，同时获得海斯的保证，任满一届后不寻求连任。这样，海斯成为第

19位总统,他的财政部部长正是谢尔曼兄弟中最先从政的约翰。1880年大选,海斯宣布不寻求连任,加菲尔德成为共和党候选人并当选为第20位总统。

尽管林肯的长子罗伯特只是一名律师,没有任何从政经验,但海斯建议任命他为海军助理部长,这是一个肥缺,上一任海军助理部长卸任时,银行存款增加了80倍。没想到罗伯特嫌官小不干。4年后,加菲尔德任命他为战争部部长,他欣然接受。第23任总统小哈里森又是俄亥俄人,任命罗伯特为驻英国大使。

加菲尔德上台不久就被一位求官不遂者行刺而死,副总统阿瑟继位,俄亥俄帮措手不及,来不及培养接班人,1884年大选,纽约州州长、民主党人克里夫兰当选。1888年大选,俄亥俄帮选好了接班人,是老哈里森的孙子小哈里森。小哈里森出生在俄亥俄,长大后去祖父经营过的印第安纳州当律师,内战开始后也以团长的身份开始参战,是谢尔曼将军的手下,战争结束时升为准将,战后开始从政。

小哈里森上台后,提拔了两名亲信,一个是纽约豪门罗斯福家族的西奥多·罗斯福。罗斯福帮助小哈里森在中西部竞选,小哈里森上台后,作为酬谢,任命他为公务员委员会负责人。这个公务员委员会是因为加菲尔德遇刺后,联邦政府开始公务员任命正规化而成立的。1892年大选,罗斯福再次帮助小哈里森竞选,但败于卷土重来的克里夫兰。可是克里夫兰上台后,依旧任命他为公务员委员会负责人。克里夫兰虽然是民主党人,但他是从纽约州州长而成为总统的,对于本州著名的罗斯福家族的领袖人物,克里夫兰不能不买账。另外一名亲信是阿方索的儿子威廉·塔夫托,威廉和谢尔曼家族其他子弟一样进入耶鲁学习,同样成为骷髅会的成员。毕业后回到俄亥俄,从法官干起。小哈里森上台后,他开始从政,和罗斯福成了政治上的盟友,让谢尔曼家族和罗斯福家族联起手来。

5. 王朝消失,豪门犹在

1896年大选,俄亥俄豪门做好了充足准备,出面争夺总统的是现任州长麦金莱。麦金莱以列兵入俄亥俄23步兵团，团长正是海斯。麦金莱打仗很勇敢，因此受到海斯的赏识，多次被破格提拔，在战争结束时为荣誉少校。海斯成为俄亥俄州州长后，对麦金莱继续提拔，使后者也成为俄亥俄州州长。

俄亥俄不仅在政治上长期把持美国政坛，而且在经济上也称雄美国。内战中，把持西部战区的俄亥俄将军们把军需供应的采购都批给自己的家乡，俄亥俄的很多商人在战争中发了大财，其中一位是来自纽约的叫约翰·洛克菲勒。战后约翰拿赚来的钱去做石油生意，很快垄断了全美的石油。垄断过程中打价格战，每加仑汽油从将近1块钱下降到4美分，洛克菲勒本人成为财富贯古今之人，麦金莱靠着他的捐助，于1896年顺利当选。麦金莱在任期内，大力扶植洛克菲勒家族，还为小约翰当红娘，让他娶了政坛上最有势力的来自罗德岛的参议员奥德里希的女儿，使得洛克菲勒家族从第三代开始进军政坛。

麦金莱当选后，1897年任命约翰·谢尔曼出任国务卿，约翰已经是参院内的大佬，是共和党俄亥俄王朝的核心人物之一，1880年、1884年、1888年三次争取共和党总统候选人提名，但都失败了。还任命罗斯福为海军助理部长，罗斯福靠着在美西战争中的功劳，于1898年成为纽约州州长，为共和党人夺到纽约。1900年麦金莱选择罗斯福为竞选搭档，成功地连任。没想到过了不久也遇刺了，罗斯福继任总统。

罗斯福的家族非常富有，他父亲是纽约著名的慈善家，罗斯福在23岁时就被选为纽约州议会最年轻的议员，《纽约邮报》是这样评论的："罗斯福先生以他的血统完全有资格获得纽约选民的信任与期望，因为他父亲在世时每一天都在为公众提供着最有力的帮助。"彻底的美国版老子英雄儿好汉。

罗斯福执政后，在政治上依仗俄亥俄豪门，于1904年起任命威廉·塔夫托为国务卿。罗斯福连任一届后，1908年塔夫托代表共和党竞选，被选为美国第27位总统，他是谢尔曼家族出的第一位总统，也是俄亥俄王朝的又一位总统。

塔夫托的副总统是谢尔曼家族的直系詹姆斯·谢尔曼，罗杰·谢尔曼的重孙女婿斯廷森被任命为战争部部长。

谢尔曼家族的劳伦斯·谢尔曼从俄亥俄到伊利诺斯，在当地从政，出任副州长、联邦参议员。

罗斯福后来和塔夫托决裂，1912年再度出马竞选总统，和塔夫托在共和党内同室操戈，都没有出线，也导致共和党丢掉总统。1916年劳伦斯·谢尔曼出马竞争共和党总统提名失败。

1920年大选，共和党势在必得。一下子群雄并起，包括罗斯福和塔夫托，共和党内部成了僵局，折中的结果是由哈丁出线。哈丁曾担任过俄亥俄议员、副州长和联邦参议员。1920年选举其实是俄亥俄的内斗，民主党候选人考克斯是俄亥俄州州长，副总统候选人是罗斯福的堂弟小罗斯福。哈丁获胜，成为俄亥俄王朝的最后一位帝王。

哈丁上台后大肆任命私人，连塔夫托也被任命为首席大法官。他本人风流成性，1920年大选前共和党全国委员会发现他和一位德国女间谍有染，为了保障选举成功，共和党全国委员会不仅出钱把这位女人全家送到日本，而且还按月付钱，是美国历史上唯一一位主要政党付掩口费的例子。丑闻可想而知，而且他自己还和三K党有联系。

哈丁之死也不明不白，肯定不是正常死亡。加菲尔德、麦金莱和哈丁相继在任期内去世，同时也使俄亥俄王朝非正常性死亡。

俄亥俄王朝虽然颠覆了，但俄亥俄豪门不仅没有退出历史舞台，反而走出俄亥俄，把触角伸到全美国。

威廉·塔夫托的儿子罗伯特·塔夫托从耶鲁毕业后，又进入哈佛学习，然后成为美国食品和药品管理局的律师，在这里他遇见了家族的一位远亲、时任食品和药品管理局局长的赫伯特·胡佛，从此胡佛获得了谢尔曼家族和塔夫托家族的支持，1929年成为美国第31位总统。罗伯特也成为参议员。胡佛上任后，任命谢尔曼家族的斯廷森为国务卿，其后在罗斯福和杜鲁门任上,斯廷森都出任战争部部长,称得上是政坛的不倒翁。

塔夫托家族最早形成于马萨诸塞。早在殖民地时代,就父子相继出任马萨诸塞议员。威廉·塔夫托这支从佛蒙特到俄亥俄,经过三代人的努力,成为俄亥俄州的大豪门。威廉的哥哥是众议员,儿子是参议员,孙子一个是驻冰岛大使,一个是参议员。重孙辈之一于2001年到2004年出任国务院首席法律顾问,另外一位于1999年到2000年担任俄亥俄州州长。还有一位本家族的亲戚先后出任参议员和俄亥俄首席大法官,从阿方索开始,130多年来一直是俄亥俄的政治豪门。除了牢牢盘踞在俄亥俄外,塔夫托家族在其他州也有势力,家族成员先后出任罗得岛州州长、犹他议员,在联邦一级外,除了多位参众两院议员外,还曾经出任农业部部长,现任参议员马克·麦德森就是塔夫托家族的成员。

塔夫托家族是全国性的政治家族,下面是这个家族的政治家谱。

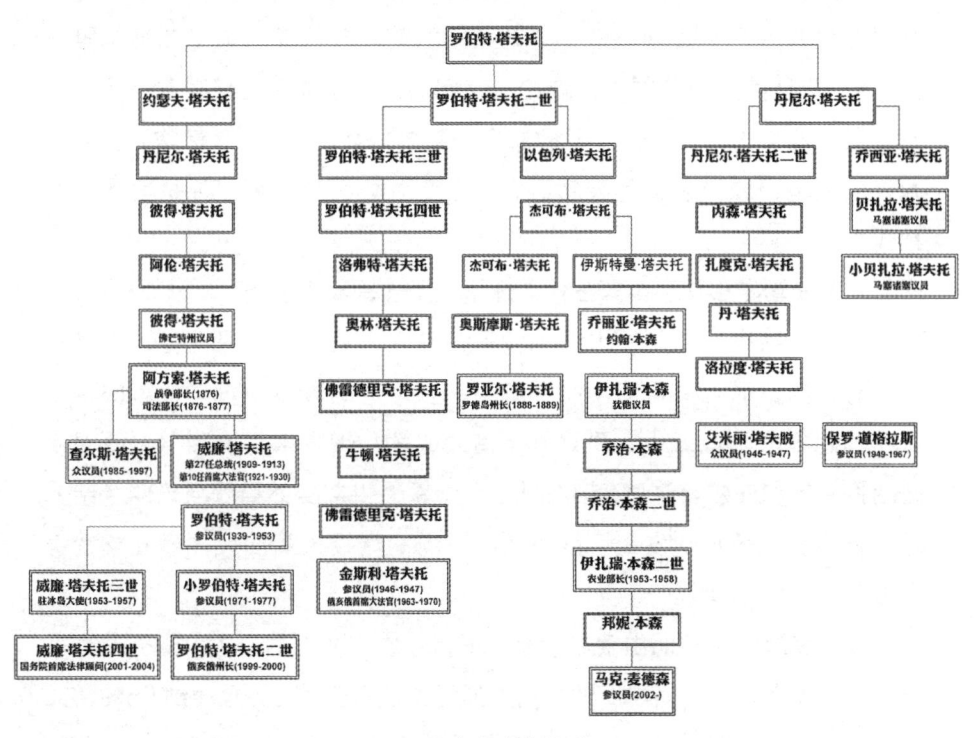

图 4 塔夫托家族族谱

6. 响彻政坛的洛克菲勒家族

哈丁之后，俄亥俄人再也没有出总统，但美国政坛上很多显赫一时的人物，他们的家族都是从俄亥俄开始发迹的。首先就是洛克菲勒家族。

1900年，麦金莱总统的游艇"海豚"号又开始了古巴之旅，这是当年的政治聚会的一种形式，有关的政治家被邀请上船，在海上边度假边谈政治，确实比和布什一起在德克萨斯州闷热的农场里烤肉舒畅得多。这次海上聚会话题不少，包括参加八国联军有关事宜，还有一项是个订婚仪式。26岁的准新郎小约翰·洛克菲勒是未来美国首富，同龄的准新娘阿比盖尔·奥德里希家里也是巨富，而且她的父亲尼尔森·奥德里希参议员是当时美国政坛上最有势力的人。一年后二人正式成亲，是当时的"世纪婚礼"，其场面到今天也是不可想象的。

洛克菲勒这个名字在20世纪美国政坛上如雷贯耳，到现在依旧是一个很有势力的政治家族。洛克菲勒家族的第一代约翰·洛克菲勒是第一位身价10亿美元的美国人，现在洛克菲勒家族手握上百亿财富，而且是慈善家，第一代和第二代父子俩加在一起的捐款就超过10亿美元，由于几代人大笔捐款，以洛克菲勒命名的东西到处都是，可以说是美国的一种代表。

洛克菲勒家族从政自第三代人开始，同样是家族联姻。

洛克菲勒家族的创始人老约翰是纽约人，家庭出身是医生，不过他爸没有执照，而且搞得家境每况愈下，害得老约翰高中没毕业就失学，从纽约跑到俄亥俄谋生，正好赶上南北战争，俄亥俄得天独厚，西部战区由格兰特和谢尔曼这些俄亥俄人把持，军需供应自然照顾自己的乡亲，老约翰靠着战争很快发财。战争后期，老约翰投资炼油业，没几年就身家百万。

战后美国政坛长期由俄亥俄豪门把持，作为他们的金主，洛克菲勒家族的生意越来越大，美孚石油公司炼油能力从占全美4%猛增到95%，几乎控制了美国全部工业和几条大铁路干线，在巅峰时期曾垄断全美80%

的炼油工业和90%的输油管生意。

1911年，美国最高法院判决，依据1890年的《谢尔曼反托拉斯法》，美孚石油公司是一个垄断机构，美孚石油帝国被拆分为约37家地区性石油公司。然而拆分后的众多公司的股票市值合起来远远超过原来美孚公司的市值，洛克菲勒家族的财产非但没有减少，反而比以前更多。老约翰成为有史以来最富有的人。

老约翰年轻时的理想是挣10万美元和活到100岁，结果活到98岁，挣了无数个10万，光捐出去的就有5500个10万。洛克菲勒家族的家产传儿不传女，老约翰五个孩子中唯一的儿子小约翰继承了全部家业。小约翰成了全国首富，麦金莱总统牵线，政坛上最有势力的奥德里希参议员把女儿嫁给了他。

小约翰和阿比盖尔生了六个孩子，不过和上一代正好相反，是一女五儿，于是到了洛克菲勒家族第三代，财产被几个儿子一分，就没有美国首富了。但夫妻俩对这一代人的教育非常严，几乎到了苛刻的程度，从小培养他们的竞争精神。这是阿比盖尔的风格，她在按政治家来培养自己的孩子，于是洛克菲勒家族从第三代开始进军政坛，完全继承了奥德里希家的政治势力。老大约翰在幕后参与政治，他的儿子杰成了民主党，曾任西弗吉尼亚州州长、联邦参议员。老二尼尔森曾长期担任纽约州州长，多次参选美国总统，并出任美国第41届副总统。老四温斯罗普"二战"时在77步兵师服役，由列兵升为上校，是太平洋战场上的英雄，后来出任阿肯色州州长。1968年也参加共和党初选，和哥哥同场竞争。

最近一位出任公职的洛克菲勒家族人士是第四代温斯罗普·保罗，老爸曾经当过阿肯色州州长，他出面竞选副州长，结果连选连任。阿肯色州副州长是个兼职，主要是在州长出差时代行州长职务，或者由于某种原因州长离职后担任州长。前两任副州长都是这样当上州长的，一位是接了克林顿的班，因为克林顿当总统去了。另一位再接他的班，因为"白水门"事件没整垮克林顿和希拉里却把他整垮了。俗话说事不过三，到了洛克菲勒时，没等到他接别人的班，自己先病死了。不过阿肯色人们还是很怀念这位副州长的，起码他不像克林顿那伙人一样贪得无厌，当副州长那 34673 美元的年薪都一分不要地全捐出去。其实，这点钱他实在看不上眼，他自己的身价是 12 亿美元，2005 年在富人榜上排 283 名。

洛克菲勒家族自尼尔森之后，在政坛上每况愈下，再没有出现能冲击总统的人物，他们的政治势力传到了另外一个家族手中，就是布什家族。

布什家族也是谢尔曼家族的分支，在政治上开创基业的是老布什的爷爷塞缪尔·普雷斯科特·布什，他之所以能够涉足政坛，是因为他是洛克菲勒家族在俄亥俄州钢铁厂的一名高级经理，在老约翰的弟弟佛兰克退休后，他接替出任总经理，成为美国商界名流，因此涉足政坛，成为谢尔曼家族的胡佛总统的顾问。尽管布什家族和北方几大家族都有亲戚和婚姻关系，但洛克菲勒家族是布什家族的恩师。

塞缪尔的儿子、老布什的父亲普雷斯科特·布什凭着谢尔曼家族子弟的身份进入耶鲁，回到俄亥俄经商，但却是在谢尔曼家族的根据地康涅狄克竞选成功，成为联邦参议员。布什父子也都进入耶鲁学习，也都是骷髅会的成员。老布什毕业后到德克萨斯发展，小布什从德克萨斯州州长而当选总统，他弟弟杰布曾任佛罗里达州州长，2016 年也出马参选总统。

2004 年总统竞选，民主党总统候选人克里不仅是骷髅会成员，而且也是谢尔曼家族的后人，这场总统大选就成了谢尔曼家族的内斗。

塔夫托和胡佛，加上布什父子，谢尔曼家族一共产生了四位总统，而且至今在美国政坛上还有巨大的影响，下面这个政治图谱就是谢尔曼家族在美国建国后在政治上的成就，如果给美国政治家族排名次的话，谢尔曼大家族无疑是美国最有势力的一个。

从俄亥俄到康涅狄克，有一个控制美国的政治圈，以耶鲁毕业生为代表。在谢尔曼大家族的控制下，耶鲁大学成为美国政坛人物的主要出生地，

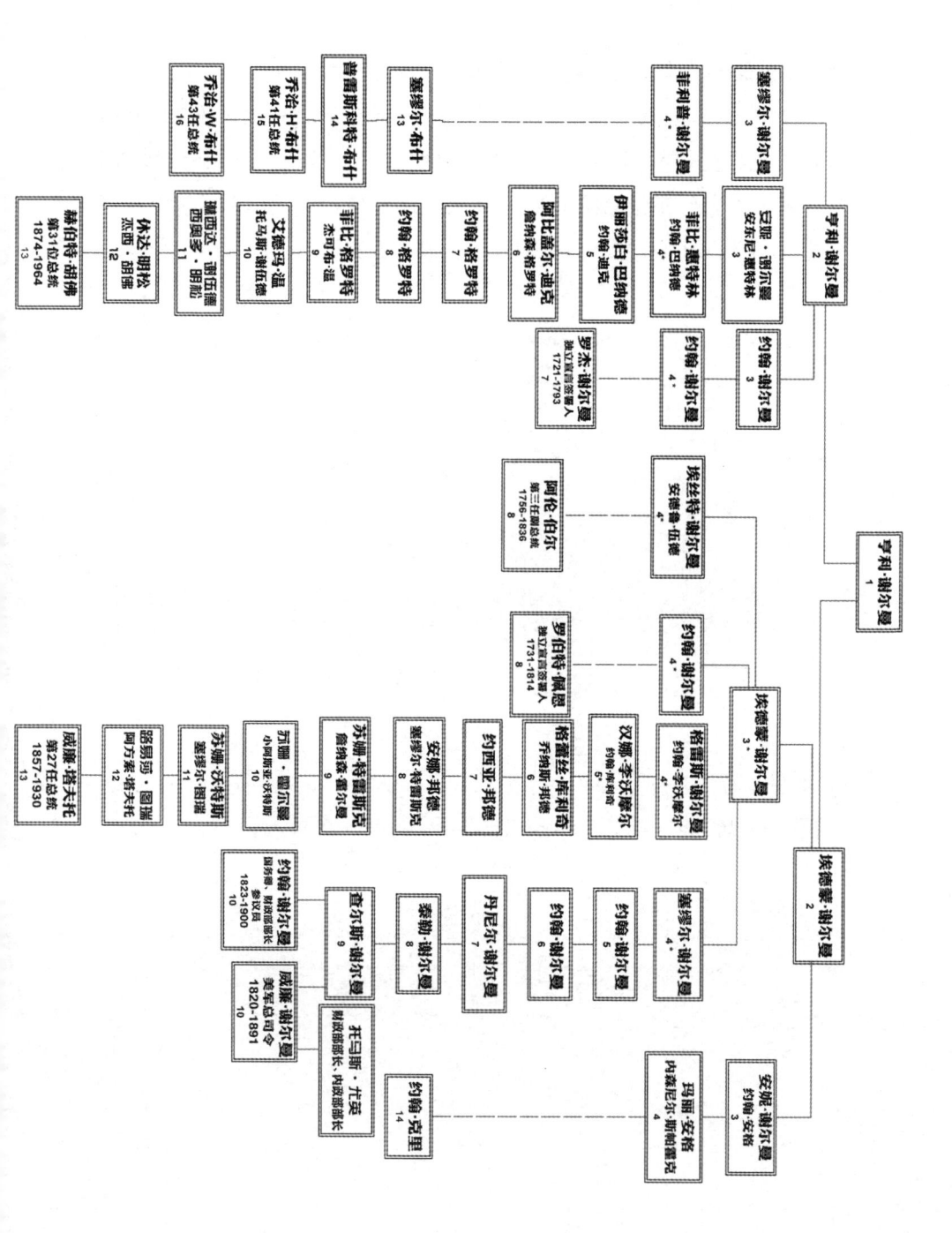

图 5 谢尔曼家族族谱之二

尤其是骷髅会，在背后控制了美国很大一部分权力。

　　自 1972 年以来，每届总统大选，民主党或者共和党这两大政党推选出的总统候选人中，总会有一名是耶鲁的毕业生，先后出了福特、老布什、克林顿和小布什四位总统。2008 年大选由于希拉里的出局而没有继续这个传统。但他们那个圈子，依旧牢牢地控制着美国。

十、游戏规则——美国民主选举的真相

1. 美国政治从建国开始就不以"民主"为核心

谈到美国,就不能不谈他的民主选举的政治制度,这似乎是美国的立国之本。

可是,让很多人感到吃惊的是,这个民主政治的规则在美国建立之初并不存在,也就是说,美国并不像官方吹嘘的那样,是以民主开国的。

不仅在中国人的眼中,甚至在世界人民的眼中,美国是一个让人又恨又羡慕的国家,原因就是因为它的强大,而且越来越强大。美国的强大固然有它的历史机遇,但毫无疑问和它的政治体制有关。不管对美国有多大的仇恨,只要是有理智的人,都承认美国的政治体系绝对不是世界上最坏的。在崇拜美国的人眼中,美国的政治体系就和《圣经》一样,值得一字一句地反复地学习和朗诵,直到达到一句顶一万句的水平。世界上颇有一些国家全套照搬美国的政治体系,但基本上没有成功的例子,甚至比他们原有的政治体系还糟。

画虎不成反类犬,本来就是放之四海皆准的真理,由于水土不服而生病甚至过世的例子在医学上也属于常见的病例。因此人们在司空见惯之后,会很虚心地从自己身上找原因,总以为是自己在哪个方面做得还不好,有哪些地方需要改进。有一位伟人曾经很有哲理地讲过:"虚心使人进步。"可惜这句话不是普遍真理,人们往往因为太虚心了,以致形成某种智障。

美国政治制度在其他国家实践上的失败,人们也是很惯性思维地找自己的原因,而不是从这种政治制度的本身上找原因,没有认真考虑一下这

种政治制度值得不值得照搬,能不能照搬。当然也有智者看出,一种政治制度是有其社会和经济基础的,因此他们强调在照搬美国政治制度如三权分立、总统选举制度等之外,还要培养这种制度生存的土壤,比如让中产阶级壮大到一定的程度,或者让大多数人都成为房奴车奴。

但是,他们没有看到的是,任何一种政治制度都不是自太空如陨石一样掉下来的,而是从地球上滋生出来的。当该制度滋生出来的时候,人类的社会形式已经发展到了一定的阶段,也就是有了自己的历史和文化。因此任何一种政治制度包括美国的政治制度都有它的文化和历史背景,也都有它文化和历史的负担。

美国的政治体系和其他各种政治体系一样,有其可取之处,也有其沉重的负担。虽然北美这块土地接触文明的时间不长,没有什么历史和文化的传统,但当年建立美国政治体系的那些人并不是打鱼、种玉米、有空割人头皮的印第安人,而是受西方文化熏陶的白种人,在他们心中是有固有的对政治和社会结构的成见的,这种成见自然会出现在美国的政治体系中,因此美国的政治体系和制度也不可免俗地有了历史和文化的背景和负担。

无论怎么演变,美国的政治有它不可撼动的基础,这个基础来源于美国建国之前的时代背景,也来源于建国之后的历史变迁,恰恰是这种时空的东西是无法照搬的,恰恰是这种时空的东西让照搬的人们从一开始就注定要失败。

美国以民主立国,实际上是继承殖民地自治传统,选举产生立法和公职人员。到了今天,美国的民主选举制度变得比较健全了,每次选举,无论是全国性的总统选举,还是地方性的选举,都能够做到认真遵守既定的规则。然而,这个规则并不是从一建国就建立的,而是经过很长一段时间,经过了分裂和战争的血腥过程,才逐步健全和完善的。

这个规则的建立是政治势力妥协和合作的结果,有了这个规则,就能够保证美国政坛稳定。政治野心家们要做的和能做的,不是更改或者推翻这个规则,而是遵循这个规则。只要你认可和遵循这个规则,现有的政治势力就能够保证这场政治游戏的公平，后来者也有可能摇身一变成为政治豪门。

1788年，建国12年了，美国国会才决定要选举一名总统。

从宣布独立算起，已经有12年了。从和英国签署《巴黎和约》事实上独立，也有6年了。不管怎么算，美国这个国家在建国后不短的时间里并没有一个中央行政机构。

名义上的中央政府不存在，但事实上的中央行政机构还是有的。国会通过其下属的委员会对这个新兴的国家进行管理。国会的前身大陆会议是为了独立而由各州议会派出的代表组成的机构，是各州议会的联合体，应该和殖民地原有的议会一样，是立法机构。但是从战争期间到战后，大陆会议同时拥有立法和执法功能。美国所引以为豪的执法、立法和司法三权分立的原则从一开始就被践踏了。

对于靠独立而获得权力的豪门们来说，这是他们所希望的结局。在殖民地时代，他们在很大程度上控制了议会也就是立法权力，但执法机构由英国指派的总督掌握，豪门们无法控制绝对权力。独立后，通过国会，他们终于控制了绝对权力，因此他们希望不仅继续控制立法机构，也要把行政机构抓在手中，而作为司法机构的最高法院，这时候还非常弱小，根本没有任何制约力量。让世人称赞的三权分立，在美国独立开始阶段并不存在。

1783年到1788年，美国处于一种非常混乱的状态，各州之间不断发生争吵，各种矛盾无法得到调解，中央一级的行政工作处于无序甚至是瘫痪状态。各州的豪门为了本地的利益，极力削弱联邦的权力。美国没有正规军，大陆军的所有军舰全部卖掉。各州内部也十分混乱，马萨诸塞州因为税太重而出现农民起义。在新获得的俄亥俄河谷的归属上，几大州互不相让，只能单独成立俄亥俄领地。

眼看再这样下去就分裂了，从豪门的共同利益出发，建立一个美国而不是分裂的殖民地是非常重要的，否则会有地区性的贸易堡垒，西部的土地的分配也无法协调。如果不能协调的话，就只有武力解决。刚刚和英国打完仗，英国人还在加拿大虎视眈眈，如果再打一场内战的话，美国很可能会重新变成殖民地，费了这么大的劲才夺到的权力会丢掉，因此他们不希望出现这样的结局。

政治豪门首先希望在现有体制中解决，也就是找一个能够震得住的人当议长，把这一切都摆平了。这个人就是马萨诸塞豪门的老大汉考克，于是正担任马萨诸塞州州长的汉考克被国会再次选为议长，即美国的国家元首。汉考克有没有这个能力这时候是无法证明了，因为他病得不轻，只能由别人代理，这样过了几个月，局势更乱了，汉考克自己也不愿意收拾这个乱摊子，便辞去了议长的职务。

汉考克指望不上，国会只好再一次想到华盛顿。为了让华盛顿获得100%的选票，国会决定施行两级选举制度，美其名曰照顾各州的权益。各州按人口多寡来派出代表，这些代表被称为选举人，组成选举人团来投票选举总统。

一直延续到今天、让人诟病的两级选举制的原动力之一就是为了达到华盛顿得票100%的目的而设立的。

2. 最不民主的"民主选举"

规则制定好了以后，国会议员们开始觉得这种走过场的民主未免有些太可笑了，赶紧为这次大选加进了民主的成分，就是设立副总统一名。副总统的权限从一开始就被限制成参议院议长的角色，最重要的职能是一旦总统去世，副总统按第一顺位成为总统。副总统没有既定人选，愿意当的都提出来，结果出现11位候选人，其中有5名州长1名副州长，还有病得都不能写字的汉考克。尽管副总统是摆设，但华盛顿已经快60岁了，鉴于华盛顿家族男丁通常活不过50岁的家族传统，对于政治人物来说，第一任副总统相当有吸引力。

最后组成的选举院一共有69位代表,不知道是当年印选票的水平不行，还是计算选票的能力不够，每位代表要投两次票。一票要单独投给华盛顿，这是千万不能改的，不能投给其他人，也不许不投。另外一票投给其他11位候选人，谁得票多谁就是副总统。结果约翰·亚当斯得票最高，34票，差一票过半数。为此亚当斯一辈子不痛快，因为这种选举制度让他太丢脸了，和华盛顿全票相比，他就像小丑一样。

华盛顿是被推举而不是选举出来的。既然老将军好不容易同意结束退休，出任总统，大家就必须一起把票投给他，不能有一票反对的，也不能有弃权的，一定要让他得票率达到100%。第一次大选的时候，这些代表对选总统有投票权，但没有选择权，因为只有一个候选人，而且他们连不同意的权利和弃权的权利都没有，是完完全全的橡皮图章。

美国的民主选举制度就是以这种很不民主的方式诞生的，无论是既定的总统，还是选举出来的副总统，都和民意相差很远，完全是一小部分人暗箱操作的结果。今天世界上任何一个国家，不管多么独裁，他们的选举制度都比这民主得多。

但是，无论具体方法如何，选举的形式一定要有，4年以后，国会要求华盛顿留任，而且继续参照第一次大选的例子，保证100%选举华盛顿连任总统。

第二次总统选举还是参照上次的办法，一定保证华盛顿得票100%。此时代表北方的联邦党和代表南方的民主共和党已经出现，两党在副总统人选上角力。物以类聚，亚当斯加入联邦党，虽然汉密尔顿对他并不信任，不过为了大局，联邦党并没有别人出面竞选副总统。民主共和党就显出民主的架势了，共有三名候选人，杰弗逊、纽约州的乔治·克林顿和阿伦·伯尔。就这样，1792年的大选，就成为政党之间的第一次较量。

这次有了政党了，竞争起来就像模像样一点。办法之一是动用手里的资源，那时的法律并不限制把政府职位用在政治目的上，于是财政部部长和国务卿开始许愿，各地的政治人物只要投我党候选人一票，就可以当公务员。汉密尔顿手里有财政部2000个位置，杰弗逊手中只有一个位置，还不是全职的。资源不如人家，人手本来就少，而且还不齐心，自然不是人家的对手，亚当斯不仅如愿连任，而且终于过半数，成为名副其实的当选了。这一次不仅13个州都派了代表，而且还多了两个州，即佛蒙特和从弗吉尼亚分出来的肯塔基。代表一共132人，还是一人投两票。华盛顿得了全票，亚当斯得了77票，克林顿得了50票，剩下两位得票在个位数。

代表票多了，可是公众投票却少了，一共只有13332人投票，其中超过70%的人支持联邦党，还是只有6个州进行了公民投票。于是华盛顿在可怜的5‰的支持率下继续执政。

这么点人投票，说明一般公众对民主选举没什么热情。1796年举行美国第三次总统大选，华盛顿对美国政治彻底心灰意冷，执意挂冠而去，总统的位置你们随便争吧。从这一次开始，美国总统才真正是选举出来的。

联邦党推出以副总统亚当斯为首，刚刚从驻西班牙大使任上卸任的南卡罗来纳平克尼家族的老二托马斯·平克尼为副，对决民主共和党的杰弗逊和来自纽约的伯尔。在竞选中，对英和对法政策成为辩论的焦点，关键时刻法国大使出来指责联邦党人忘恩负义，结果给民主共和党帮了倒忙。

这一次大选投票的一共66841人，各州选出的选举人中联邦党占多数，已经稳操胜券了。这次选举的方法和上两次一样，都是一位代表投两票。但是和前两次不同的是，不存在内定人选了，每个选举人投两名总统人选，得票第一的是总统，得票第二的是副总统。亚当斯担任了两届副总统，又比平克尼名气大，只要联邦党的选举人按预定计划行事，总统是亚当斯，副总统是平克尼已经是既成事实了。

杰弗逊看中的是伯尔来自联邦党的大本营纽约，能文能武，可是弗吉尼亚豪门根本不信任伯尔，他在弗吉尼亚选举人中只得了一张票，不是杰弗逊没有做工作，而是这家伙看起来太像敌人的奸细了。

这一次大选的结果已经水落石出了，可是汉密尔顿不高兴，他一直不喜欢亚当斯，虽然都在联邦党内，但作为联邦党的创始人，汉密尔顿在联邦党内影响巨大，他要改变这个木已成舟的事实。

看到这里先停一停，让我们仔细看看美国的两级选举制度。

3. 两级选举制度的漏洞

直到今天，美国的选举还是两级选举。

各州和华府各自选举自己的代表，代表的分配是根据各州参议员和众议员总数，华府在国会里面没有议员，可是华府人民也有选举权，因此就参照代表数最少的州，出三名代表，这样全国一共有538名代表，哪位候选人获得270票以上，就当选为总统。除了缅因州和内布拉斯加州容许候选人按得票多少平分代表外，其他州都采取得票最多的候选人拿走全部代表的方法。

这种方法被人民骂了一百多年了，因为多次出现全国范围内得票最多的候选人当不上总统的情况。但是，这种选举办法也有它的优势，就是既尊重各州的权利，又不会出现达不到多数的情况，不管有多少人参选，总会有一位候选人在选举人票上过半数。从这一点上，解决了很多国家大选的时候几名候选人都没有过半数，还得重新选举的困境。此外，如果真出现重新选举的话，法律规定由国会的议员们来选举，因为他们是各州选民选举产生的，有资格代表各州选民，这样就非常聪明地把选举权控制在本地政治豪门手中。

采取这个办法也有历史原因，美国建国的时候交通很不方便，采取普选的办法没有一年两载选不出来。不要说穷乡僻壤，就是从华府到纽约，现在有飞机、火车、长途汽车，如果自备交通工具也就是开车去的话，假如路上没有见到车祸，而且少上几次厕所的话，4个小时之内完全可以从白宫来到时代广场。华盛顿被选为美国第一任总统时还没有首都，临时到纽约就任，国会也没有提供专用交通工具，因此华盛顿只能自备交通工具，路费还是借的，走了一个礼拜才到。当时有一位住在南部的选民写信给国会，对地方政府无视他交通不便的行为提出控告，他家附近一共有5条河，没有一条河上有桥。如果这位选民要投票的话，不知道是选举人员游过去还是他游过来。如果是林肯所住的北部边疆就更费劲了，选举人员要有林肯的伐木本事，自己开出一条路，才能把选票送到选民手里。在这种情况下，选举只能照顾选区的利益，而不是具体选民的利益。

不能直选，因此只好采取选举人的制度，各州先推选出代表来，这些代表再选总统。现在的美国总统大选，到了11月初选举日的半夜以前就知道明年谁住白宫了，是因为代表们选谁并不是自己说了算，而是根据选民的投票结果来决定。但是橡皮也是图章，形式还是得走。选举结束后第41天，美国要同时开51个会，各州及华府的选举人要各自聚集在本州的议会中，开会宣布本州的大选结果。再过一个月左右，国会也煞有介事地开会决定谁应该当总统，比如2000年那次：布什先生得了271票，戈尔先生得了265票，因此布什先生当选美国第43任总统。下面是副总统，切尼先生得了271票，利克曼先生得了266票，因此切尼先生当选为副总统。咦，怎么少了一票？

2000年大选时应该投给戈尔的一位华府代表谁也不投了，以抗议华府没有国会议员，是联邦的殖民地。这种临时变卦合法吗？合法，选举人也是人，这种临阵变卦是美国大选的一个变数，但这是非常小的变数，可是它为美国大选留下了玩弄阴谋的漏洞。

选民选完了，获胜的政党挑出几个人，吩咐好了，开会的时候按预定的填就是了，走走过场，可是这几个是人不是机器，到时候变卦你也没办法。对这种不忠诚的行为有24个州规定是要惩罚的，可是迄今为止没有一个人受罚，这个东西最高法院也没有定论，因为迄今为止没有一个选举结果被这种不忠诚的投票所改变，也就没闹到最高法院一定要下个结论的地步。

到今天为止，一共有157起不忠诚的投票。其中71起是没投，没投的原因是投票前代表死了。虽然从选民投票到选举人投票之间只隔41天，可是架不住这41天死人呀，人死了不能替补，那票就废了，因此两党在找选举人的时候都得留个心眼，不能找病入膏肓的。这么一来就有玩阴谋的可能了，想方设法弄死对方几个代表。可是人死了那票是空的，你可能领先但还是没有过半数，对方再换代表就是了，因此这种阴谋不成立。

另外一大部分是投错了，4年投一次都经常有投错的，把政治交给这帮人的后果可想而知，这种糊涂虫什么时候都有，两党只能各自小心，尽量挑不糊涂的。

这就是美国选举制度的一个漏洞，因为毕竟到时候还要以选举人投票而不是选举结果来决定，在历史上就有人试图从这里下手，改变选举的结果，这个人就是一代枭雄汉密尔顿。

让我们回到1796年大选之后。

此时，北方的联邦党选举人已经聚集在出身北方的亚当斯旗下，从地域和情感上，汉密尔顿是无法做手脚的。他能够说动的只有南方的联邦党选举人。于是，他开始密谋，让南方的联邦党选举人不选亚当斯而选杰弗逊，另外一票选平克尼。因为北方的联邦党选举人会选亚当斯和平克尼，这样一来在总票数上，平克尼第一，亚当斯第二，总统就是平克尼的，亚当斯还得继续当副总统。平克尼是自己扶植上台的，在政策上肯定对自己言听计从，自己还能继续操纵朝政。

汉密尔顿这个阴谋相当出色，可是百密一疏，这位枭雄把一切都计算好了，可是偏偏漏算了一件事，就是这件事要动员南方联邦党的选举人，那么多人很难保密，这个消息一定会传出去。南方的联邦党人确实听他的话选杰弗逊和平克尼，但北方联邦党选举人为了报复他，却没有一致地投给亚当斯和平克尼，其中不少位只选亚当斯，另一票选了别人。结果1796年选举结果是这样的：亚当斯过了半数，得了70票，其余人都没有过半数，杰弗逊得68票，平克尼得59票，于是出现美国历史仅有的一次，选举出来的正副总统来自不同的政党。由于汉密尔顿的小动作，联邦党到手的鸭子飞了，让杰弗逊白捡了一个副总统。他这位副总统所干的，就是凡是亚总统赞成的，我杰副总统就反对，专门和亚当斯对着干。这件事导致宪法第12条修正案问世，从1804年大选开始，还是一票选总统，另外一票选副总统，不能再正副总统一块选，看谁得票多了。

政治本身就是一种游戏，再怎么修改，基本的规则是不能修改的，就好像篮球和足球一样,是不能改变用手玩还是用脚踢的,各种政治体制的修改也是同样的道理。1796年大选的这起幕后动作,就是一起企图改变游戏规则的黑箱动作,它的功败垂成,并不是因为漏算的缘故,而是因为惹了众怒。世上没有不透风的墙,政治更是如此,汉密尔顿的阴谋很快泄露出去,连英法的外交官都知道了。北方的联邦党代表以其人之道还治其人之身,弄得汉密尔顿灰土灰脸。这起事件也造成联邦党从如日中天的地位进入分裂的状态,从此渐渐落了下风。

4. 俱乐部搞政治

汉密尔顿的性格中枭雄的成分过多,为了达到目的不择手段,平生惯于阴谋。这种人才在别的政治体系中也许能成功,但在美国的政治体系中,是格格不入的,因此成为公敌。这不是因为他的野心,而是因为他要破坏规则。

这就注定了他的悲惨下场。

因为有汉密尔顿做先例,坏了选举的规矩,全成了私下交易,多少年的经营让小动作毁了,事关双方的政治前途,两党从此不打这方面的主意。因此控制两党的势力在策反选举人上非常自律,可以说绝不越雷池一步。选举可以输一次两次的,但游戏规则不能变,游戏场不能毁,否则的话就是变天就是革命了。

在这种双方制约的情况下,变卦的基本上是个人行为。唯一的一次例外是1836年大选,弗吉尼亚23位代表集体叛变,拒绝支持当选的副总统约翰逊,导致约翰逊差一票没过半数。这种情况也有法可依,要由参议院在得票最多的前两名候选人中选一名,幸亏参议院还是选了约翰逊,否则险些再次出现正副总统各自为政的局面。

约翰逊让弗吉尼亚人反感的原因是他找女人只找家里的黑奴,这也是他妈作的孽。约翰逊是革命后代,他妈是独立战争中有名的英雄母亲。当年要塞被敌人围困时,约翰逊还在摇篮之中,一支带火的箭射中了摇篮,而且着了火，幸亏他姐姐把火扑灭。约翰逊的老爸是干测绘的，有钱以后从不善经营的亨利和麦迪逊等人手中贱买下良田而致富。

约翰逊年青时候订过婚，但他老妈认为门不当户不对，女方的家财比不上他们家，便千方百计让他毁婚。这么一来约翰逊就产生逆反心理了，老爹一过世，他马上和家里的一个女奴好上了。这位叫朱丽亚的女奴是混血儿，但按本州法律也是奴隶。约翰逊把她当老婆，但法律不认可。1833年霍乱流行，朱丽亚病死了。约翰逊马上和家里另外一名女奴好上了。过几天这女奴跟别人私奔了，约翰逊大怒，叫执法部门把她抓了回来，拉到奴隶市场上拍卖了，转身又和她妹妹好上了。

这种行为让弗吉尼亚那帮奴隶主非常反感，所以在选举团投票时出现集体反水的现象。

1800年的一天，杰弗逊风尘仆仆地来到纽约，专程拜访伯尔。

伯尔自从1795年参议员败选后，一直待在纽约，1798年入选纽约州议会，在纽约开创了自己的基业。

伯尔是美国政治历史上的一个怪人，也是一个政治奇才，被称为"美国现代政治之父"。他对政治运作的兴趣远远高于对权力的兴趣，好像电脑黑客一样，要在政治上玩高智商。他是美国政治人物中第一个知道怎么运用民意，也就是玩政治的人。在美国开国群雄中，多数人对结党营私很不感冒，一个个都有独行侠的气质，认为政治就是靠个人的魅力，就像今日的偶像明星似的，有一张脸就足够了。虽然也有不同的见解，但多是靠个人之间理论，讲究单打独斗，没有群殴的愿望。在民主选举的事情上，他们觉得应该让公民去选候选人，而不是让公民去选政治集团。有了党之后，选举还是靠个人的名望和社会关系，政治家不会屈尊和升斗小民握手的。

伯尔本人并没有明确的政治理想，对联邦党和民主共和党的纲领都能接受。由于他来自新泽西，又曾在军中服役，从感情上愿意加入联邦党，可是华盛顿偏偏就看不上他，他只能投靠民主共和党。

伯尔是个很聪明的人，他对美国的政治有自己的理解。不管政治豪门怎么控制，选举靠的还是选票，选票靠宣传是不够的，要社交，于是他从社交做起。

美国的选举并没有规定参加投票的人一定要超过选民的半数，只要投票了，是几万还是几十万无所谓，只要自己的人成为选举人就成了。可是从伯尔开始，他认为可以操纵选票而改变选举结果。

操纵不是舞弊，其实是钻民主选举的空子。选举权是一种权利，因此也是可以等价交换的物品。政治人物可以用选举权交换政治利益，非政治人物为什么不能用选举权来交换实惠？其次，伯尔是左右逢源的人才，政治归政治，个人之间还可以有游离于政党之外的友谊。

干这些事要有组织，伯尔看中了坦慕尼俱乐部。坦慕尼俱乐部是1789年由一位叫威廉·穆尼的家具商创办的社交性的俱乐部。1798年，伯尔接手后，把它变成政治性的社交俱乐部，他自己和两党的政治人物都有交情，坦慕尼俱乐部对政治人物不分党派一律欢迎，很快就成为地方政治势力的一个政治交际地点。

到了1800年，杰弗逊和亚当斯的总统之争渐渐明了，各自有各自的地盘。民主共和党的地盘还是没有人家多，杰弗逊盘算了一下，纽约是关键，如果拿到纽约州，就能拿到总统，所以请伯尔来办成这件事。

伯尔意识到，选举在于选票，选民虽然多，但多是耳朵软的，只要宣传工作做到家，就能赢得多数选票，也就能左右大选的结果。尽管纽约是联邦党的阵地，只要投票的时候民主共和党人来得多，就能取得胜利。他当然不会威胁联邦党选民不要投票，而是尽力鼓动民主共和党选民积极投票，或者让中立者甚至对方的选民改变立场。

这样就要多宣传，而且不仅是在报纸上宣传，而且要深入民间进行宣传。他专门建立一个银行，为选举募捐。有了钱以后，便派坦慕尼俱乐部的成员四处宣传。在议会里摆出一副为基层民众谋福利的架势，立案要求建立水厂，然后开始拉票，甚至提供交通工具，拉选民去投票。

他的策略奏效了，纽约的选举结果，民主共和党取胜，这样纽约的选举人票支持民主共和党。纽约的大扭转决定了选举结果。伯尔因此成了美国选举运作之父,今天两党大选采取的办法基本上都是从他那里学的。

坦慕尼俱乐部从这时开始,直到20世纪40年代一直左右纽约的政坛。它的办法是给新来的移民提供庇护和援助,换取他们的支持,然后再通过当选的自己人把政府的救济合同交给坦慕尼俱乐部,直到类似的援助变成了相应的政府机构后,坦慕尼俱乐部才失去了作用。

伯尔建立了美国政治游戏的选举的规则,无论通过社交俱乐部,还是通过党派,用利益去交换选票。这样并没有影响豪门政治,因为豪门代表了地方的利益,所以竞选就成了豪门之间的利益交换,通过这种利益交换来争取选票。

所以直到今天,美国的选票并不代表民意,而代表着利益。

5. 有两党但没有两党政治

1811年,坦慕尼俱乐部遭遇了一次滑铁卢。现任纽约副州长死亡而举行的特别选举中,坦慕尼俱乐部的候选人败北。对于这次失败,坦慕尼俱乐部心服口服,不是他们的竞选方法不对,而是对方的实力太强。当选的是纽约市市长德维特·克林顿,在成为纽约市市长之前,德维特是联邦参议员,因为华盛顿的生活环境太糟糕而辞职的,在此之前他是纽约州州长的秘书,这位州长的任期加起来一共21年,是美国历史上任期最久的州长,而且是德维特的伯父、曾经给两个总统任副手的乔治·克林顿。乔治是大陆会议代表。德维特的父亲詹姆斯也曾是大陆军的将军。克林顿家族是独立后纽约势力中最大的豪门,遇到这种对手,坦慕尼俱乐部跨党派的利益交换毫无作用。

这位克林顿和今天的克林顿一点关系都没有,今天的克林顿也没敢攀亲,因为今天的克林顿的生父不姓克林顿,他是随养父的姓。乔治·克林顿的父亲查尔斯从爱尔兰来到美国,来的时候带着老婆和一儿二女,全船都是亲友和乡亲,查尔斯一共出了94个人的船票。没想到都1729年了,船家还跟海盗似的，到了海上就不给乘客饭吃，结果饿死了96个，包括克林顿家的一儿一女，到了马萨诸塞，还得交一笔巨款才能下船。

这伙劫后余生的人来到纽约，查尔斯受过教育，从农民变成县法官，后又结婚生子。法印战争时被总督任命为民兵中校，两个儿子也参了军，乔治后来去学法律，詹姆斯一直待在军中，直到以将军退役结婚。乔治·克林顿是大陆会议代表，本来要签独立宣言的，可是被叫去帮华盛顿建军，因此没有赶上。1777年他成为纽约第一任州长，一直干到1795年，1801年到1804年又干了4年州长直到成为副总统，是唯一一位给两个总统当副手的副总统。

21年的州长任期，使乔治·克林顿成为美国历史上任期最久的州长。德维特历任参议员、纽约市长，从1817年开始当了12年州长，直到和他伯父一样病死在办公室里。开国之后这几十年，纽约州州长就是他克林顿家的。

克林顿家族是民主共和党在北方的主要同盟，乔治·克林顿因此相继担任杰弗逊和麦迪逊两位总统的副总统，于1812年4月病故在副总统任上，也是第一位以身殉职的国家领导人。乔治·克林顿尸骨未寒，克林顿家族突然反水，德维特·克林顿被联邦党人推举为总统候选人，代表联邦党和麦迪逊所代表的反战民主共和党势力争夺总统。

德维特之所以反水，是因为他不愿意和伯父一样给弗吉尼亚人当陪衬，更因为纽约的金融家们要求执掌美国的权力。1812年的大选，麦迪逊勉强击败了德维特。德维特后来长期担任纽约州州长，直到死在任上。而从1812年大选开始，到南北战争，民主共和党也好民主党也罢，在历次大选中再也没能拿下纽约州，纽约州成为北方的政治中心，也是将美国推入内战的中心。

1792年开始，联邦党和民主共和党相继兴起，因为在治国理念和对外关系上的不同而成为两个相互对立的政党，先由联邦党的华盛顿和亚当斯执政，再由民主共和党的杰弗逊、麦迪逊和门罗执政，看起来是很典型的两党政治。

　　始于开国的两党政治，联邦党从汉密尔顿死后一蹶不振，到了1816年基本上消失了。1820年大选，不仅只剩下民主共和党一家竞选，而且门罗根本就没有竞选对手，总统选举成了纯粹的走形式。1824年大选又是只有一个政党竞选，眼看民主政治竟然走到一党专政了，没想到这一年的大选非常激烈。

　　从美国建国至今，总有不少人认为美国是两党制，也就是两个有不同执政纲领和政见的政党轮流坐庄。在美国历史上大多数时间，总统的确是由两个主要政党的候选人轮流担任的。但是，美国的政治体制并不是两党制。传统的两党制或者多党制是赢得议会多数的党或者党的联盟组阁，但美国的国会竞选和总统竞选是分开的，无论谁在国会占多数，都不能组阁。从表面上看，这样可以做到更好的平衡和制约，1824年的总统大选就是一个非常好的例子。

　　联邦党和民主共和党之争，在第二次英美战争之后，以联邦党衰败而告终。民主共和党不仅长期把持总统，而且在国会两院也占据多数，原来的联邦党人不是从联邦政坛引退，就是改换门庭投奔民主共和党，比如联邦党参议员约翰·昆西·亚当斯，1808年突然宣布自己变成民主共和党人，为此辞去参议员。可是没过多久，麦迪逊总统就先后任命他出任驻俄和驻英大使，门罗上台后，他当了8年的国务卿。

　　这位约翰·昆西·亚当斯不是别人，正是第二位总统亚当斯的大儿子。老亚当斯虽然在联邦党内一直受汉密尔顿的排挤和暗算，但他从始至终都是联邦党人，1801年卸任后从政坛退休，回到昆西的农场养老，但一直在幕后为自己的儿子出谋划策，直到1826年去世。在联邦党群龙无首的时候，作为亚当斯家族在政坛上的代表，小亚当斯应该挺身而出，担当起重整联邦党的重任。但是，在联邦党还没有树倒猢狲散的时候，小亚当斯便率先投奔民主共和党，联邦党只能靠皮克林这种人来支撑。老亚当斯的识时务又一次体现出来，政党本来就是政治联盟，政治家族应该在政党的兴衰中为自己的家族寻求最大的利益。果然，对方的大将前来投靠，民主共和党开出的价码自然不能太低，小亚当斯因此成为门罗内阁的主要大臣。在门罗干满两届后，小亚当斯顺理成章地出马竞选总统。相比之下，皮克林只能待在议会当个议员。

1824年，杰弗逊、麦迪逊、门罗各执政8年以后，弗吉尼亚终于后继无人了。生于安逸的弗吉尼亚豪门子弟对政治越来越兴趣缺缺，满足于当个光练嘴皮子的议员，再也找不到能够竞选总统的人物了。一看弗吉尼亚王朝后继无人了，各地的豪门人物一拥而上，一党独大的民主共和党根本就无法推举出单一候选人，只能任由各位地方代表厮杀。结果比以往两党对决竞争还激烈。

6. 豪门内斗勇于外斗

1824年美国民主共和党初选，最后印在选票上的四大巨头有现任参议员安德鲁·杰克森，国务卿约翰·昆西·亚当斯，财政部部长威廉·克劳福德和众议院议长亨利·克莱，分别代表田纳西、马萨诸塞、佐治亚和肯塔基的豪门。这次选举谁也没过半数，杰克森得了99张选举人票，亚当斯得了94票，克劳福德获41票，克莱得了37票，都和获胜所需的131票相差甚远。

没有过半数，并非要再投一次，宪法早料到这种情况了，因此规定在这类选举没有结果的情况下，由众议院里面各州的议员分别投票，获得该州多数票的候选人就算赢了这个州，获得半数以上州支持的候选人出任总统，按照宪法第12条修正案，只有得票前三名的候选人有资格让众院投票，所以众议院议长克莱就不能列在选票上。这条法律纯粹是在维护政治家族利益，因为众议院的议员大多数是各地政治家族的代表。

克莱虽然不列在选票上，但他并不是旁观者，因为作为众议院的议长，这场关起门的选举是由他主持的，虽然当不成总统，但克莱要为自己和自己所代表的势力争取利益。克莱虽然是肯塔基人，但因为肯塔基是建国后从弗吉尼亚分出去的,毕业于威廉·玛丽学院的克莱是这次选举中弗吉尼亚的代表,因此他的支持举足轻重。

杰克森少年时就参加大陆军,在独立战争中全家丧命,他也几乎死在英军战俘营,在1812年英美战争中他再次参战,赢得了战争英雄的名声,论名望论资历,其余两位候选人远远不如他。在他看来,克劳福德不过是受到部分南方势力的支持,亚当斯则是靠着老爹余荫的世家子弟罢了。

杰克森太小看亚当斯了,小亚当斯和老亚当斯一样极有手腕,说动了原来的联邦党人和北方的豪门都支持他,然后再和克莱达成交易,结果国会第一轮投票,亚当斯就获得13个州支持,杰克森获得7个州支持,克劳福德获得4个州的支持,亚当斯成为第六任总统,出现了美国第一对父子总统。上任以后论功行赏,任命克莱为国务卿。

杰克森输得很不服气,因为他不是输在选举上,而是输在自己不是豪门中人上,输在豪门之间的肮脏交易上。输了以后他也顾不上搞政治的要有风度了,利用任何场合大肆攻击亚当斯的家世,把裙带关系骂得狗血喷头。

其实,杰克森通过婚姻也成为豪门中人,只不过在豪门中还算晚辈。4年后他卷土重来,夺取了总统的宝座,也使得豪门的内斗空前激烈。

1824年大选,造成民主共和党分裂。支持杰克森的人成为民主党,支持亚当斯的人成为国家共和党,美国政坛开始新的两党政治。

亚当斯的4年总统任期的主要精力花在应付杰克森上,双方党同伐异,而且开启了美国政坛政党之间揭丑和谩骂的先例。杰克森大骂亚当斯家族的裙带关系,而1828年大选时亚当斯则抓住杰克森夫人和他结婚前还没有正式离婚而大做文章,导致杰克森夫人在选举结束后不久便去世了,让杰克森恨亚当斯一辈子。

1828年大选,亚当斯仅赢得了1800年大选他父亲赢得的州,而杰克森赢得了其他所有的地方,以压倒性多数赢得了大选。和其他卸任的总统不一样,亚当斯继续从政。1834年,国家共和党的主体变成辉格党,他则脚踩两只船，加入新出现的反共济会党，而在议会中还是以辉格党的身份出现。从1831年开始直到1848年，他一直担任众议员，出任国会各大委员会主席，依旧影响美国政治。

亚当斯参加的反共济会党是美国政治史上最早成立的有组织的第三个政党。1826年在纽约西部成立。反共济会运动之所以骤然兴起，是因为1828年当选的美国总统杰克森是共济会的高级人物，因此很多反杰克森的人，包括民主共和党分裂之后的国家共和党人都成群结队地加入到这场运动中，在杰克森的政敌、卸任总统小亚当斯的策划下，一个新的政党——反共济会党出现了，这是美国历史上独一无二的为了反对一个组织而成立的政党。

反共济会运动和反共济会党并不是真的要借用反共济会的名义来形成新的政治势力，而是要通过反共济会来煽动群众，达到豪门联合的政治目的。杰克森对东部豪门很反感，因而代表南部的利益，这给了亚当斯和克莱等人一个整合北部政治势力的机会，反共济会把矛盾指向杰克森，使原来四分五裂的北方力量重新联合起来，包括原弗吉尼亚联邦党人的力量，这股力量联合起来后，一个骤然强大的辉格党就出现了，反共济会运动的领袖们也摇身一变，成了辉格党的大佬。

辉格党是北方联合弗吉尼亚打倒南方的政治联盟，由于老哈里森和泰勒这两位辉格党总统均死于任期之内，在短暂的辉煌后快速衰败，北方索性不再和弗吉尼亚联合，以废除奴隶制为旗号，重新成立共和党，靠战争打败了南方，然后致力于完善民主选举的政治游戏规则。

7. 罗斯福的上台和洛克菲勒家族的计谋

有些东西是再多的钱也买不到的，比如全球最难进的俱乐部的会员资格，这些会聚各路政商巨子的高级派对，往往笼罩着一层神秘的面纱。无法一窥究竟的人们只能怀疑，他们正在图谋构建新的世界秩序。

在纽约除了坦慕尼俱乐部外，还有别的俱乐部，其中之一是创建于南北战争中期的联合同盟俱乐部。它的两位成员先后成为总统：切斯特·阿瑟和西奥多·罗斯福，两位卸任后定居纽约的原总统——格兰特和胡佛也是它的活跃成员，现在会员中的原总统是老布什。

仅仅上面这几个成员，就能看出联合同盟俱乐部经久不衰的政治影响力。他的总统及成员还有一个特点，就是蓄意违反民主选举游戏规则中最主要的一条：总统的任期。

美国总统两届任期的限制直到半个世纪之前，才用宪法第 22 条修正案的形式规定下来，也就是说在这之前有本事你就当，只要大家选你。可是从华盛顿开始就有个约定俗成的习惯，就是干了 8 年就够了，也让老百姓有个新鲜感。这样做也符合豪门的利益，你方唱罢我登场，如果一个人干到死，不仅容易出现独裁，而且也不能体现内部的平等原则。有了约定俗成，也就没必要立法限制。第一个试图破坏这个约定俗成的规矩的是格兰特，他干了两届还要继续干，这么一来连党内的大佬们都不干了，在初选的时候就把他选下去了。

其他两位破坏这个规矩的都姓罗斯福，第 26 任总统西奥多·罗斯福，是因为麦金莱遇刺后由副总统继位的，干完了两届后也的确不想干了，支持自己的亲信塔夫托。但是塔夫托上台后，两人因为政策的问题成了仇人，4 年后罗斯福再度参选，结果威尔逊成了总统，他得票排第二，塔夫托成为唯一的在选举中排名第三的现任总统。

第 32 任总统富兰克林·罗斯福干了两届后，因为经济形式不错，1940 年又参加竞选，而且成功了。到了 1944 年，"二战"还在进行中，他那小儿麻痹已经到了晚期，还是参加竞选，结果死在第四任任期上。"二战"之后，鉴于不能再出现罗斯福这种人了，国会正式立法限制总统任期。

老罗斯福和小罗斯福都姓罗斯福，因此当小罗斯福参选的时候，很多选民认为小罗斯福是老罗斯福的儿子或侄子，1920 年他作为副总统候选人参选时，很多选民经常对他喊：我几年前把票投给了你爸。小罗斯福听到后马上开怀一笑。

可是，老罗斯福既不是他爸也不是他亲叔叔，两个人也不是一个党的，老罗斯福是共和党人，小罗斯福是民主党人。对这种错误印象小罗斯福从来不纠正，错的人越多越好，他正是希望借助老罗斯福来帮助自己实现政治理想。

虽然两人没有这么亲近的关系，但确实来自一个家族，是远房堂兄弟。

这个扎根纽约的罗斯福家族是一个左右逢源的政治家族。

和很多出身贫穷的总统不一样，两位罗斯福总统都是出自大富之家。罗斯福家族自荷兰来美国后，扎根纽约，到了第三代，一对兄弟分成两支，致富之后，一支支持共和党，出了老罗斯福总统，另外一支支持民主党，出了小罗斯福总统。

罗斯福家族的两个分支虽然都在纽约，但政见不同，一直分别支持两大政党。纽约有限的政界位子摆在那里，两党每次都势在必得，因此罗斯福家族在选举中经常相互竞争，一到选举的时候，双方互相攻击，一副誓不两立、党同伐异的架势。

在外人眼里是对手的罗斯福家族这两个分支，私下的关系极好，经常在一起联谊，小罗斯福的父母就是在老罗斯福母亲家里举办的社交聚会上认识的。因此在纽约州，罗斯福家族左右逢源，无论哪个党得势，他们家族都立于不败之地，是美国历史上极少的明争暗和的政治豪门。

小罗斯福的父亲有的是钱，他母亲家族也是纽约州大富之家。他的外祖父是鸦片战争时旗昌洋行的总裁，和福布斯家族、帕金森家族关系密切。小罗斯福娶了老罗斯福的亲侄女，也就是他自己的远房侄女。这桩婚事，他妈极力反对，可是老罗斯福没意见。因为弟弟已经去世了，老罗斯福在婚礼上充当新娘的父亲的角色，因此小罗斯福在他眼里，是一个女婿半个儿的角色。小罗斯福在政治上的迅速上升，正是靠老罗斯福及其朋友的帮助。和老罗斯福一样，他也是从海军助理部长、纽约州州长、总统这条线上来的。

靠着婚姻建立起十分紧密的家族关系，他整合了两党势力，成为美国历史上绝无仅有的超过两届任期的总统，使总统成为终身制，导致"二战"后国会不得不通过宪法修正案，立法限制总统的任期。

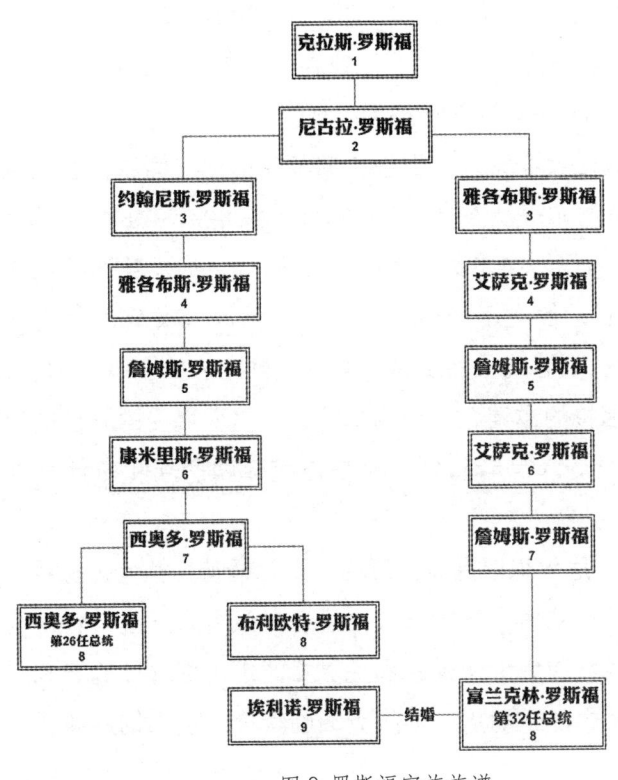

图 6 罗斯福家族族谱

"二战"之后，共和党人重新崛起，从艾森豪威尔到尼克松、里根和布什父子，共和党在大部分时间把持总统之位，民主党只有卡特和克林顿获得成功。

1976年大选，尼克松被弹劾，继任的福特没有什么能力，是民主党人夺取总统的最佳机会。意识到这一点的民主党人蜂拥而上，参加党内提名的人选创了纪录。在民主党全国代表大会前的七个月，佐治亚州州长卡特只获得 4% 以上的民主党选民支持，在佐治亚州之外毫无名气，肯定很快被淘汰。然而，几乎在一夜之间，卡特的支持率骤然上升，不仅成为民主党内领先的候选人，而且很快拿到了提名，随后在大选中成为总统。这个天翻地覆的变化是因为他突然获得了华尔街、新闻媒体和学院派的支持，来自金融界的捐助也使他财大气粗，做到这一切的正是洛克菲勒家族第三代最年轻的戴维·洛克菲勒，是他把卡特收为门下。

洛克菲勒家族是共和党人，但属于共和党内的中间派，也就是左右摇摆。戴维的哥哥尼尔森从 1960 年开始寻求共和党内提名，1973 年，尼尔森辞去连续担任了 14 年的纽约州州长职务，成立竞选组织准备等尼克松任满两届后，他再度冲击总统。没想到风云突变，尼克松因为"水门事件"下台，副总统福特上台，洛克菲勒家族的全盘计划被打乱，尼尔森只好接受福特的邀请，出任副总统。尼尔森接受副总统的原因，是因为另外一名候选人是老布什，这是洛克菲勒家族和布什家族的卡位战。

1976 年大选，尼尔森以退休为理由，不和福特搭档竞选总统，反而由他弟弟戴维出马，从民主党候选人中挑选最没有人气的卡特，全力支持他成为总统。虽然因为经济问题和尼克松"水门事件"的影响，共和党在这次总统选举中居于弱势，但洛克菲勒家族的反水彻底断送了共和党的希望。

洛克菲勒家族这样做，完全是为了尼尔森能够实现他的总统梦。1976 年大选，福特是现任总统，基本上稳拿共和党的党内提名，尼尔森在党内挑战福特，胜算很小。此外，他的长期竞争对手里根肯定会出马竞选，如果尼尔森也出马，很有可能让里根出线。无论福特出线还是里根出线，如果他们胜选的话，都有资格连任两届，因为福特是从副总统而总统的，任期不到两年，届时一则尼尔森已经 76 岁了，二来共和党长期执政，选民肯定要换马，尼尔森基本上没有希望。而且里根代表共和党传统的右翼，福特和尼尔森同属中间派，一旦里根出线，胜选连任的希望更大。因此，洛克菲勒家族的做法就是选个最没有能耐的民主党人上台，这样在4年之后，选民再度倾向共和党，作为温和派的尼尔森就可以靠中间派选民的支持，实现洛克菲勒家族的总统梦。

8. 戴维·洛克菲勒是如何操纵选举的

这个计划非常出色，可行性很高，而且也成功了。

无名小卒卡特成为总统，因为受洛克菲勒家族控制的智囊们故意给他出坏招，卡特4年执政期间几乎一无是处，一切都在洛克菲勒家族的算计之中。可惜天算不如人算，1977年尼尔森病死了，这个完美的计划便宜了里根，共和党从1980年开始连续执政12年，1992年如果不是佩罗特搅局，共和党还会继续执政下去。

卡特以华府圈外人的身份，打着改革的旗号当选，这自然是洛克菲勒家族包装的结果。卡特和高喊改革的奥巴马一样，出线的原因不是因为他背景简单，而是因为他能更好地代表豪门的利益。卡特本人其实就是政治家族中人，他是弗吉尼亚著名家族卡特家族的后人，这个家族和弗吉尼亚的其他政治家族都有扯不断的关系，只不过他这支是旁支而已。正因为这个背景，作为南方人的卡特不仅能够赢得南方的民主党人选票，而且能够赢得南方共和党人的选票。至于北方，洛克菲勒家族可以联合其他政治家族，为卡特拉票，使卡特成为美国历史上第二位来自"深"南方的总统。

洛克菲勒家族长期控制纽约政坛，加上他们和俄亥俄系势力的关系，在美国政坛上势力极大。但是美国总统大选是必争之地，连洛克菲勒兄弟都能同室操戈，联合操纵选举并不容易，特别是各州的政治势力盘根错节，仅靠政治家族之间的关系是无法成功的，公平竞争是美国政治的基础，洛克菲勒家族势力再大，也无法改变这个现状。

戴维·洛克菲勒自有他的办法。

洛克菲勒兄弟中的老五戴维毕业于哈佛，差一点成了肯尼迪的妹夫，他主持家族的一项主要生意：金融业。

小约翰和奥德里希家族联姻后，小舅子温斯罗普成了洛克菲勒家族控制的大通银行和 JP 摩根银行的总裁。戴维来到大通，从基层干起，一步一个脚印，于 1960 年接替舅舅成为总裁，可是他这十几年的锻炼期间一笔贷款都没做，纯粹是装样子。通过大通银行，戴维成为联邦储蓄委员会和世界银行的幕后老板，其特点是从来不出任公职。

1968 年罗伯特·肯尼迪遇刺后，因为他是纽约州的参议员，州长有权任命继任者，他哥哥尼尔森推荐他出任，被他拒绝了。卡特上台后，为了酬谢他，先后推荐他出任财政部部长和联储会主席，都被他拒绝了，表示不愿意出任公职。1981 年卸去大通的职务，处于退休状态，其实是退而不休，在幕后操纵美国甚至世界政治。

戴维·洛克菲勒于 1949 年成为外交关系协会有史以来最年轻的董事，于 1970 年到 1985 年任董事长。

这个外交关系协会并不是对外友好协会或者外交方面的组织，而是美国的智库之一。这个组织是在"一战"时成立的，起这个名字是因为当时和德国开战，"一战"之后，这个组织继续存在下来，而且就设在纽约。从建立的那天起，虽然自称是一个私人组织，但它控制了美国的外交政策。

外交关系协会延续的是坦慕尼俱乐部的惯例，也就是成员是不分党派的精英。小约翰一直对外交关系学会慷慨解囊，因此洛克菲勒兄弟成人之后纷纷成为董事。

外交关系协会的成员几乎全是美国政商两界的名流，下面的表中列举了部分重量级人物。

名字	背景
Richard Allen 理查德·阿兰	原国家安全顾问
John Bolton 约翰·博尔顿	前驻联合国大使
William Buckley 威廉·巴克利	国家评论杂志创办人
George H Bush 乔治·布什	第41任总统
Jimmy Carter 杰米·卡特	第39任总统
Dick Cheney 迪克·切尼	原副总统
Bill Clinton 比尔·克林顿	第42任总统
John Edwards 约翰·爱德华兹	原参议员，2004年民主党副总统候选人
Dwight Eisenhower 德怀特·艾森豪威尔	第34任总统
Anne Garrels 安妮·加雷尔斯	全国公共广播电台播音员
Timothy Geithner 蒂姆西·盖特纳	原美国财政部长
Newt Gingrich 纽特·金里奇	原众议院议长
Alan Greenspan 阿兰·格林斯潘	原联储会主席
Katherine Harris 凯瑟琳·哈瑞斯	原众议员，2000年总统选举时任佛罗里达州州务卿
Herbert Hoover 赫伯特·胡佛	第31任总统
Jack Kemp 杰克·肯普	原众议员
John Kerry 约翰·克里	2004年民主党总统候选人
Henry Kissinger 亨利·基辛格	原国家安全顾问、国务卿
Lyman Lemnitzer 莱曼·兰尼兹尔	原参谋长联席会议主席
Robert McNamara 罗伯特·麦克纳马拉	原国防部部长和世界银行行长
Richard Nixon 理查德·尼克松	第37任总统
Colin Powell 科林·鲍尔	原国务卿
Dan Rather 丹·拉瑟	CBS原主编
Condoleezza Rice 康多莉扎·赖斯	原国务卿
David Rockefeller 戴维·洛克菲勒	美国银行家，洛克菲勒家族"族长"
Donald Rumsfeld 唐纳德·拉姆斯菲尔德	前任国防部部长拉姆斯菲尔德
Paul Wolfowitz 保罗·沃尔福威茨	前任世界银行行长

1973年，戴维·洛克菲勒和基辛格、原国家安全顾问布热津斯基一道成立了另外一个类似的小型组织三边委员会。和外交关系协会有4000多位成员相比，三边委员会像一个小核心，只有300多会员，而且会员是

全球性的，包括各国政要。克林顿、老布什和卡特这三位前总统就是它的成员，包括切尼在内的很多外交关系协会成员也是三边委员会的成员。

戴维·洛克菲勒和其他很多外交关系协会的要人把持的另外一个组织是彼尔德伯格会议，这个组织不属于会员制度，只是在开会的时候在全球范围内邀请客人，美国的客人基本上不出外交关系协会和三边委员会会员之外，美国各位卸任总统都是它的客人。

三边委员会所干的第一件事，就是上面提到的把卡特推上总统。通过三边委员会的力量，加上外交关系协会和彼尔德伯格会议的力量，戴维·洛克菲勒和他的前辈伯尔一样，在某种程度上操纵了包括美国总统在内的民主选举。

十一、"新闻自由"——谁控制美国的舆论

1. 新闻真的自由吗

崇尚美国政治体制的人们在赞赏三权分立之外，总忘不了赞扬一下新闻监督和新闻自由，认为这是美国之所以强盛、之所以先进的一大基础和保证。

在美国大选中，全美谈论比较多的也是新闻媒体。因为人们发现，新闻界对总统候选人的态度并不公平。比如2008年大选，媒体不仅仅是偏爱，而且是以一种近乎造神的态度不计工本、不在乎职业道德地吹捧民主党总统候选人奥巴马。人们在震惊中纷纷发问：新闻界的公正和自由哪里去了？新闻监督的体制哪里去了？

以CNN为代表的新闻媒体历来让人对其公正性加以怀疑和批评，但无论你怎么说，它还是我行我素，让人们对美国的新闻界是否公正产生了疑问，陷入一次又一次的强烈愤慨之中。

有这种感受的人们是很天真善良的人们，也是上了当的人们，因为他们没有考虑新闻媒体究竟是被谁控制的问题。

小时候学英语，有这样一篇美国人写的政治寓言。说的是美国人来到一个小岛，了解当地的民主制度。这个小岛的国王介绍：我们非常民主，开会讨论的时候全民参加，每人拿一个金喇叭，表决的时候看哪一方的喇叭声音大来决定胜负。

美国人一听这个制度很民主呀，要求现场观摩一下。

议事那天，讨论到有关措施时，不管支持还是反对，总是那几个人拿

出金喇叭狂吹，其他人一动不动。美国人很奇怪，问国王："其他人为什么不吹喇叭？"

国王回答："因为他们买不起金喇叭。"

美国人说你这哪是民主呀，分明是富人统治。国王问："你们是怎么民主的？"美国人开始介绍新闻监督，怎么通过媒体来制约政府。

国王问："你们的媒体属于谁呀？"

"有钱人。"

"这和金喇叭一样呀。"

如果在美国待得久了，就会充分理解这个一针见血的寓言。

美国究竟是否存在新闻监督体制？这一点我们可以看看小布什执政这些年的情况。从小布什上台那天起，美国的报纸就天天骂他，骂了7年多，并没有把布什骂下台。还有就是伊拉克战争，美国的报纸天天反对这场战争，可是美军还牢牢地待在伊拉克，所谓的新闻监督在这件事情上根本不起作用。唯一能起作用的，是新闻媒体上捅出来的丑闻，会导致官员下台。像布什这种没有丑闻的，无论你怎么骂，并不能伤他一根毫毛。这样的监督能够达到平衡政治的作用吗？美国从来没有哪个政客天天打开报纸看看新闻媒体怎么议政，然后有则改之无则加勉。世界上像袁世凯那样靠报纸了解民意的笨蛋毕竟没有第二个。

话也不能说绝对了，1976年美国进行全民猪流感疫苗接种，反对声浪很大，传到总统福特耳朵里，他打电话给联邦健康、教育和福利部副部长库柏，库柏向总统保证，不要担心，支持的声音占绝对多数。证据是本部查阅了4月2日全美60个城市出版的80种报纸，其中88%是支持疫苗接种计划的。这种可笑的统计方式坑了总统，猪流感全民接种成了一场灾难。

美国的新闻自由和监督上最耀眼的光环是因为他们常常和政府唱反调，在很有正义感的人们眼中，和政府作对就是有充分的自由，同时也是在进行监督。和世界上一些国家相比，美国的新闻媒体确实不在乎政府的脸面，也不怕政府的权威，他们好像是专门和政府对着干的。大报和联邦政府对着干，小报和地方政府对着干，在美国从政的人，就没有一个没挨过骂的。比如美国联邦政府已经被新闻媒体骂了200年了，都成了一种习惯。如果没有人骂它的话，没准还能自我检查一下，是不是有什么地方做得不对，新闻媒体全不出声等着瞧笑话呢吧？又怎么会因为有人在报上骂它就检点起来？

美国在殖民地时期并没有新闻自由的说法，但对新闻也没有太多的限制，因为那时候就没有多少报纸。从搞印刷的富兰克林兄弟开始，算是有报人了，报纸在当时并不是为了给公众提供信息，也不是为了监督政府，而是出版人阐述自己政治主张的，其中大多数是反对政府也就是反对英国的。

在独立运动中，塞缪尔·亚当斯就出过报纸。他出报纸的目的并不是监督英国派来的总督，也不是向马萨诸塞殖民地议会提供建议的，而是要散布独立的观点，让人民相信只有独立才是北美殖民地的唯一出路，通过报纸把自己的主张灌输给公众，起着煽动革命和独立的作用。他的报纸的经费是由汉考克提供的，从一开始舆论就控制在富人手中，本身就不具备新闻的独立性。塞缪尔等主张独立的人控制了舆论，是美国独立成功的一个原因。

独立之后，华盛顿和汉密尔顿希望建立强大的中央政府，自然就不希望有乱说话的，而杰弗逊这些反联邦党的人，自然就希望有乱说话的。杰弗逊因此把新闻自由提高到很高的高度："我们的自由取决于新闻出版自由，限制这项自由即会失去这项自由"，"我们宁愿要没有政府有报纸的美国，也不要有政府却没有报纸的美国"。

新闻出版自由是由宪法第一修正案保证的："国会不得制定关于下列事项的法律：确立国教或禁止信教自由；剥夺言论自由或出版自由；或剥夺人民和平集会和向政府请愿申冤的权利。"

这就是为世人所夸耀的新闻自由，这个自由在《独立宣言》中并没有被提到，在开国宪法里也没有被提到，直到1791年才用宪法修正案的方式确定。

为什么在 1791 年?

这是因为有了政党。

2. 两性、金钱和丑闻,典型的美国式新闻

这条修正案出现之后不久,报纸就开始多了起来。报纸的增多不是因为有了法定的言论自由,而是因为有了政党。就在 1791 年到 1792 年之间,美国政坛上最早出现了两个政党,联邦党和民主共和党相继成立。最先成立的是联邦党,从波士顿到费城,几乎所有的报纸都连篇累牍地阐述建立一个强大的中央政府的好处。很快民主共和党成立了,又掀起了一阵办报热潮,这批报纸全是宣传州的权利,反对大政府的。

于是美国各大城市掀起了办报的热潮,报纸一般印几百份,主要用于攻击对方。亚当斯上台后,杰弗逊一派控制的报纸就天天攻击政府,每天一篇政治谩骂文章,总统夫人一数,全国 150 份报纸,其中有 20 份是别的什么都不干,专门攻击政府的。

这些报纸如果靠卖报的话,几乎没有一个能自负盈亏的,但是这些报纸还是继续办下去。因为办报的不缺钱,联邦党控制的报纸由汉密尔顿出钱,民主共和党控制的报纸由杰弗逊出钱,因此从一开始报纸就是由政治势力控制的。

无论由谁控制,这一段时间美国的舆论是享受宪法赋予的自由的,但是到了 1798 年,由于美法开战,国会通过了《外侨法惩治叛乱法》,规定任何阴谋反对联邦法律实施,煽动叛乱,发表反对、丑化、中伤美国总统和国会言论和文字者,将被处以最高 5000 美元罚款,最多为 5 年的监禁。

这个法案和宪法第一修正案相抵触,等于剥夺了美国人的言论自由,它使当时的美国人不能对国家政策和总统提出任何反对意见。

这个法案并不是摆样子的,从它出笼的那天到亚当斯下台的 2 年时间内,被政府认真地执行,一共有 24 位报刊编辑和发行人被起诉,其中 10

人被定罪，这些人无一不是支持和同情民主共和党的人，也是国会中占多数的联邦党的反对派，也就是总统亚当斯的反对派。

起码在这段时间内，美国是没有新闻自由的，更不要说新闻监督了。

这10位被定罪的人中，有一个人是联邦法院把传票发到当时最大的反对派——弗吉尼亚的老巢里士满，大动干戈地逮捕的。

此人名叫詹姆斯·考兰德，是费城的报人，专门出版政治性刊物。1797年，正是他出了一本小册子，全文刊登了汉密尔顿的情书，一下子毁了汉密尔顿的政治前程。

《外侨法惩治叛乱法》通过后，考兰德感觉风声不对，知道人家要秋后算账，连忙跑到弗吉尼亚的里士满，投靠在弗吉尼亚豪门的保护下。过了一阵觉得安全了，便继续攻击亚当斯。结果联邦法院传票一到，弗吉尼亚豪门也保不了他，开庭之后被处以200美元罚款，所判刑期是10个人中最长的。

1800年杰弗逊上台后赦免了所有和《外侨法惩治叛乱法》有关的人员，考兰德得以出狱。他觉得为民主共和党坐牢是大功，要求出任里士满邮政总督。

杰弗逊没有答应，于是他摇身一变，跑到里士满一家联邦党控制的报纸当编辑，专门攻击现任总统杰弗逊。他首先揭发杰弗逊买通新闻记者，杰弗逊当然矢口否认，考兰德马上登出杰弗逊给他的信件作为证据。此外，他还揭露出杰弗逊和女黑奴的长期性关系，这个丑闻对于杰弗逊的道德形象的打击是致命的。

考兰德这么一闹，杰弗逊也气急败坏了，让人去揭他的丑，比如他虐待老婆等，杰弗逊的支持者甚至公然殴打考兰德。1803年，考兰德掉进詹姆斯河里淹死了，据说是因为喝醉了不知道怎么游泳了。这件事，杰弗逊及其手下难脱干系。

考兰德是美国新闻自由的鼻祖，他所创立的这种新闻自由并不是真正地站在旁观者角度的客观公正的自由，而是有自己倾向性的，在很大程度上是有奶就是娘式的。杰弗逊是他的金主时，他就为弗吉尼亚势力服务，打击汉密尔顿。求官不成后，便投奔联邦党势力，打击杰弗逊，这种新闻自由是为了政治利益和矛盾斗争服务的，也是掺杂了个人利益和倾向的，因此根本不存在什么公正。

正因为是政治势力手中的工具，从那时候到现在，美国的新闻媒体和欧洲国家的新闻媒体有着一个显著的不同，就是有一种报道坏消息的癖好。新闻媒体成了社会自由主义和改革派大本营，那种向公司、政府、警察、军方和社会其他权利中心的权力和权威挑战的新闻吸引着他们。他们的新闻主题是贪婪的商人、沉瀣一气的政客、傲慢的官僚、施虐狂的将军、残暴的警察等。他们把穷人、少数民族、老年人和劳动阶级描绘成官方的愚蠢、极度的贪婪和高级官员的冷漠的牺牲品。他们宁愿从自由主义的、具有改革倾向的和公共利益的集团获取材料，对政府、公司和科学界的材料持怀疑态度。正是由于他们获取材料的途径已经不够客观或者很不客观了，因此他们的报道不客观的成分极多，也极其片面。

到了1922年，李普曼出版了名著《舆论学》，把从考兰德开始的美国新闻舆论的特点加以总结，得出了美国的新闻价值概念。他的新闻价值概念包括突发事件、地缘接近性、个人影响与冲突等要素。20世纪30年代初期《纽约先驱论坛报》城市版主编斯坦利·沃克在此基础上提出新闻定义。他把新闻定义为3个W：Women(女人)、Wampum(钱财)和Wrong-doing(坏事)。新闻报道只看重两性、金钱和丑行，这就是典型的美国式新闻定义。尽管新闻传播的手段和规模有了翻天覆地的变化，但是这个新闻定义到了今天还是美国新闻媒体奉行的真理。

这3个W的背后体现出了新闻媒体的追求。

3. 游走在公正与政治之间的新闻媒体

首先，美国的宗教势力很庞大，虽然廉耻早就不算什么，可是政治家在表面上还是要摆出一本正经的样子。两性、金钱和丑行所打击的正是政治家的人品和道德，美国的新闻媒体很少花大力气去报道某个商人糜烂的私生活，尽管同样精彩，也和教徒的准则相违背。他们最爱报道的是政治人物的丑闻，因为这样才能达到目的，也就是政治斗争的目的。各地政治势力正是通过各自控制的媒体，把丑闻作为打击对方的有力工具。

被新闻媒体揭露的政治人物的丑闻中，大部分是非政治家族出身的政治人物，尤其是那些出身贫寒，靠自己的努力成为政坛明星的人，给人的感觉是政坛是一个大染缸，无论什么品质的人掉进里面都会变黑。这些新闻报道在很大程度上削弱了人们对政治家族控制政治的注意力，这就是媒体背后的势力所要追求的目标。

美国建国之后，掌握政治经济权力的政治势力肆无忌惮地积累财富和扩充自己的实力，在某种程度上造成了美国政治的信仰危机。人们意识到美国并不是一个平等的国家，控制美国的也不是他们所选举的代表。在这种情况下，豪门中人一方面通过法律使自己的所作所为合法化，另外一方面制造出奉公守法的表象。

例如，在"水门事件"之后，福特提名尼尔森·洛克菲勒为副总统。当时人们包括国会里的议员们普遍认为洛克菲勒家族靠着非法手段敛财，因此在国会听证时，在这方面大做文章。但是在检查了尼尔森的纳税和财物记录后，居然没有一点儿问题，干净得令人难以置信。

美国的税法非常复杂，加上采取纳税人自己报税的办法，其中的漏洞很多。税务局人力有限，只能对其中小于5%的税表进行核查。税务历来是政府机构对付异己的一个有力武器，因为细查起来几乎每个人都不干净，可是洛克菲勒却那么模范守法。原因是法律是他们制定的，对他们有利，他们自然可以严格遵守了。这些被新闻媒体宣扬的事实在无形中造成一种豪门子弟清廉和道德水准高的倾向，他们家境富有，因此不贪，甚至连薪水都不要，而贫寒子弟多是不择手段之人，从舆论上为世代相替摇旗呐喊。在这样的氛围下，豪门子弟可以堂而皇之地继承父辈的政治势力而不用顾忌选民议论裙带关系。

其次，丑闻是老百姓喜闻乐见的东西，和新闻媒体的效益挂钩，丑闻越多，看的人就越多。长期以来，新闻媒体可以任意揭露丑闻甚至歪曲事实，这是他们获得利润的一大手段。偷拍的照片动辄可以卖到几十万上百万美元，可见丑闻对于媒体的生存是多么重要。

著名报人普利策的办报宗旨就是揭露社会弊病，以扩大发行量。他创造出煽情主义，把世界看成是一个耸人听闻的空间，罪恶在于掩盖事实真相，因此为全世界新闻界瞩目的普利策新闻奖其实就是揭丑奖。

今天的新闻媒体已经不是当年出版几百份报纸的小作坊了，都是大的集团公司，也都是发行股票的公开性质的公司，任何人可以去买他们的股票，然后成为新闻媒体的老板，但这种老板的级别太低。实际上，美国新闻媒体公司的股票主要控制在一些大型投资者手中。这些大型投资者主要是一些投资公司和基金，公司也好基金也好，都要有人来操作。如果查一下这些公司董事会名单的话，会发现豪门背景的比例十分高。但这并不表明豪门靠掌握大比例的股权来操纵新闻媒体，他们也没有这个必要。这些大客户对新闻媒体的要求就是赚钱，只要能赚钱，随你怎么做，只是在丑闻上面有所选择就是了，对自己人手下留情。通过这些投资机构，政治豪门就变成了新闻豪门，新闻豪门也会进军政治，比如前共和党总统候选人福布斯，前纽约市市长彭博，都是新闻大亨，他们所掌握的新闻媒体是为他们的利益服务，是附和他们的政治倾向的，怎么可能有公正性？

每次大选，美国大小媒体都公开地表态支持某个选举人，一家报社宣布支持两名候选人之一，言外之意就是该报的舆论导向变了，对所支持的候选人有利的文章登，不利的文章就不登，旗下所有媒体都要遵从这个舆论导向。在这样的导向下，该报的政治文章是没有公正可言的。

美国的新闻一贯标榜自由，但这种自由是有条件的。美国的新闻媒体上确实有不同的声音，但并没有所有的声音，而且在单一媒体比如CNN上，几乎只有一个声音。比如2008年大选在反华、支持奥巴马上是一致的，你在 CNN 上是听不到其他声音的，如果你只看 CNN 的话，你是无法享受新闻自由的。美国经常有编辑记者愤然辞职，以抗议上司剥夺他们的言论自由，正是体现了在新闻媒体内部是有新闻导向的。

宪法赋予的言论自由和新闻自由是不一样的，但却被人别有用心地混为一谈，似乎因为美国宪法写上了言论自由这一条，美国的新闻就自由了，善良的、懒惰的人们因此就不再仔细看一看美国的新闻媒体是不是真的属于自由的范畴。别的不用说，就把全美出版的主要报纸杂志上有关政治性的文章收集起来，再和可以随便发表言论的网络上的言论比较一下，很容易发现媒体上的言论只占后者的很小一部分。CNN 等媒体的网站上经常出现一些来自博客的文章，但这种取舍的标准完全由媒体决定，而不是根据网络热门程度决定，但是给人的印象是自由度比原来大多了。操纵媒体的新闻势力在与时俱进地继续制造一个新闻自由的泡沫，让美国人和其他各国的人们继续沉浸在新闻非常自由的美梦之中。

在美国新闻媒体的字典中，自由等于公正，特别在国际问题上，他们指手画脚，几乎没有不过问的。通过新闻媒体，美国为其他国家建立了一个标准，他们认可的就是正确的，他们说出来的就是公正的，他们不认可的就是错误的、不公正的。这样的现象居然成了既成事实，在发现他们不客观或颠倒黑白时，正义的人们总会质问：你们的新闻公正哪里去了？

但是，美国标榜过新闻公正吗？

4. 推广美国文化和价值观，赚全世界钱的新闻自由

无论是从新闻价值上，还是新闻的历史上，美国的新闻媒体从来就不存在公正性，尤其是政治性话题，比如当年民主党和自由派控制的媒体天天骂小布什，从来不说一句好话，仿佛这个人整个就是一浑蛋。可是如果看看真人秀的话，小布什还是有他的优点的，比如亲近，在很多场合也很机智幽默。

例如，2008 年独立日的时候，小布什作为总统在里士满主持移民入

籍宣誓，现场出现反对者，高喊弹劾布什。布什并没有表示出不快，也没有置之不理，而是很幽默地告诉新公民们，这就是美国的言论自由。布什的这种形象在主流媒体上是看不到的，我们从主流媒体上看到的是一个呆板口吃的乡巴佬。

主流媒体这样做，是因为布什挡了他们的道。

主流媒体的定义是覆盖全国范围的媒体，在交通不便的当年，成为主流媒体不容易。在信息时代，很多报纸杂志网站电视广播都可以被称为主流媒体。美国自由派的代表人物开口闭口总说我们主流媒体如何，似乎美国的主流媒体是一个团结的整体。然而，美国的主流媒体五花八门，由不同的政治势力控制，没有统一的代表人。

但是，这并不是说主流媒体是一盘散沙，他们有一致的利益，这就是他们之中大多数团结在民主党旗帜之下，而且是民主党左派的支持者的原因。

"左派"与"右派"这一对名词诞生于18世纪末的法国大革命，当时拥护革命措施的议员占据了议会左边的席位，反对继续革命的议员占据了右边的席位。经过这么多年的演变，各国的左右派定义不同。

有人的地方就分左右，美国一样有左派右派，只不过它的左派是自由派，右派是保守派，前者是民主党，后者是共和党，这是大致的区分。但是人群不能这样一刀切，比如我要求县里多修路，但反对因此加税。在两党之中，同样也分左右。民主党之中，有极左派和温和派。共和党之中，则有保守派和温和派。保守派强调家庭价值，自由派则重视个人权利和自由。在对待政府的态度上，左派喜欢大政府、多收税扩大福利，右派偏爱小政府、减少税收，分别继承了原联邦党和民主共和党的衣钵，因此北方多民主党，南方多共和党，和南北战争时期的情况正好相反。南北战争后获胜的共和党豪门大举南下，到南方去政治圈地，造成了这种局面。

尽管美国主流媒体大多偏左，但无论偏左还是偏右，他们都有一个共同的目的，就是要赚越来越多的钱。

电视和报纸赚钱的办法是看他的东西的人越多越好，这样商家就愿意砸钱在媒体上登广告，通过这个渠道把广告传到消费者那里。自信息革命以来，这种传统的方式已经没落了，现在的新闻媒体已经不是过去的新闻媒体了。比如被认为公正性最差的CNN，是由时代华纳拥有的。美国几大电视网，ABC在迪士尼旗下，CBS和NBC下面都有大电影公司和唱片公司，是全方位发展的媒体巨人。纽约时报和芝加哥论坛报两大报业集团不仅各自拥有全国数十种报纸，而且还拥有电视台等媒体，也是媒体巨人。这些大的媒体巨人赚钱并不主要靠卖广告。

美国的制造业一度萧条得一塌糊涂，可是美国的政治家们除了在选举中像模像样地喊一喊之外，并没有什么实际行动。虽然表面上美国提倡自由贸易，但这是因为对它有利，如果真的需要，它会毫不犹豫地采取贸易保护主义政策的。真的要为制造业撑腰，国会制定几个法案，一律不许外包就是了。不这样干是因为这样一来牵扯面太广，二来会影响轻松赚钱的行业，媒体就是其一。

美国的大制造业公司，雇用多少万工人，还得花时间对付工会，每年能创造上亿美元利润的相当少。但是好莱坞拍一部大片，经常很容易就赚上几个亿，其中一半以上是海外票房的收入。如果实行贸易保护的话，打起贸易战来，好莱坞会受到打击，他们希望自由的贸易环境。唱片业的情况也类似。

另外一个行业就是美国的快餐业，以麦当劳为主的快餐在美国已经被看作垃圾食品，可是在海外特别是在中国则成为高档生活的表现，这就是美国文化的作用。麦当劳和肯德基在美国本土基本上是赔本赚吆喝，全靠海外的收益。与此相关的还有可口可乐和百事可乐等饮料行业，美国的音像业，甚至NBA这种纯美国的体育运动也开始把眼光放到海外，之所以这么抬举姚明，看中的就是中国的市场。

从历史的角度也很容易理解，共和党就像南方的庄园主，独立是为了保住自己的土地和权力。而民主党则像北方的商人，独立是为了发更大的财。就拿好莱坞来说，基本上是民主党的铁杆，与此同时好莱坞的电影在海外收益已经超过了本土。美国在全世界是最大的进口国，使用的各种商品大多是进口的。它出口的则是代表美国文化的东西，电影电视音乐等占了很大比例。

中国改革开放之后，美国并没有像欧洲国家那样拼命在中国合资建厂，而是采取文化侵略，二十年过去，美国的文化已经在中国有很广泛的基础，和美国文化相关的产品自然在中国大行其道。这是美国的赚钱之道，这个赚钱的方法就在于让人们接受美国的文化和价值观。因此号称美国左派的民主党是那种忧国忧民的人，他们对其他国家的事情特别关心，经常批评别人不民主不人权，看起来是急公好义，骨子里是在推广他们的价值观，如果全世界都认同这种价值观的话，和美国文化相关的东西就可以源源不断地给美国带来财富。别的不说，好莱坞拍的大片，就可以一部接一部地赚大钱，这要比销售工业产品来钱快得多，这些钱没有分给美国老百姓，而是跑到电影大亨腰包里。为了继续赚钱，电影大亨们就要从豪门或者准豪门里找代理人，在世界上继续推广美国的文化和价值观。

同样，他们是不会让美国境外的消费者像美国境内的消费者那样把快餐视为垃圾食品的，而是要将之打造为美国文化的象征。

这就是美国新闻自由的本质，也是控制美国新闻媒体的势力的真实面孔。他们一副救世主的嘴脸，为的是让全世界认可他们的价值观，这样用与这种价值观相关的东西可以把全世界的金钱源源不断地吸进他们的口袋，而且他们也可以通过被培养熏陶出来的认同他们价值观的代理人来实现控制世界的目的。

布什被主流媒体骂了个狗血喷头，就是因为挡了他们推销美国文化、建立全球性价值观和文化标准以赚取全球的财富并控制这个世界的道，因此主流媒体和自由派的势力才竭尽全力，一定要选出一个民主党的极左派总统。

5. 美国主流媒体的"造神"运动

布什也不是善良之辈，他所代表的保守势力和自由势力的区别或矛盾与其说是在政治理念上，不如说是在世界观上。

当年欧洲人来到美洲，对土著的印第安人抱着两种看法。一种看法认为印第安人是异教徒，他们没有所谓的灵魂，对待他们要用剑与火。另外一种看法认为印第安人也有灵魂，也值得拯救。持这种看法的人努力把印第安人变成基督徒，除了极少数确有怜悯之心的人之外，大多数持第二种看法的殖民者是为了奴役印第安人，也就是一手持《圣经》，一手握鞭子。

从美国建国到20世纪，美国白人政客对待黑人也是两种态度。一种态度支持奴隶制，认为奴隶制是对于黑人这种劣等人种最好的办法。另外一种态度是废除奴隶制，认为奴隶制不道德。持这种看法的人绝大多数同样认为黑人是劣等人种，赞同种族隔离政策。

到今天，美国政客看待其他国家，尤其是亚非拉第三世界国家，也有这种类似的态度。布什所代表的保守派认为美国的利益至高无上，他们不在乎和顾忌其他国家的看法，也不管其他国家的死活，只要对美国有利，也就是对美国政治有利，他们就会大打出手，比如伊拉克战争。他们疯狂地掠夺世界的资源，满足美国自己的需要。

而美国的自由派或者叫左派则不同，他们很有世界大团结的风度，其他国家和地区的民主自由也是他们很关心的一件事，世界上的事几乎没有他们不插手的。世界上的不少人也把他们当作民主的卫士和自由的救星，这批人的代表，一是好莱坞的明星，二是纽约的新闻媒体，三是各大学的政治学家和经济学家，这几批人组成了美国的极左派阵营。

近年来的很多事件，尤其是民主党党内初选，新闻媒体的表现让很多人看穿极左派的嘴脸，也就是他们金喇叭的本质。

2008年大选，被主流热捧的是来自伊利诺伊州的民主党联邦参议员奥巴马。奥巴马年轻，第一任联邦参议员的任期还没有结束。但巴拉克·奥巴马虽然是新科参议员，可是并不是无名小卒。他自1996年就成为伊利诺伊州参议员，几年前就成为政治明星，而且是参议院中唯一的黑人议员。

黑人作为总统候选人早就有之，但都成不了气候，奥巴马是有史以来黑人候选人中最有气势的，不仅在黑人中受到绝对多数的欢迎，在白人中也很有人缘。民主党的很多重量级人物纷纷支持奥巴马，包括2004年民主党总统候选人克里，以及肯尼迪家族，奥巴马本人也以肯尼迪第二自居，俨然代表美国的明天和希望，和希拉里一番苦战，最终赢得党内提名，在大选中赢得干净利落，打破了建国以来只有白人男子出任总统的惯例，创造了历史。

作为美国历史上最年轻的总统，肯尼迪曾经说过一句名言："不要问国家为你做了什么，而要问你为国家做了什么。"这句话拿到中国，也是思想政治教育中难得一见的好口号。肯尼迪也是以参议员身份成为总统的，也没有其他从政经验。奥巴马和肯尼迪相比，年龄不是优势。他不是世家子弟，可是当年和他同岁的克林顿也不是政治世家子弟。奥巴马的唯一优势是肤色黝黑，这个优势是他最大的优势。

黑人第一次出现在北美是在1619年，一艘荷兰船运来了20名黑奴，把他们卖给了殖民者。从那时起到南北战争，黑人中的绝大多数是作为奴隶在美国生活的。南北战争后，全美的奴隶获得自由，但他们的生活状况非但没有改变，反而变得更糟。直到100年后，种族隔离在美国才逐渐消除。又过了将近半个世纪，黑人在政坛上越来越多，职位也越来越高，有黑人国务卿、黑人大法官、黑人参谋长联席会议主席，在奥巴马当选之前选举的公职中，只有美国正副总统还依然被白人男性所占据。

奥巴马的竞选口号是改变，2008年美国总统大选，两大政党的候选人中有一位黑人就已经是巨大的改变，奥巴马当选，则是天大的改变。主流媒体为美国人民描绘了一幅美好的未来蓝图，只要奥巴马当选，无论是伊拉克的战争泥潭，还是美国国内的信贷危机和经济衰退，以及日益上涨的油价，都能够得到解决。

因为：改变。

在很多人看来，奥巴马这种人还没有被华盛顿这个大染缸染黑，因此选他来治国，美国的政治才能脱离固有的轨道，得到改变。从肯尼迪到克林顿都是这么喊过，奥巴马也是这么喊的，改变成为他的竞选口号，选择他就是选择了改变，换而言之，选择其他人都是换汤不换药。这一点很受年轻人欢迎，也很受对美国政治有意见的人的欢迎，因此奥巴马在几年之间由一个无名小卒成为重量级政治人物，为陈腐的美国豪门政治带来了一股天外来风。

可是如何改变？难道看看新总统的肤色，人们对经济的信心就能够恢复了？全世界的石油公司和炒家一下子成了活雷锋？欠了一屁股债的房主和收回了数不清的没人买的房子的银行就能心平气和地找到解决的办法？

也确实有人这么幻想着，不少就要断供的黑人就天真地认为，奥巴马上台了，他们就用不着付房屋贷款了。

而经济学家预测无论谁当选总统，都无法挽回房主丢掉房子的势头。这种声音在主流媒体上是听不到的，被人为地掩盖了。

美国的主流新闻媒体近年来对黑人的上层人物格外青睐，甚至把他们供起来，以致那些上层黑人忘了他们的同胞还在美国社会底层挣扎，开始憧憬着共同统治美国的梦来了。美国的主流舆论在编织一个巨大的气球，以奥巴马为首的黑人就是这个气球里最大的一个泡沫。

6. 肤色的真相

美国也有造神运动，随着时间的推移，开国群雄之中的华盛顿、杰弗逊、亚当斯等人的身上都披上了后人所加的神圣光环，林肯和肯尼迪同样被神化。如果把这些神化的东西去掉的话，你会发现这些伟人并不那么伟大。神化是美国政治的需要，因为美国政治要用民主和自由来点缀，不能让人一眼看穿。这种造神运动一直存在着，奥巴马就是近年来政治造神运动的难得的成就。

行刺肯尼迪和林肯都是因为非精神病原因，两人也因此而跻身伟大的总统行列。林肯是适逢其会，如果在平常年代会是一位很糟糕的总统，如果不遇刺的话也会把国家治理得一塌糊涂。肯尼迪在治国上没有什么突出成绩，而且在私德上更是相当龌龊。1960年他和尼克松之争是一场势均力敌的选举，也是美国历史上舞弊情况严重的选举。当然这种舞弊在其他国家看来只不过算是在局部地区有某种势力干预选举。肯尼迪的名气主要因为他的死，所以当"拉链门"出现后，有人开玩笑说，如果现在谁把克林顿杀了，克林顿就会成为美国的另一位伟大的总统。

无论如何，奥巴马的出线体现出的意义，在很多人眼中是很重大的，体现少数族裔的地位的提高，预示着种族隔离的消亡，美国的黑人也为之欣喜若狂。

但是，2008年7月的一天，人们在电视中听到了另外一种声音。

美国黑人人权领袖杰西·杰克森在电视台接受采访，对奥巴马极尽赞誉之词。然后采访间隙，他口气一变，指责奥巴马是一个披着黑皮的白人。没想到这时候麦克风没有关，杰克森在私下的谈话被播了出去，引起了一场风波。杰克森的儿子是奥巴马竞选团队成员，赶紧和父亲划清界限，杰克森也忙不迭地私下公开地道歉，奥巴马也体现出一副大度的模样，大事化小地淡化了这件事。

无风不起浪，杰克森的腔调并非第一次出现，只不过第一次因为意外而出现在主流媒体上。这段话说到了点子上，因为奥巴马是一个怪胎，是美国的新闻寡头和一些政治豪门制造出来的"政治怪胎"。

还是在民主党初选的早期阶段，就有民主党内的黑人政治家和广大黑人唱反调，反对奥巴马出线，理由是奥巴马如果当选的话，会导致消除种族隔离的努力开倒车。这个听起来不合情理的言论和杰克森赤裸裸的言论有异曲同工之处，都看穿了这场政治大戏所耍的把戏。

奥巴马和传统黑人民权领袖不同，他是那种黑皮白心的黑人。在美国的职业运动中，这样的球星很多，比如NBA巨星乔丹。他们自己并不认为自己是黑人，在价值观上和白人没有什么两样。乔丹当红的时候，是NBA的圣人，没有人敢说三道四，因为整个NBA，整个运动服装行业以及相关行业都靠着他赚钱，任何有关他的负面报道都被删掉了，嫖妓、赌博、家庭不和等都不能暴露出来。在这件事上是没有什么自由的新闻监督的，因为不能砸了大家的饭碗。奥巴马实际上是新闻界及有关势力准备打造的"政治乔丹"。

美国建国以后，政治势力之间的争斗非常激烈，这种斗争主要用党争的方式表现，在美国内战时，新兴的共和党力主解放黑奴，民主党则赞成保留奴隶制。到了今天，共和党主张经济自由和社会保守，而民主党则摇身一变，以自由为旗号，把黑人选民吸引进来。黑人则形成新的种族主义，年轻黑人之中种族主义非常严重，引起其他族裔的反感。美国的少数族裔之间并不团结。惊讶于奥巴马崛起的人们有一点儿百思不得其解，占美国人口大多数，也占政坛统治地位的白人怎么会接受一个黑人总统？特别是民主党主流，为什么纷纷聚集在奥巴马的旗下？

正如上面说过的，奥巴马并不是黑人激进分子，实际上他不能算黑人。他是混血儿，在白人的环境中长大，心里认为自己是白人，而且他还是被白人选民认可的黑人。黑人种族主义只是他拉票的一种手段，即便是他上台，美国黑人的权益也不会得到多大的改善，甚至根本无法得到改善，因为种族主义者说：已经有了一位黑人总统了，你们还要什么？

在好莱坞的电影和电视中，很早就出现了黑人总统的形象。2008年大选，奥巴马不过是好莱坞大片的真人版。

美国文化和价值观在海外的推广阻力越来越大，越来越不能明目张胆地进行，而要打着民主自由的旗号。这种话说多了，难免给人一种黄鼠狼给鸡拜年的感觉，所以美国的主流舆论需要改变一下策略，白人像黄鼠狼，那么在人们印象中历来苦大仇深的黑人就像小绵羊了。因此他们看重奥巴马，让他去扮演这个"披着羊皮的狼"的角色。

和满嘴都是獠牙的小布什和麦凯恩相比，奥巴马尽可以扮演全世界被压迫人民的救星角色。小布什和麦凯恩站在那里，人们会认为他们在吃人。奥巴马站在那里，人们则认为他在救人，尽管他们都在为美国利益服务。尽管在初选中，希拉里拼命向民主党主流献媚，但还是输给了奥巴马，和奥巴马相比她的欺骗性更大。

政治是个染坊，只要踏了进来，就由不得你不黑，这个黑讲的不是和奥巴马一样的肤色，而是个人的品质和行为。庄子说过这样一句话："彼窃钩者诛，窃国者为诸侯，诸侯之门而仁义存焉？"这句话套用在美国政治人物上，很少有例外。

7. 当神化变色脱落后

世界上没有神和圣人，所有的神化都会被氧化而变色和脱落。尤其在今日，越来越肮脏的大选中，这种氧化过程会加速百倍。奥巴马的清新廉洁的形象已经渐渐消失了，因为他不是圣人，甚至不是很自律的人。在政治这个圈子里，要想做到清廉是非常难的，尤其对于非政治世家子弟来说，可以说是不可能完成的任务。

希拉里早在阿肯色的时候就以权谋私了，这已经是旧闻了，她早就没有清廉的形象了。麦凯恩也一样，别人都懒得揭发了。只有奥巴马，除了在芝加哥有些说不明白的事情，总体来说没有太多的负面新闻，这样的人才能够蒙骗人。

美国开国之后，在政治上还算有英国贵族的风度，尽管恨得咬牙切齿，但攻击的还是对方的政见，并没有以攻击别人私事为武器。开创这个先例的是号称第一位平民总统的安德鲁·杰克森，他的对手是约翰·昆西·亚当斯，于是杰克森就从对方的出身下手。他不仅把亚当斯的家形容为议院，以暗示国家政策是在他们家决定的，把老亚当斯称为"约翰一世皇帝"，而且直接攻击亚当斯的为人。在他口中，亚当斯从未诚实地工作过，还鄙视老百姓，杰克森开创了人身攻击的先例。

敢开风气之先的杰克森有他的本钱，他是参加美国独立战争的最后一任总统，13岁就参加美国革命，一家人都因为支持独立而死，不是因为在战俘营受虐待而死，就是因为战争造成的饥荒而死，他自己在战俘营中因为拒绝给英国军官擦皮鞋而遭到毒打。杰克森本人在建国后的历次战争中也战功卓著，因此他面对长期从事外交工作的亚当斯说出这些人身攻击的话来，亚当斯确实有些难以反驳。

但是，杰克森的传统流传到了今天，就成了商业广告中的流行行为。因为没有杰克森的背景，候选人们在竞选中不是王婆卖瓜自卖自夸，而是大肆攻击对手的不是，给人的印象不是我比他们好，而是我比他们坏得有限。选民们的选举就是在一堆烂瓜里面，挑出一个烂得还不至于吃了以后马上拉肚子的。选民们已经厌倦了挑烂瓜的惯例了，不愿意再从烂的程度的不同上面去挑选了，而是要从味道上选择了，哪怕他也是烂的，起码让我们吃得有滋有味。

美国的舆论界如此挺奥巴马，并不是为了消除种族隔离，包括奥巴马本人，都刻意淡化他的肤色，他们这样做，是另外一种谋国的方式。舆论背后的政治家族们，包括公开出面支持奥巴马的政治家族们看中的正是奥巴马年轻，还没有真正成为某些利益集团的代言人。其他候选人都比他难以驾驭。希拉里和麦凯恩都老谋深算，爱德华兹等人也非善类。只有具有强烈政治野心的奥巴马最容易出卖自己，因此这些利益集团联合起来，把奥巴马推到前台，希望这位毫无政治经验的人上台后，他们可以在其背后操纵美国政治。

在2008年大选中，奥巴马竞选团队募得破天荒的竞选费用，高达6亿3千500万美元，钱多到花不完的程度。虽然奥巴马团队不断强调200美元以下的小额捐款的重要性，小额捐款者也占了捐款人数的将近一半，可是他的大部分竞选经费却仍然募集自捐款大户，也就是捐款200美元以上至法定上限2300美元的人。金融巨头索罗斯起码拿出5000万美元，投进了民主党竞选经费里面，他所追求的很明显，就是接着去圈全球的钱，奥巴马就是他实现这个理想的最佳代理人。

美国民主党打着自由的旗号，号称"左倾"，他的左是激进的左。在历史上民主党要比共和党更有攻击性，在外交上更为不顾一切，更积极地把美国的价值观强加于他人。而共和党往往比较克制，虽然也好战，但不会达到不顾一切的程度。共和党政府往往会和中国政府形成一定的默契，民主党则会高喊所谓的"中国威胁论"。

在竞选的时间里，美国的新闻媒体几乎一边倒地支持奥巴马，奥巴马的支持者可以用任何歧视性的字眼攻击对方，可是克林顿涉及肤色的讲话则导致无数的攻击。亚裔和西语裔投票支持希拉里在加利福尼亚州胜出后，CNN等媒体恼羞成怒，大肆攻击亚裔，可以说是以赤膊上阵的方式来挺自己支持的候选人，完全丧失了新闻报道的公正。

美国的许多制度因为是在地方豪门的精英制度上建立的，这使得他们不会大肆建立海外殖民地，因此无法融进美国的政治体系。当年从西班牙手中夺到菲律宾，塔夫托也当了多年的总督，最后还是让菲律宾独立了，因为无法使之成为美国的一个州，豪门不愿意因为地理的原因产生政治体制内的不平等。因此，美国也不会把伊拉克变成殖民地。

美国从19世纪羽翼渐丰后，就一直在高喊自由贸易的口号，对西方列强瓜分中国表示强烈反对，因为美国看中的是市场。美国独立就是因为新英格兰豪门要求不受限制的海外自由贸易，只要中国成为它产品的市场，是否从实质上进行统治则在其次。

在对外政策上，表面上是共和党好战，其实民主党更为好战。共和党的对外政策着眼于美国的利益，民主党的对外政策则着眼于输出美国的价值观。最近的几场战争中，共和党的伊拉克战争完全是为了中东的石油，而民主党的科索沃之战则很大程度上是出于意识形态。

奥巴马出线后，为了迎合选举和政治利益的需要，在政策方针上马上出现大幅度改变，曾引起多数选民的反感，支持率一度大幅度下降。如果没有经济危机，很可能输掉大选，这正是体现了美国大选实际上"换汤不换药"的本质。

8. 新闻与民意之间的巨大鸿沟

对美国新闻媒体的另外一个赞誉，或者说是另外一个争议，就是新闻监督。

对美国政治体制抱有憧憬和幻想的人们认为新闻监督是美国成功和强盛的原因之一。包括一些中国学者在内，认为美国的新闻监督体制是卓有成效的，利用揭丑来对社会进行监督，比如"水门事件"和安然安达信事件等都是美国新闻界监督的结果。他们认为美国新闻界之所以可以在舆论监督上发挥作用，主要得益于对新闻自由的制度保障。美国法律保证了媒体的新闻自由，为舆论监督提供了制度上的保障。

乍看美国的新闻自由，觉得的确是民主社会的一个很好的机制。在电视、广播、报纸等媒体上可以任意批评政府的政策，可以随便攻击政府官员。上至总统，下至县里面的公务员，只要瞧他不顺眼，可以随便攻击。而且只要你不声称搞恐怖活动，不用担心联邦调查局上门。但是这种监督对美国的政治究竟起到什么作用？

新闻媒体甚至被有些崇美的人们宣扬为三权分立之外的"第四极"，发挥着政治监督的作用。但是，如果看一看三权分立的话，其本身就是一种相互监督，特别是国会对于政府的监督。如果还存在或者需要新闻监督的话，新闻监督是监督哪一级？政府、国会还是联邦法院？

如果看看美国新闻媒体，他们的报道几乎不涉及联邦法院，也很少对国会说三道四，最多的报道还是和政府有关，也就是说他们还是在监督政府。

美国的舆论从美国革命开始就不是为了监督政府的，而是有政治目的。美国的新闻媒体是豪门建立并拥有的，为政治服务，从美国建国之前一直到现在，这个宗旨并没有任何改变，因为掌握美国舆论的还是和塞缪尔·亚当斯一样的人，也就是美国的豪门们。从建国到今天，美国的新闻媒体的存在就不是为了监督政府，美国政府也不受他们的监督。

新闻媒体是私人拥有的，如果他们起到监督政府的作用的话，那么谁来监督新闻？没有监督的话，新闻媒体岂不成了变相的、不受监督的"政治巨兽"？

这一点，崇美的人们说可以通过自律来实现。他们认为美国新闻界十分注重行业自身的自律，其最大的职业特点就是奉行陈述事实和发表意见分离的原则。

美国的新闻媒体这些年来，自身的丑闻不断，弄虚作假、颠倒黑白比比皆是，对他们的自律，人们早就当作笑谈了。2008年总统大选，CNN等主流媒体对奥巴马的偏袒也说明新闻媒体的自律是无法保证的，因为他们不是旁观的裁判，而是局中人。大选的胜负事关他们的利益，在这种情况下，他们不可能只起监督作用，而是起着煽动和诱导选民的作用，这样的新闻监督能够起到的是添油加醋的点火作用，并没有对美国大选起到应有的监督作用。

新闻监督只是一个美丽的说法。从自身的角度，美国的新闻媒体从来没有想去监督政府，而只是热衷于揭丑，甚至利用宪法第一修正案来歪曲事实和制造丑闻。近年来网络的出现，导致新闻媒体每况愈下。其原因之一是网络给了人们各种信息，让人们看到了不同的声音，也看到了新闻媒体的真面目。美国大选的结果往往和新闻媒体的鼓吹相反，正说明人们越来越看透了新闻媒体的本质。

远的不用说，1996年和2000年大选，共和党初选中都有斯蒂夫·福布斯参加，此人正是新闻界赫赫有名的福布斯家族的当代"掌门人"，这个福布斯家族和克里所在的福布斯家族是亲戚。他的政治经历包括1993年成功地帮前任环境保护署署长克里斯蒂·惠德曼当选为新泽西州州长。惠德曼出身新泽西著名的政治家族，和布什家族也有亲戚关系，福布斯之所以帮她，是因为两人从小就是朋友。控制新闻的家族和控制政治的家族已经密切而不可分了，到了福布斯时则干脆赤膊上阵，把他的新闻家族变成了政治家族。这种家族控制的媒体舆论还有什么监督作用可言？

很多人考虑问题，总是过于纠缠于对错。比如民主选举，选举当然比不选举好，但是这并不表明现有的选举制度就是最好的。同样，有新闻的监督比没有新闻监督要好，但并不说明美国的新闻媒体真正起到了监督的作用，真正对政治经济产生了正面的影响。

对于新闻媒体的不公正，人们多把原因归结在是什么人在从事新闻工作。美国主要媒体的编辑记者，只有20%注册为共和党。也就是说大部分人倾向大政府、高福利的"民主社会主义"，但这并不表明民主党控制了舆论，上面说的福布斯就是共和党人。真正控制新闻媒体的是豪门，而不是政党，真正的自由、公正和监督都只是空中楼阁。

为了本身的利益，媒体是不能乱说话的，比如那些所谓政治不正确的言论，在媒体上是根本看不到的。对于这点，近年来民众的反感情绪很大。2016大选特朗普的崛起就是借助这种情形，他把民众想说不敢说、在主流媒体上根本听不到的话说出来，让选民们听着解气，他的支持率在很大程度上来自人们对新闻媒体的反感。

在新闻与民意之间，有一个巨大的鸿沟。

十二、家族的制度——为政治家族服务的美国政治制度

1. "跑马圈地"的美国议员

2016年美国总统大选，参选人的一个特点是有好几位是议员，而且是参议员。

所谓"宰相起于州部"，有具体管理经验才是当总统的料，自卡特总统开始，里根、克林顿、小布什均出身州长，只有老布什是一个例外，不过他之前当过副总统，从这一点看，当过州长是竞选总统的最大优势。可是，从2008年的大选开始，当过州长的候选人都早早出局，难怪某报纸上有篇文章是这样说的：最合乎美国总统这个职位的应聘标准的只有候选人的家属之一比尔·克林顿，因为只有他有本行业工作经验。

美国的政治制度并不是独创的，而是在英国的政治制度上进行改革而成的。比如立法机构，英国是两院，美国也是两院。不过两院和两院，在英美两国有着明显的区别，英国是贵族的上院和平民的下院，美国则是参议和众议两院。

众议院一共有435名议员，是按人口比例把名额分配给各州的，每个州起码有一个名额，目前名额最多的是加利福尼亚州，有53位议员，这是因为加利福尼亚的人口最多。这个执法机构基本体现了"人民代表"的意图，人多就声音响亮，人少就很没有面子。将来某一天某个州突然人多了，它的众议员名额就会增多。但议员名额少的州并没有什么意见，因为每一名议员名额都划有选区，议员不是被州里指定的，而是被各自的选区的选民选出来的。就拿加利福尼亚州这53名议员来说，有民主党人也有共和

党人，同党的议员之间也没有什么手足之情，完全是一盘散沙，不可能形成所谓的"加州势力"，这是因为议员们主要代表的只是自己选区选民的利益，其次才是本州的利益或本党的利益。如果自己的选区里面有个波音公司的工厂，这个选区出来的议员不管是哪个党，都不敢对中国说半句不好，因为他的选民要吃中国这个大客户所赐予的这碗饭。

参议院一共有100名议员，是按州分配的，每个州两名，如果出现新的州的话，参议员的总数便多2名。这个执法机构体现了联邦的意图，州与州之间不论大小不论人多人少，一律平等。因此，在美国的立法体系中，既平衡了人权又平衡了州权。

进行民主投票的机构不能是偶数的，因为很可能出现票数相等的情况，如果参议院出现50比50的结果，副总统就要投一票，这一票是决定票，因此副总统是实际上的参议院议长，众议院议长则由多数党领袖出任。

参议院平局的时候，副总统一票定乾坤，多威风。美国历史上确实出现了很多次要靠副总统这一票来决定输赢。可是每次投这个票的时候，那位副总统都到了心脏病发作的边缘，因为无论怎么投，都要得罪一半参议员，可是不投也不成，只能在心里使劲地问候制定这个规则的人的祖孙十八代。最倒霉的莫过于制定民主选举游戏规则的伯尔。当年还是按个人意愿投票的时候，基本上不按党派站队，结果他当副总统时赶上28次平局，把所有参议员全得罪了。

如果美国总统出现了意外，也就是死了，继任的顺序是这样的：副总统、众议院议长，等等，不过到目前为止，还没有出现正副总统同时出现意外的情况，众议院的议长对能否当总统也没有抱多大的指望，以致于上任议长约翰·博纳宣布辞职。众议院议员一届任期为两年，参议院的议员一届任期为六年，因此众议员都在努力成为参议员。敢于竞选总统的议员基本上都是参议员，因为一来"物以稀为贵"，在本州属于重量级人物，二来都是在政坛上摸爬滚打了多年的人物，有自己的政治基础。

让我们再来看看宪法对于议员资格的要求。前几年看到华府某家电视台的一个采访,记者到波托马克富人区一个豪宅那里,采访一身休闲打扮的男主人,介绍说这是佛罗里达州选出来的一个众议员。他不是因为被选为众议员而在这里买的房子,而是去佛罗里达州某度假胜地买了一栋海滨别墅,于是就具备佛罗里达州居民资格,然后代表佛罗里达内地的一个很落后的选区当选为联邦众议员。也就是说,他根本就没有在所代表的选区居住过,只是在佛罗里达州有一栋别墅,就堂而皇之地成为代表佛罗里达选民的议员了。主持人说完了这些让人不可置信的事实后,告诉听众:他这样做是完全合法的。

当选众议员必须满足以下三个条件:(1)年满25岁;(2)过去7年内必须为美国公民;(3)必须是该州居民。当选参议员同样也有三个条件:(1)年满30岁;(2)过去9年内必须为美国公民;(3)必须是该州居民。上述三个条件的前两个要求很严,但是第三个还有个备注,就是在选举的时候。

这个备注说的什么呢?是说只要选举的时候你是那个州的居民就成了,选举之前和之后随便你住到哪里去。记住,是那个州,而不是那个选区。参议员好说,是全州范围选的。可是众议员在本州还有选区的,而且宪法不要求众议员一定要住在被选的那个选区,就像现在可以通过网络在家上班一样,议员也可以"远距离"代表选民。

美国的宪法确实有它的历史局限,有些事情在当时比较难解决,但很多类似的问题都通过宪法修正案改进了。比如参议员在建国后一百多年间并不是选民选举的,而是州议会指定的,后来在1913年通过宪法第17条修正案改为由选民选举产生。但在居住资格上宪法则从来没有涉及。现在交通发达,城乡差别并不显著,即便有富州和穷州之分,可是作为选民的代表,为什么不能和选民同甘共苦?

美国没有户籍制度,你在这里租个公寓,甚至借个房子,都可以算此地的居民了,因此在选举的时候是"本州的居民"这个资格是非常容易达到的。比如我可以住到纽约的朋友家里,然后注册为纽约州的选民,因为我够岁数了，入籍的时间也有那么多年了，这样我就可以代表纽约选民了。

我想代表纽约可是纽约不让我代表，同为外乡人，克林顿夫妇从白宫搬出来之前就在纽约买了房子，从白宫搬到纽约后不久，希拉里就代表纽约州成为联邦参议员，重新回到华府居住，她就是只有在选举的时候才是纽约州居民的典型代表。

如果在一个州里面就更容易了，连搬家都不需要，比如戈尔议员和他父亲一样代表田纳西第4选区当了三届众议员，1983年连任竞选的时候在民主党内初选的时候没有出线。于是，他马上去田纳西第6选区竞选，成功地当选了。虽然他的家在第4选区，但宪法并没有规定众议员一定是当选选区的居民，因此戈尔可以在田纳西任何一个选区当选。

那么，田纳西州的第6选区真的没人吗？难道纽约州那么大就没有个土生土长的政治人物能当参议员吗？有，当然有。但他们的背景和势力比不上戈尔和希拉里。戈尔家是田纳西当今最大的政治家族，克林顿家族则是今日美国最有势力的政治家族之一。戈尔虽然在田纳西原来的选区失利，换一个选区，"以上驷对下驷"戈尔自然能胜券在握。希拉里则更是所向无敌。

美国的议员资格正是为了这些政治家族能够"四处圈地"而设立的，也免去了他们忆苦思甜的难处。他们可以住在高尚区的豪宅里，却代表贫民区选民的利益。

2. 居住资格的无限诱惑

这一切真的是因为没有户籍制度就无法严格管理议员的居住资格吗？

虽然没有户籍制度，但在美国是能够管理人口居住地的。比如弗吉尼亚州没有财产税，而是靠汽车税来代替，拥有汽车的弗吉尼亚人每年要缴财产税。而相邻的华府和马里兰则没有这项财产税，因此就有人把汽车注册在外州，这样就可以免去这笔税了。于是，警察经常在居民区里面转，一旦发现经常停放的挂着外州车牌的车辆，就开罚单。刚刚搬来的人如果在一定时间内不改变车辆注册的话，不仅要吃罚单，而且要吃罚款。

即使在本州里，各县市还有车证，每年必须花25美元买一个贴在车窗上，否则也有可能吃罚单。这是因为车税归各县市，必须确定你住在哪个县市。在马里兰州，因为要交地方税的缘故，同样很容易确定居民住在哪个县市。

国会议员的分区通常是包括几个县市的，从技术上没有什么难度，为什么法律上对居住资格的要求这么松？对于百姓和议员施行两个标准？

这种强龙过江式的代表制是美国的豪门政治和传统印象中的豪门政治的区别，也是历史给美国政治的遗产。

按中国人的理解，家族式的政治在于盘根错节，好听的叫太平士绅，不好听的叫土豪恶霸，都是走在街上，如果躲闪不及就得赶紧鞠躬弯腰，否则帮闲的大耳刮子招呼。于是，美国民主到了台湾，就变成了拜票。其他国家也是如此，比如印度，方圆五百里而诸侯，地方行政长官的家族化非常严重。美国却恰恰相反，政治家族的子弟大多争着当讨论法律的议员，对州长、市长这种一方诸侯视如敝屣。

出任过地方官员本来就不是当总统的捷径，也不是什么优势。美国的政治家族之所以对地方官员这么不重视，至多把这当成历练的原因，根子在于权力，在于有美国特色的权力分配。因为大权在议会手中，批钱和分钱都由议会决定，从总统到县长只不过是在执行议会的决定。总统之所以无数的人抢，在很大程度上是"物以稀而贵"。

但凡政治都要追求权力，而不是追求橡皮图章。一个政治家族的成功在于他的影响力，而不是像收集奖杯一样在家里的墙上把曾经出任过的公职都列出来。政治不是技术工作，不是靠看简历选人，人家一看你从居民委员会主席干起，镇长县长州长一步一个台阶都干了，当总统应该最合格吧？在其他国家是这样，在美国就不是这样，因为美国的各个地方行政长官都是民选的，州长管不了县长，县长也管不了市长、镇长，美国总统贵为一国元首，上述这些民选的地方行政长官他一个也罢免不了。这些基层地方长官还特别目中无人，而且越身在基层越狂妄，经常出现州长大骂总统，县长大骂州长，市长、镇长把上面三位一起骂的现象，这是因为上级的政策要全盘考虑，没有考虑到他的管辖范围，他就要为本辖区争取，争取不到也要为本辖区选民出口恶气。这个位置是本区选民选给他的，而不是上面指派给他的，这个利害关系政治人物会分得清清楚楚。基层的公职人员都是选民低头不见抬头见的人物，因此底气更粗。

美国地方行政长官，尤其是州长，看起来非常风光，合众国嘛，尊重州的权力。可是州长纯粹是"驴粪蛋表面光"，也许只有到国外公干时，才觉得自己是个了不起的人物。比如小布什当选总统的时候，中文的报刊动不动就把德克萨斯州是美国南方最大的州的事实说出来，却没有提到德州州长的权力恐怕是全美国州长里面最小的，除了管理州政府的日常运作，出席一下公众活动外，几乎什么事也不干，而且还动不动就被弹劾下台。不是历任德州州长们都是懒人，而是州里的法律规定得非常仔细，一切农民的权力归农会，明文规定大权在议会手里，州长要听议会的。这就是为什么在德州州长任内，谁也没有发现小布什原来还有很多问题，如智商方面的问题。

美国的这个现象并不表明其民主是一种先进的民主，反而成了历史的一个包袱，在没有美国之前就形成了。为了防止英国国王派来的总督进行独裁统治，殖民地人争取自治的权利，但因为不可能自己任命总督，所以只好拼命扩大议会的权力，让议会的权力大于行政机构。而且其他公职都有任期限制，只有议员没有任期限制。于是，国会便常常出现百岁议员，国会、参众两院干了几十年的议员比比皆是，使议员的位子成为美国政坛上非常抢手也很有权势的公职。

只要有本事，可以无限期地干下去，这是诱惑之一。议员的权力和在国会中混迹多久有关，如果能担任国会某个委员会的主席，就大权在握了，甚至超过总统。因为总统毕竟是有任期限制的，而重量级议员往往是议会的"恐龙"级别的人物，多年的经营，这些议员的势力极其可怕，总统也得让他们几分，甚至成为他们的傀儡。总统下台以后权势两空，而在议会中当大佬则可以把权势掌握到死。权势是政治上的春药，政治家们对权势都会成瘾的，这就是诱惑之二。这个公职同时还是个肥差，其他的公职还要顾及脸面，而议员可以明目张胆地把联邦的钱搞到自己的选区去，美其名曰是为选区的选民服务，实际上可以从中大拿好处。议员还可以名正言顺地成为本选区或本州大公司的代言人，美其名曰也是为了本选区服务。最后加上国会以及各种游说团体，形成了合法腐败的环境，这是诱惑之三。

如果按常理，议员必须是选区的永久居民，或者像国籍那样规定了居住年限，最不痛快的就是豪门中人了。所谓豪门都是在本地盘根错节的，即便选区里没有别的豪门，自己家族内部的子弟为了争位子也得打破头。豪门都住在首善之地，如果规定居住期限的话，好的选区豪门成堆。这次你赢了，下次就未必赢。而现在这种对居住时间没有规定的资格审查就解决了他们窝里斗的问题，到其他地区特别是边远地区，相对来说那里土生土长的政治人物和历代经营的豪门相比，无论在势力上还是在财力上都差得多，竞争起来不是对手。于是，豪门就可以以水银泻地之势在全美进行渗透。

3. 政治家族的"新陈代谢"

利用议员的居住资格无人管控，美国的豪门们纷纷将自己的势力在全美进行渗透，最具代表性的当属布什家族。无论在康涅狄克还是在俄亥俄，布什家族的发展都很有限，老布什去了德克萨斯州，一下子开创了父子俩的基业。另外一个儿子跑到佛罗里达州，马上创出自己的天地，就是得益于这种资格审查制度。同样的还有肯尼迪家族，除了牢牢把持马萨诸塞的现有权益外，还在马里兰和加利福尼亚等州大展宏图。此外还有塔夫托家族、洛克菲勒家族等，在这个制度下，地区性豪门得以成为全国性的豪门。

乘虚而入是一个方面，弱肉强食是另一方面。对于豪门来说，不限居民身份的另外一个好处是可以大鱼吃小鱼，或者以小坐大，给新兴豪门上升的机会。美国的独立运动，本身就是新兴豪门夺取国家权力的过程，无论是地区性的权力，还是全国性的权力，他们都势在必得，尤其是新开拓的地区，或者他们的势力还没有达到的地区。

如果居住期限有限制，那么各自的势力范围就固定了，新兴豪门的发展会受到限制。比如希拉里去纽约，纽约是豪门的一大集中地，罗斯福家族、洛克菲勒家族等都曾经不可一世，但最近几年来纽约的老豪门后继无人，政坛上没有来自纽约的实力人物，而纽约既是民主党掌握的大州，又是美国的政治经济中心之一，占据纽约就可以高屋建瓴，傲视全美，对于克林顿夫妇来说，比回到阿肯色那穷山恶水要有势力得多。因此希拉里及早策划，以过江强龙的姿态进军纽约，完成了自己家族政治势力的转换。

另外一种情况是争地盘的。比如2012年共和党总统候选人、前马萨诸塞州州长米特·罗姆尼，他是密歇根豪门的后人。他父亲乔治于1963年到1969年出任密歇根州州长，1968年参选总统，在党内初选中败给尼克松。尼克松当选后，任命乔治·罗姆尼为房屋和郊区发展部部长。罗姆尼的母亲于1970年作为共和党候选人竞选密歇根州的联邦参议员席位而失败，夫妻俩对政治的热衷和克林顿夫妻相仿，作为他们的儿子，罗姆尼应该在本州开始从政，可是他从哈佛毕业后，留在马萨诸塞州，先经商致富，然后从政。1994年，作为初出茅庐的政治新人，他不仅要做过江强龙，而且要压倒久霸马萨诸塞州的肯尼迪家族，争夺被本地大豪门霸占了32年的参议员席位。

肯尼迪家族上一辈从政三兄弟中仅存的一位泰德·肯尼迪，自1962年至今已经连续九次被选为联邦参议员，这九次选举中，差距最小的一次正是1994年和罗姆尼之争。在民主党为主的州，挑战这么一位重量级的人物，而且自己还是没有任何政治经验的候选人。罗姆尼一是靠自己的家族背景和关系，二是靠自己的商业背景和势力庞大的肯尼迪家族对决，在开始阶段还曾领先。

肯尼迪和罗姆尼两个政治家族在1994年的参议员之争是当年排名第

二昂贵的竞选，肯尼迪家族花了1000万美元，罗姆尼家族花了700万美元，主要花在最后一个星期的选举大战上。罗姆尼险些拔掉了参院内民主党一棵"老树"，着实让肯尼迪家族惊出了一身冷汗。2002年，挟冬奥会成功之威，罗姆尼再回马萨诸塞，花了"创州长竞选经费记录"的630万美元，成功当上了马萨诸塞州州长，硬是从民主党的传统地盘里分到了一块天地。

马萨诸塞是美国最老的两个殖民地之一，在这里开始自己的政治生涯，比在寒冷的密歇根要有利得多。罗姆尼果然于2008年开始参加竞选总统。

这种制度给了豪门新陈代谢的机会，因此美国的政坛才不至于老气横秋，在竞争和新旧交替中避免了长期权力的垄断。

无论有没有任期限制，美国各级公职人员都有法律所规定的、基本上不能更改的任期，到了任期必须举行选举。而且公职也不是全国全州一刀切。比如我所居住的县连警察局局长都算公职，并不是县长任命的，而是我们这帮选民选出来的，其初衷就是防止县长或县议会掌握执法机构，做到立法和执法分开。因此本县的警察局局长不仅能说会道，而且露面的时候特别和蔼可亲，丝毫没有一点执法人员的威严。前一阵本县的议会主席大人对此有新的看法，认为这样的结构不利于严格执法，建议将警察局变成行政机关，局长由县长任命，对九人议会负责。警察局局长对议长大人的提议外交辞令式地答复："我以为思维正常的人都能辨别，一个警察局局长为九个人负责还是为全县人民负责，哪一种更为合理？"

国会议员是全天候的工作，国家给他们支付薪水。考虑到通货膨胀的因素，议员们经常通过投票表决的方式给自己涨工资。目前众议员的工资是165000美元，议会领导因为干的活多，能多挣一些，议长最多，年薪212100美元。参议员每年多200美元，为165200美元，参议院多数党领袖能拿到183500美元。考虑到华盛顿物价指数比较高，法律规定可以支付议员们一些补贴，但不是硬性发放，议员们也可以发挥为国分忧的精神，投票表决是否接受补贴。

2006年美国的平均家庭收入为48201美元，只有19.01%的家庭年收入超过10万美元，议员们的工资是平均家庭收入的3倍以上，很符合高薪养廉的原则了。可是这16万到21万美元的年薪对于议员们的背景和能力来说，算是待遇过低了，不要说各种大型公司的主管的年薪起码是这个数的10倍，仅就首都大华盛顿地区来说，本地区所有的县市的教育局局长都比议长挣得多。

权力对人的诱惑毕竟比金钱大，因此议员们少挣一点儿也没有太多的怨言，而且这笔薪水很多议员根本看不到眼里去。在535名议员中，如果想成为前50名富人的话，2006年的标准是起码有467万美元的财富，排在第一位的是2004年民主党总统候选人约翰·克里，身家7亿5千万美元，超过30%的议员年收入百万以上。

如此说来，国会中的议员是中上阶层的代表，富人控制美国。这是很多号称为穷人说话的人和指责美国民主虚伪的人的说法，但是美国人包括很多的穷人对这一点并不感冒。虽然候选人们都打出了为穷人谋福利的旗号，但是用自己的穷出身来赢得选票的候选人则往往没有多大成就。这是因为在美国人的眼中，有钱表明你有本事，连钱都挣不到，还想管理美国？而且也因为美国民主制度原本就不是阶级和利益代表制。

4. 美国的地区代表制度

美国的民主制度原本就不是阶级和利益的代表，那它究竟是谁的代表呢？

以2008年民主党候选人约翰·爱德华兹为例，2004年大选时他就很出风头，后来成为副总统候选人。他形象不错，出身贫苦，靠个人奋斗成功，是实现美国梦想的典范。2008年这次大选还是摆出小时候吃不上饭的老资格，结果半决赛都没进。对手讽刺他嘴里声称是穷人的代表，可一转眼就在北卡盖了占地100英亩、价值500万美元的豪宅，自2005年到现在光靠着在纽约给人做咨询，就挣了3000万美元。爱德华兹的失败在于竞选的思路。奥巴马比他出身还穷，家财还少，可是很少用这个说事，因为美国的议员不是按阶级或者利益集团选举的，而是按地区选举的。你作为议员，是代表你所在选区所有人的利益，并不是代表选区内某个或者某些利益集团或者阶层的利益。你要为本选区的富人说话，也要为本选区的穷人说话，只要是这个选区的人，都是你的选民，你是他们所有人的代表。因此议员再有钱，他也不是全美富人的代表，因为其他州的富人不是他的选民。

这个地区代表性的原则就是美国政治区别于其他豪门政治的根本所在。政治家族的最大问题是容易形成地区性的政治势力，一代又一代地控制着一个地区的权力和资源，最后成为独立的王国。效仿"美国式"民主的一些国家就出现了这个无法解决的问题，民主成为地方势力之间的权术。但是美国建国200多年来，这个现象没有出现过，一是因为上面所说的对议员居住资格没有硬性要求，二是地区性的全民而非阶层和利益集团的代表性的。这样的代表就不一定非要选本地的豪强，只要能说会道、有本事，都可以代表本地区。因此美国的政治家族大多并不局限在起家的地方。相反，只局限于家乡的豪门渐渐失去了影响，比如建国后长期统治美国的弗吉尼亚豪门，自内战后已经没有多少政治影响力。

美国的议员资格对于非政治家族中人是不公平的，但对于现有的政治体制则起着稳定的作用，可以有效地防止地方豪强坐大，而形成独立王国式的地方势力，从而导致精英体制的崩溃。美国的政治体制是精英制度，既要保护政治家族的利益，又要有政治家族的新陈代谢机制。一个系统如果没有新陈代谢机制，就难免走向衰败，现有的议员资格最大的优点就是有利于精英人才出人头地，避免旧的陈腐势力影响整个系统的正常运转，这个议员资格正是"美国式"民主的精髓。

美国这种选举制度是历史的产物，既要照顾人口，也要照顾地区。这个制度肯定是不完善的，也肯定是不值得效仿的。但是让美国总统大选去效仿别人，采取绝对票数的办法是不是可行？或者说绝对票数就是最好的民主选举方式？

其他国家的例子就不引用了，还是看看美国的例子吧。美国的州长选举是采用绝对票数的，因此州长是全州多数选民选出来的，这是理所当然的。我刚来美国时住在马里兰州巴尔的摩，很有兴趣地欣赏了一次州长选举。

马里兰州一直是民主党的天下，但因共和党的豪门富贵逼人，近些年来经济形势好转，共和党的势力渐渐增长，1994年州长选举是民主党候选人、乔治王子县县长格兰丹宁先生对决共和党候选人、州议会少数党领袖索尔巴瑞女士，选举结果格兰丹宁以5993票的微弱票数险胜，得票数分别为708094和702101，差距在0.2%。选举结束后，共和党以选举舞弊的罪名上诉法庭，法庭判决上诉无效。

有没有舞弊不是我关心的，我感兴趣的是这样的事实：在马里兰州24个市县里，索尔巴瑞赢得了21个，格兰丹宁只赢得了3个，在他当县长的乔治王子县和黑人占绝对多数的巴尔的摩市大胜，在蒙哥马利县险胜。这个选举结果如果换成美国总统选举的计算方法的话，绝对是索尔巴瑞大胜，也就是上面说的总统大选中绝对票数多的候选人落败的情况。

马里兰州在1994年的时候大约有500万人，美国的大选投票率为54%，但是马里兰州这次选举的投票率比这低多了。以巴尔的摩市来说，有资格的选民49万，占总人口的75%，投票的一共15.2万人，占选民总数的31%。按这种比例，马里兰州选民总数应该有375万，票数一共141万，占选民总数的37.6%。两位候选人得票都是50%，无论谁当选，他或她只受到18.8%的有资格投票的选民支持，绝对是少数人统治多数人。按美国大选的投票率来说，总统当选人也最多受到30%有选举资格的美国人的支持，同样是代表少数人的利益。因此，靠绝对票数并不能体现民主，甚至可能是更不民主，造成人口多的少数几个地区长期把持政权的现象。

马里兰州1994年大选，就是极少数地区决定选举结果的例子，这个选举结果曾在该州引起了很大的政治动荡，这种情况如果发生在全国，很可能出现有些州的离心离德，甚至出现独立的呼声。

对于豪门政治来说如果出现全国性的这种政治上的动荡就意味着改革，改革就意味着美式政治有被颠覆的危险，而且对于他们来说，无论是分区选举议员，还是两级选举总统，对他们都是最有利的，改成绝对多数的选择方法对于美式政治来说是致命的一击，因此美国的选举制度是万万不能更改的。

5. "多数服从少数"的选举

美国的选举有不少问题，其中之一是投票率太低。民主选举，应该少数服从多数，这个多数从理论上来说不应该是投票选民中的多数，而是全体选民的多数，也就是超过有资格选举的人半数以上。但是，几乎在美国所有的选举中，这一点都不能达到。而且美国的选举还不要求过参加投票的人的半数，只要领先就成。比如戈尔参加的第一次竞选的得票是32%，获胜了，因为他得票率最高。

就拿本县某一次议长选举来说，当时本县人口预计27万，投票人数为53882人。当选的议长得票26837人。从投票率来看，本县的够资格的选民起码有15万多，实际投票的和上面列的巴尔的摩市的情况一样，只有30%左右，议长得票差一点过半数，也就是说最后只获得15%的选民支持。

就美国的现状来说，投票率低的问题很难解决，选民不投票，主持选举的也没办法，不能和奖金升职挂钩，也不能硬性规定。如果投票率达到一定程度才有效的话，美国除了成天选举外，就不可能有时间干别的了。而且各选区也不知道有多少选民，搬家了应该去做选民变更登记，可是你不登记也不违法，有好几成的美国人经常搬家，选区只能按登记了的选民数来估计，也知道其中有不少早就不知道搬哪里去了。

2008年大选，民主党广泛动员选民投票，于是在临选举前，大量的新选民进行登记。他们并不都是刚刚获得选民资格的年轻人，也不都是新入籍的移民，而是从来没有投过票的选民。只有登记过的选民才能投票，且只能去指定的投票站，因为同一张选票上还有和本地区相关问题的投票。

前几年一次两党初选，也不知道是谁制定的，选举都在星期二。上午看到公司的姐们儿贴一选民标志进来了。

"你投票去了？"

"嗯。"

"你投谁呀？"

"这我能告诉你吗？我连我妈都不告诉。你没去投票？为什么不去？我告诉你呀……"

"等等，我接个电话。哈喽，是你呀。"

哥们儿不知道吃什么药了嗓门儿这么大，得出门听去："没投票去？赶紧去，我跟你说，咱们华人不能像过去一样任人宰割，要体现咱们的力量，投票就表示……"

于是，我马上打开州选举委员会的网址，查到自己的选民登记还有效，也查到投票地点，准备下班时去投出自己神圣的一票。下午3点半，老板发来邮件：路面结冰，各位同仁早退不早退全凭自愿。

本同仁自然自愿早退了，上了路就堵车，好不容易回到家里，民主权益早就扔到脑后去了。

由我的亲身经历看来，去不去投票是选民自己的事，而且不一定是选民的大事。如果用武力或者法律强迫人们去投票的话，则比不选举还糟。当然那天晚上还是有很多选民踩着冰去投票，是因为他们能够看到结果。

总统选举能有半数以上的选民投票，是因为结果可以看到，而本州是全或无的关系，多投一票没准就关系到通赢还是通杀。马里兰州州长选举投票率低的问题是因为结果不容易看到，要全州人统计多数和少数，一张票的分量就低了，巴尔的摩的黑人们犯懒是情有可原的。如果按绝对票数，美国选民的投票率也会低到40%以下，就更不能体现多数人的意愿了，因此目前这种选举方式起码不比按绝对票数的方式差。

上面说的是这种选举状况的外在原因，此外还有其内在原因。

在美国选举中，最经常出现的镜头是本地的重量级政界人物出来表示支持某一候选人，候选人也兴奋异常。看起来这些地方大佬似乎想左右选民的判断，可是美国人崇尚自由思考，从来没有出现街上流行红裙子那种跟风现象，公司的同事之间相互也有辩论，结果是谁也说服不了谁，谁也左右不了谁。站出来一个议员州长类的人物，说我支持某某，就能指望本地老百姓改变想法？做梦去吧。选票是一人一票，争取选票应该到人多的地方去呀，起码在地铁站和人握个手，先混个脸熟。

但是候选人还是乐此不疲地争取各地的关键人物的支持，因为他们的支持是胜负的关键。

选票虽然是一人一票，可是我的这张平民选票和本地著名头目政治人物的选票的分量是天差地别的。我的选票只是加一减一的计算问题，他们的选票则是胜负的关键。因为他们代表着地方的政治家族和他们盘根错节的联系，他们的支持就表示整个家族和他们的社会关系的支持，因为美国的选举在州范围内是通赢通杀，候选人就一定要争取各州的政治家族的支持，然后通过他们来争取本州民众的支持。还是伯尔的那套理论，甭管多少人来投票，只要在所有的候选人中支持你的人最多，你就赢了。如果一定要投票的选民数达到一定的比例，或者非要超过投票人数的半数才算胜利的话，这套豪门政治的游戏规则就无法运作了。

政治精英们所希望的是广大的选民们当选举的观众，这样他们才能靠少数选票决定选举的结果。

而除了这种隐性的多数服从少数以外，在今日美国的政治选举中，居然还有明目张胆的多数服从少数。

根据最新的统计资料，美国登记的选民是这样分类的：民主党选民7200万，共和党选民5500万，独立选民4200万。从这个数字上看，民主党在美国占很大优势，可是从1980年大选开始，总统大选共和党胜率高，其胜率为：5∶3，唯一一次民主党占绝对优势，是1996年克林顿连任那次。人虽多却不能势众，民主党确实应该检讨一下这究竟是为什么。

民主党很虚心，知道不能怪对方太强大，而应该从内部找原因。早在尼克松当政的时候，民主党就开始虚心检讨了，认为之所以人多不能取胜，是因为本党骨干参与本党事业的程度不够，主要体现在轻则吊儿郎当，重则随便叛变。为了激发他们投身本党事业的积极性，一个新的党内选举制度诞生了，这就是"超级选举人"。

经过大选，选民们也有机会了解一下两个政党是怎么推选总统候选人的。共和党很简单，和总统大选的规则基本一致，也就是两级选举制度。可是民主党有自己的一套，初选结果还要加上超级代表，这是一个让人难以置信的、和党的名称背道而驰的选举体制。原来没什么人关心，当年希拉里和奥巴马斗得难解难分之际，人们突然发现，这个超级代表不就是家族政治的最佳体现吗？

现在假设我是一名非常热心且积极的民主党选民，在刺骨的寒风中举着牌大呼小叫，不光自己助选，还动员全家老小、亲戚朋友、认识和不认识的，都要投我支持的候选人一票。初选结果出来了，我支持的候选人得了多数票，这一番心血没有白费，打开电视享受一下胜利的成果突然发现，这是怎么回事？我们得票多，怎么选举人名额反倒少了？打电话找民主党州党委书记：你们是怎么计算的？公然在党内选举中舞弊？

民主党州党委书记虚心解释：这位同志，你对本党的选举制度不了解，这是因为"超级代表"对候选人的支持情况造成的。

超级代表？怎么个超级法？

就是不是由本党选民选举出来的，而是党组织指定的特权代表。

那么民主党指定了多少这样的特权代表呢？谁有资格成为超级代表？

6."超级代表"和政治酬劳

所谓代表，是因为要开全国代表大会。

两大政党也和总统大选一样，要召开一次全国大会来推举自己的候选人。共和党肯定是走过场了，民主党则因为这些特权代表的存在而有可能出现变数，因为他们不是选民选出来的，也就没有忠诚的问题。

两党来参加全国大会的是各州选举出来的代表，加上党中央的人士。从代表人数就看出来全美民主党人多了，共和党全国大会的代表为2380人，其中有123位不是经选举出来的。这些人是共和党全国委员会的成员，也就是中央委员了，算共和党的超级代表，但他们没有投票权。民主党全国大会的代表为4049人，3253人是根据各州选举的结果分配给候选人的支持者的，剩下的796位为超级代表，而且是有投票权的，占总数的19.6%，将近1/5。

什么人有资格成为超级代表？

所有的民主党国会议员、民主党州长、民主党全国委员会成员，还有一些民主党公职人员，以及所有前民主党总统、副总统、议长、议院领袖、党主席，也就是党内的重量级人物，这些人就是超级代表，他们在候选人的推举上有一定的发言权。

上面说的超级代表的资格有一条例外，就是不能给叛徒。2008年的超级代表中没有康涅狄克州资深参议员约瑟夫·利克曼，因为他公开支持麦凯恩，没有开除他已经很给他面子了。

20%和80%哪个多哪个少很好分辨，但是希拉里和奥巴马本人亲自打电话找的不会是各州的积极分子，而是这些超级代表。他们到某个学校或者教堂讲演一场，能影响的也就是几百人，说通一名超级代表等于多少人？

有人说，等于一万人。

让我们来算一算。注册的民主党选民为7200万，他们选出3253名代表，每名代表是由2.2万人选出来的，除去不来投票的，一张代表证相当于一万名选民是很保守的估计，这些超级代表就是真正的万人敌，因此候选人们要优先争取他们的支持。我们这种普通选民的意见他完全可以不听，可是超级代表的话就一定要听。这些超级代表并不是各州选的先进党员和积极分子，全是政坛人士。在前面已经罗列了各种统计数字，从总统到议员到州长，政治家族出身占多数，于是号称民主自由的民主党通过超级代表制度，被政治家族牢牢地抓在手里。

这个制度实施之后，民主党并没有因此而在总统选举中领先，足以说明其改变大选中的落后局势是假，给政治家族以方便、吸引他们的投奔为真。历次大选中，这个制度并没有真正影响民选结果，1984年大选，蒙代尔在民选中稍稍领先，但获得大多数超级代表的支持而赢得初选。2004年大选，克里并没有获得多数超级代表的支持，而是靠民选的结果出线。

2008年大选，希拉里在民选上始终落后，只是靠着超级代表的支持，才能坚持到最后，使得民主党不能及早团结一致，给了共和党可乘之机，让本来稳赢的局面变成势均力敌。

超级代表中在任议员们也许要考虑一下本地选民的态度，可是过气的政客没有这个顾忌，完全是根据个人的喜好，而且也要求有回报。候选人当选后在人事任命上、在政策上都要做出回报。和政治献金一样，超级代表制度是选举中的合法的舞弊，也是豪门政治最经典的体现。

一个号称代表民主和自由的政党，在近代建立了这样一个最不民主的制度，也充分体现了美国的左派们真实的嘴脸。

和这个超级代表制度遥相呼应的是美国的政治捐献活动，竞选需要出钱出力，出钱出力了，一旦获胜了，人家是要求回报的。这种政治上的利益交换是美国政治的一个精髓所在。

民主选举靠什么取胜？靠选民的支持。可是如何赢得选民的支持？

最有效的办法就是仿效演员上春节晚会，混个脸熟就可以忽悠全国人民了。因此只要有出名的机会政客是绝不放弃的，尤其是打仗，总统中战争英雄出身的有6位，议员之中有军人背景的就难以计数了。

可惜，这种机会往往是僧多粥少，对于一般的政客，特别是养尊处优的政客是不现实的。他们拥有了政治优先权，犯不上像寒门子弟那样搏位。这样一来如何扩大自己的知名度就成了问题，本乡本土还可以，到了其他选区就不容易了。美国选举中知名度很低的候选人获胜很多，在总统选举中也多次出现，甚至高于知名度高的候选人，他们靠什么让选民投他们的票呢？

一种办法是做广告。选举期间马路两边到处插着广告牌，还有的候选人干脆自己站在路边对过往车辆频频招手。正经一些的候选人就在报纸电视上做广告了，下面总会标上一行本广告是由谁的朋友资助的。广告战特别是在选举的最后阶段非常有效，其主要作用是揭对方的短，让选民们知道对方是什么样的东西，越丑陋的话选民就越不投对方的票，是否改投自己的票不重要，因为只要投自己的人多就成。这样干要有雄厚的财力，2000年共和党党内初选，小布什和麦凯恩就是这样互相揭丑，最后麦凯恩没钱了，小布什出线。

另外一个办法是候选人自己到处去拉票，在选区的各地跑来跑去，和选民握手、做讲演，让选民认识自己，了解自己的主张。对于地方选举比如县一级的，这种办法有效，可是对于州或者联邦一级的，这样走到选民中间就未必见效，因为选民数量那么大，只能接触到很小一部分。但候选人们还是乐此不疲，因此他们并不是去接触你我这种一般选民，而是特殊选民，也就是各地的政治家族，争取他们的支持，然后再通过他们争取到当地的票源。这种办法一样花钱如流水，因为竞选就要筹钱，靠支持者来募捐。

不过，无论是筹钱还是获得支持，都不是无条件的。议员当选之后，能给的回报是在国会中为他们争取利益，比如把国家的合同让他们承包。在2008年总统辩论中，麦凯恩对奥巴马的攻击之一，就是他把联邦的钱用在芝加哥一些无用的项目上。总统和州长当选之后，能给的回报主要是封官，州里面的行政官员、美国的驻外大使多是这么来的，在法律上无懈可击。

美国建国后很长一段时间，没有公务员制度，联邦政府的职位全是用于酬劳自己的支持者的。总统选举一结束，当选的那位要几天几夜无法休息和睡觉，因为求官的人太多，不满意有可能出大事。

1881年,第20任总统加菲尔德被一个叫吉托的人暗杀,原因就是没有满足他的要求。吉托自认为为加菲尔德当选立下汗马功劳,要求出任大使,可是没有得到满足,一怒之下借钱买了一把手枪,杀死了加菲尔德。因为这个事件,美国才开始施行公务员制度,减少政治酬劳的职位。

政治捐献现在是自愿的,可是在过去则出现过强迫的现象。1864年大选,正值南北战争,现任总统林肯的顾问们建议他用战争为借口取消选举,因为林肯很有可能落选。但林肯拒绝了,坚持按计划大选,这件事成为林肯的丰功伟绩之一。

林肯这么做有他不得已的苦衷,如果开了废除大选的先例,就等于改变了政治的游戏规则,让他站到政治势力的对立面上,大选可能取消了,但国会很可能找理由弹劾他。

大选如期举行,林肯自有他的办法。战争时期联邦政府机构扩大,加上为联邦政府工作的人和军队,占当时美国北方选民的很大比例。林肯是这样做的:一、用政府的职务作为交换,换取各地政治家族的支持。二、下令联邦政府工作人员必须支持共和党也就是他自己,否则就失业,为联邦工作的人也一样,纽约海军基地的工人就是因为支持民主党而被炒鱿鱼。三、战争部、财政部和邮局的员工交出5%的工资,名目是战争税,用于支付自己的竞选费用。四、利用亲信将领下令军队官兵支持,比如谢尔曼率领的10万人中,投票支持林肯的达86%。

上面这些今天看起来天方夜谭的行径在当年居然100%合法,这些做法今天不合法的原因在于违反了公平竞争的原则。这里说的公平竞争不是指对每个被选举人公平,而是对各地方势力公平,因为他们才是美国的政治贵族。

十三、政治"基因"——美国政治的世袭

1. "美国式"的政治基因

美国是一个新兴的移民国家,从 200 多年前一开国就开始讲究人人平等,既没有国王,也没有贵族,因此美国人在骨子里对欧洲的贵族们有一种又嫉妒又羡慕的心理。

虽然没有公开的贵族,但从美国建国开始,在暗地里就有贵族势力,这就是大大小小的豪门。从那时候开始,豪门经历了几代人,加上彼此之间的联姻,所以说在某个地区甚至全国织成了一张庞大的"政治之网",他们的意向在很大程度上决定了本地区的选举结果,而他们之间的角逐更是美国政治的风向标。

拿 1983 年路易斯安那州的统计数据来看,就可以知道政治贵族在各州的势力了。在下面的表中,路易斯安那州将近 27% 的公职是由政治家族中人出任的,如果加上他们的亲友关系,这个比例就更大了,尤其是国会议员这个权力很大的公职其半数在政治家族子弟手中。他们代表着该州各个地方势力,从某种意义上能够直接决定本地的选举结果。

美国立法系统家族化严重,司法系统家族化更为严重。从 1789 年到 1957 年,美国一共有 91 位大法官,60% 来自政治家族,40% 的大法官的父亲是政治人物,此外还有 6 位是法官的女婿。作为美国最高司法机关的最高法院其家族化都如此严重,就更不要说一般的法院了。因为法官不是选举出来的,所以就更容易形成小圈子,外人更难挤进去。司法系统是三权分立中起监督作用的一权,其已经被政治家族牢牢地掌握住了,因此美

国的司法公正是带引号的。从立法系统开始，制定的法律就是为政治家族服务的，然后通过司法系统来大力维护这个法律，这就是美国民主的真相。

对于这种家族式样的政治遗传，在很久以前就被政治家族的一位代表人物上升到科学的高度。即认为他们的家族有一种"政治基因"，尽管当时还没有基因这个医学名词，这个人就是第二任总统亚当斯，他的历史地位虽然很低，但在美国政治上，亚当斯总统是数一数二的，正是因为他创立了美国政治裙带关系的传统。

分子生物学的出现是亚当斯死了150年后的事，然而基因研究并不是凭空出世的，而是因为人们千万年来朴素地相信有一种世代相传的家族性的东西，科学发展到了一定地步，由科学家用科学的方法加以证明的。于是我们这些现代人就可以享受到最先进的科学成果，抽一管血做个检查，然后白大褂特有深度地告诉你：某先生，根据我们的检查结果，你出现精神不正常的可能性是21.918%。

1983年路易斯安那州公职中家庭政治联系

职位	总数	出身政治家族人数	百分比
国会议员	10	5	50%
州行政官员	21	4	19%
法官	225	64	28%
公共服务主管	5	2	40%
州教育委员会	77	15	19%
州参议员	39	16	41%
州众议员	105	28	27%
地区检察官	40	13	32.5%
县长	65	11	17%
税务官	69	28	40.5%
法庭文书	65	16	25%
验尸官	64	7	11%
总计	785	209	26.5%

美国独立运动所针对的革命对象之一就是英国的贵族,他们的权力世袭和政治优越性是美国人所反对的英国弊政之一,所以从独立成功后,美国的政治人物并不热衷培养自己的后代,最多是让他们自由发展。华盛顿、汉考克等人的家族后人,在政坛上并没有什么作为。那些美国政治家族对于从政还只是纯粹从实用的角度出发,为了个人和家族的权势而从政的。但从亚当斯开始,这种情况就上升到纯理论的高度,龙生龙凤生凤,老鼠的儿子会打洞,所以豪门子弟是天生从政的料,用今天的科学术语就是他们家族遗传有政治基因。

发表这个观点的并不是亚当斯,而是他的夫人阿比盖尔·亚当斯。她对此非常自信,她的自信彻底影响了她的丈夫。亚当斯夫妇相信亚当斯家族会一代一代地成为等级分明的美国的领袖,并把他们的儿子也培养成总统,从他们开始了美国政坛的裙带传统。

塞缪尔·亚当斯的母亲和约翰·亚当斯的父亲对自己儿子的婚事都非常满意,因为这对堂兄弟娶的都是牧师家的千金。塞缪尔的母亲是位非常虔诚的教徒,塞缪尔就是因为让母亲拉到教堂里才认识了牧师的女儿的。约翰的父亲就是牧师,他和史密斯牧师家成为亲家,是最典型的门当户对。当年不愁嫁的一是富家闺秀,二是牧师的千金。因为出身牧师之家,对上帝的忠诚是毫无疑问的。

然而,亚当斯兄弟娶的牧师家的千金是截然不同的。塞缪尔的妻子伊丽莎白具备了牧师家女儿对命运逆来顺受的优良品质,嫁给塞缪尔后8年生了6个孩子,其中只有两个活到成年,而她自己在生完第6个孩子以后就油尽灯枯,死时年仅32岁。约翰的妻子阿比盖尔结婚后的9年内也生了6个孩子,不过有四个活到成年,她本人活了74岁。生孩子归生孩子,阿比盖尔从来没有向命运低头,她是那个时代非常稀有的、认为通过自己的努力能够改变命运的女性之一。同样来自牧师家庭,有这样大的区别的原因在于伊丽莎白是文盲,阿比盖尔则能看能写。

在那个年代,妇女是不受教育的,她们的命运是将来做好贤妻良母。

伊丽莎白就是按照这个命运规定的模式生活的，可阿比盖尔则不然，这主要因为她的家庭。虽然她父亲是清教徒的公理宗牧师，可是她母亲出身马萨诸塞豪门昆西家族，身上流着英王爱德华一世和爱德华三世的血液。从这一点足以看出约翰·亚当斯的聪明之处，通过这门婚姻，他不仅和昆西家族联系上，而且和霍亚家族、谢尔曼家族都联系上了，奠定了自己的社会地位。

阿比盖尔的父亲不让她们姐妹接受正规教育，但她母亲却对她们进行家庭教育，而且她们通过阅读家中图书馆里的英文和法文文学著作而具备了很好的读写能力。人具备文化知识后就能够独立思考和有自己的看法。阿比盖尔的观念在当时可以被称为异端了，她认为女人不应该处于从属地位，甚至不应该认可和她们利益无关的法律。她认为女人应该接受教育，使自己变得聪明起来，从而指导和影响自己的丈夫和孩子。阿比盖尔可以说是美国妇女运动的先驱，约翰·亚当斯父子就是她实现自己理想的工具和手段。

2. 成功家族背后的女人

阿比盖尔非常执着地相信，自己的家族有一种非常强壮的政治基因，因此自己的家族就应该成为世代统治美国的政治王族。所以从开始独立那天起，她就在幕后推动，不仅要让亚当斯家族成为政治家族，而且要让亚当斯家族成为全美国数一数二的大政治家族，特别是要代代当总统，让美国总统这个公职成为亚当斯家族的世袭职业。

在妇女毫无社会地位的年代，阿比盖尔设想通过丈夫和孩子来实现参与政治的梦想。作为美国妇女解放的宗师，阿比盖尔是当之无愧的，而且她还身体力行，通过自己的丈夫把自己的政治观点融入美国政治体制中，而且把自己的孩子培养成为另一位美国总统。美国的政治体制也因此多了许多阴柔的成分，尤其是在裙带关系上。阿比盖尔也希望以指导和影响自己的孩子的政治生涯来实现她政治主张的延续，尽管她没有等到那一天，可是约翰·昆西·亚当斯能够成为总统，要感谢的只有自己的妈妈。约翰二世是因为妈妈才是家里的政治导师，他的对手安德鲁·杰克森在攻击他的时候，把亚当斯在布瑞隹的家形容为"布瑞隹议院"，指的就是幕后那位已经去世却阴魂不散的非常了不起的女人。

宣布独立之后，马萨诸塞豪门的老大汉考克觉得国家元首这个虚位职位太无聊了，认为自己应该当大将军。最后他的大陆军司令没有当成，只好让马萨诸塞议会任命自己为马萨诸塞民兵少将司令，1778年雄心勃勃地率领6000民兵进攻在罗德岛的英军，结果惨败。

汉考克及时总结了经验教训，认为自己还是当官的料，1780年到1785年出任马萨诸塞州州长，可是不知道为什么，当年闹革命的干劲儿全没有了，大陆会议下达的军事供应指标总也完不成，气得华盛顿一个劲地写信催促。

独立战争胜利后，大家没有忘记这位首席功臣，1785年再次选举他出任大陆会议主席，也就是国家元首，可是他已经病得不能出席会议了。大陆会议对他寄予厚望，希望他能够收拾独立后的一盘散沙，调解各州政治家族的矛盾，可是汉考克实在力不从心，连辞职信都是别人代写的。到了1787年，汉考克身体复原，又出任马萨诸塞州州长，直到1793年死在任上。

汉考克的两个孩子都没有活到成年，女儿只活了10个月，儿子在9岁那年滑冰时掉冰窟窿里淹死了。汉考克本来就是独子，于是汉考克家族绝了后。他老婆改嫁给汉考克手下的一名船长，再也没有子女。

塞缪尔·亚当斯出任大陆会议议员，1781年被选为马萨诸塞参议员，在独立战争时期，他一直看华盛顿不顺眼，并且觉得大陆军不管用。1789年，他竞选第一届国会议员，没想到这位革命元老竟然落选了，但被选为马萨诸塞副州长，成为汉考克的副手。1793年汉考克死后，他成为州长并一直干到1797年，然后退休，期间参加过副总统的竞选，但没有获得多少人的支持。老年时患上帕金森综合征，不能书写，于1803年去世，终年 81 岁。

塞缪尔的儿子小塞缪尔师从战死于班克山的沃伦学医,曾经被华盛顿任命为大陆军医学总监,但于 1788 年去世,这让老塞缪尔伤心欲绝。美国建国后,塞缪尔在联邦一级的政坛上毫无建树,他幸存的唯一的女儿家中也没有从政的。

于是,马萨诸塞豪门的领袖就只能由约翰·亚当斯担任了。

1777 年,约翰·亚当斯辞去马萨诸塞最高法院法官的职位,出任大陆会议战争委员会主席。这是由于塞缪尔·亚当斯和华盛顿合不来,马萨诸塞方面只好让手腕高明的约翰·亚当斯来做这个监军。很快大陆委员会决定让亚当斯出使法国,这个位子让给企图夺华盛顿军权的盖茨了。

1778 年,亚当斯和大儿子小约翰一道登上大陆军的一艘军舰,偷偷出海前往法国,没想到一路上非常顺利,虽然大西洋上到处是英国军舰,可是靠着汉考克在大西洋上多年经营的实力,亚当斯有惊无险地抵达法国。在欧洲他待了一年多,但在外交上毫无进展。1779 年刚回到家,又被派往法国,这次是坐法国军舰去,因此就安全多了。这一次他的使命是和英国进行和平贸易谈判,由于法国人从中阻挠,亚当斯干脆绕过法国人,直接和英国接触,此举再次赢得了英国方面的好感。1782 年,《英美和约》签署,1785 年,亚当斯出任美国首任驻英国大使,并于 1788 年回到美国。这时正好赶上第一次总统选举,华盛顿被内定为总统,亚当斯以其外交之功被选举为副总统,和华盛顿各代表南北豪门的利益来执政。

亚当斯是选举产生的副总统,华盛顿对他不太感冒,亚当斯给华盛顿当了 8 年副总统,基本上无所事事,自嘲道:"美国副总统是人类设立的最无聊的职务。"牢骚归牢骚,亚当斯的忍耐能力非一般人可比,终于忍到华盛顿干完两届退休后,他被选为总统。

华盛顿内阁藏龙卧虎,汉密尔顿、杰弗逊都是一时人杰,诺克斯、伦道夫等人也是锋芒毕露,亚当斯这个名义上的国家副元首一点儿权力都没有,换成别人也许会拂袖而去,可亚当斯却能够忍耐,直到历史给自己机会,这样做的主要原因是站在他背后的那个女人。

我家里有一件从旧货市场买来的装饰品，上面刻着一句常用的话：每个成功的男人背后都站着一个女人。这句话没有说完，下面还有一句：对他们说，你错了。

每个成功的男人背后都站着一个女人，对他们说：你错了。阿比盖尔·亚当斯就是这样的女人，亚当斯的成功和亚当斯家族的成功都是因为这个女人，汉考克和塞缪尔之所以没有形成家族性势力也是因为身后没有这样的女人。

3. 英格兰的第一个政治家族

正因为这个与众不同的女人，约翰·亚当斯便和其他新英格兰政治领袖有着本质的不同，不管顺境还是逆境，约翰的身后总有一个人在不断地激励他。由起草《独立宣言》的五人小组成员，到作为美国特使长期出使欧洲，和法国、西班牙、荷兰等国进行了一系列谈判，为新生的美国赢得了欧洲国家的承认，而且贷到了大笔款项，为美国独立成功做出了巨大的贡献，功劳不在华盛顿之下。因此当1789年华盛顿成为第一任美国总统时，作为北方豪门的代表，约翰·亚当斯出任副总统。8年以后，又出任第二任总统，成为新英格兰群雄中最光彩的一位。亚当斯没有特别坚定的政治信仰，所关心的首先是政治权力，也都是出于夫人所激励。

美国建国之后，原先一起同英国斗争的人们由于没有了共同的敌人，被掩盖的矛盾开始激化了，作为美国革命的两个根据地，新英格兰和弗吉尼亚，不仅相互有矛盾，他们各自的内部也有矛盾。曾经是亲密战友的约翰·亚当斯和托马斯·杰弗逊之间，沾亲带故的杰弗逊和华盛顿之间，约翰·亚当斯和塞缪尔·亚当斯兄弟之间，都出现了很大的裂痕，这个裂痕不仅在于对联邦政府的理念上，也在于对裙带关系的看法上。

"裙带关系"一词源于拉丁语的"Nepote"，是在14世纪被人们创造出来的，指的是利用手中的权力将私生子安排到政府高位的惯例。数百年来在欧洲那种世袭的等级社会，裙带关系是一种惯例。在殖民地时代，裙带关系以变种的方式出现。北美没有那么多私生子需要安排，但同样存在着等级社会，尤其是在重农的南方，中下层人士通常靠着婚姻来拓展家族成员的亲戚网络而获得上升的机会，华盛顿就是这样进入殖民地上层社会的。

美国是以民主和共和建国的，其建国基础是人人平等、共和政府，以及崇拜自我创业，这种价值观是和裙带关系相抵触的。在建国初期，美国人对裙带关系的态度是很令人费解的。赶走英国贵族后，应该彻底消灭等级社会，但是很多人不这样认为，不仅旧有的豪门希望维持现状，把权力依旧集中在少数家族手中，许多出身中下层的政治人物，也希望维持这种制度，因为他们作为开国的功臣，已经可以挤入上层社会之中了。

对等级和裙带关系反对最为强烈的人居然也来自豪门，托马斯·杰弗逊是典型的弗吉尼亚豪门子弟，从小就继承了自己祖上的社会地位，可是他对这种世袭的政治权力非常反感，从起草《独立宣言》时就处心积虑避免政治不平等的出现，在政府的创建中尽力缩小总统和联邦政府的权力。而曾经是他的好友的约翰·亚当斯则开创了共和国家的世袭先例，他公开地提携了自己的几个儿子和女婿，终于在有生之年看到大儿子成为美国总统。

曾经热衷于共和的约翰·亚当斯的这种转变正是因为站在他背后的那个女人。从他开始，美国政治家族对于政治世袭现象变得毫无羞耻了，变得理所当然，从亚当斯父子到布什父子，200年间美国的政治权力就如同谢尔曼家族子弟进耶鲁一样，豪门子弟有获得政治权力的优先权。

阿比盖尔对自己幸存的三儿一女统统按政治领袖那样培养，当年女子受教育的极其罕见，阿比盖尔让女儿纳比学习拉丁文。在外地的亚当斯听到这件事后很吃惊，写信给女儿："千万不要让太多的人知道。"

纳比的恋人在亚当斯夫妻的眼中政治级别不够，他们把女儿带到欧洲，鼓励外交使团成员、比纳比年长10岁的史密斯上校向纳比求婚。史密斯上校的背景和伯尔相似，阿比盖尔认为他很可能是第二个华盛顿。纳比和史密斯结婚后很不幸福，郁郁而终。史密斯上校则志大才疏，靠着岳父给予的政府高官而招摇过市。亚当斯当总统时，不仅学习华盛顿大肆任用私人，而且毫不脸红地提拔自己的儿子和女婿。

三个儿子中，二儿子承受不了这种政治的压力，成为酒鬼，仅29岁就死了。三儿子在政治上也一无所成，只有大儿子约翰·昆西接受了命运的安排。11岁的时候，是阿比盖尔逼着儿子作为秘书和亚当斯一道前往法国的；14岁的时候和父亲分开，作为美国大使的秘书远赴俄国。15岁和16岁时，作为美国停战代表团的秘书被派往海牙和巴黎；1786年，父亲出任美国驻英国大使后，他再一次成为父亲的秘书；1794年，27岁的约翰·昆西被华盛顿总统任命为美国驻荷兰大使。其后30年间，他历任国务卿和驻俄、驻英大使，1824年成为美国第6任总统。虽然阿比盖尔已于6年前去世，可是她的梦想实现了。亚当斯家族也成为新英格兰第一个政治家族。

约翰·昆西·亚当斯的几个儿子同他一样从小承受着巨大的政治压力，老大乔治和叔叔一样是酒鬼，而且精神不正常，总是怀疑有一场针对自己的阴谋，于28岁时，从"富兰克林号"上跳海自尽；老二约翰二世对政治毫无兴趣，放弃了律师职业去当农民，30岁的时候病死；只有小儿子查尔斯继承了家族的政治事业，当选为众议员，内战时期被林肯任命为驻英国大使，他成功地使英国保持中立，有几次几乎成为总统候选人。

查尔斯的几个儿子中，约翰·昆西二世在选举中屡战屡败，最后索性退出政坛。小查尔斯参加内战，最后军衔为准将，战后成为铁路官员。亨利作为父亲的秘书出使英国，回来后成为大学教授和历史学家。布鲁克斯成为历史学家和经济学家。亚当斯家族的第四代就这样渐渐地离开政坛，在其他领域去过他们平静的生活了。

亚当斯家族的直系虽然不能再继承家族的政治遗产，但是亚当斯家族的政治势力并没有就此终结，约翰·昆西·亚当斯在晚年看到几个儿子成不了大器，便开始另外培养自己在政治上的接班人。

4. 改变历史的政治遗产

阿比盖尔不仅无意中促成了美国政治中裙带的传统,而且改变了美国历史。阿比盖尔本人对奴隶制非常痛恨,因此使约翰·亚当斯也成为美国开国元勋中坚定的废奴主义者,这个观点也传给了约翰·昆西·亚当斯。约翰·昆西·亚当斯和亚当斯家族的其他人一样长寿,于1848年81岁时去世。他晚年强烈反对奴隶制,认为一旦内战爆发,总统应该立即用手里的战争权力来废除奴隶制。1863年林肯正是根据这个理论,签署了《废奴宣言》,这是亚当斯家族对美国历史的积极的贡献。

亚当斯夫妻虽然痛恨奴隶制,但他们同时认为黑人是劣等民族,赞同种族隔离制度。他们心中的理想社会是白人至上的等级社会,这个观念同样被以林肯为首的那批用战争消灭奴隶制的北方领袖所接受。

1848年辉格党赢得了大选,泰勒执政一年多后病死,菲尔莫尔成为第二位没有经过选举就成为总统的人。他能走到这一步,可以说完全得益于小亚当斯对他的提携。菲尔莫尔1832年开始成为众议院议员,一直干到1843年。在国会中,作为大佬的亚当斯对菲尔莫尔大力提携,使菲尔莫尔很快成为资深议员。1841年他支持菲尔莫尔竞争众议院议长,结果名列第二而落选。同年他支持菲尔莫尔出任国会税法委员会主席,使菲尔莫尔成为国会重要人物,开始了总统之路。小亚当斯这样不遗余力,就是因为菲尔莫尔和他是亲戚。

亚当斯家族的祖先亨利·亚当斯17世纪从英国来到美国。那年月来美国的人们都是拉家结伙,往往是亲戚朋友一道远渡重洋,来到新世界碰运气。亨利·亚当斯也不例外,只是他并不是和自己家族的亲戚一起漂洋过海的,而是和妻子的亲戚一道来美国闯荡的。

他的妻子来自斯魁亚家,这家主人叫亨利·斯魁亚,生了三个女儿,嫁给亚当斯的是大女儿伊迪斯,二女儿安嫁入帕切斯家,小女儿玛格丽特嫁入谢泼德家。这三个女儿和她们的丈夫一起结伴移民北美。

如果真的有政治基因的话,斯魁亚家的政治基因肯定能够数得上。移民美国的三个女儿的后代一共出了四名总统,亚当斯这一支出了父子两位总统外加上一位国父,帕切斯这一支出了菲尔莫尔,谢泼德这一支则出了第 27 任总统塔夫托。

能力一般的菲尔莫尔没能继承得了亚当斯家族的政治遗产,这个遗产落到了亚当斯家族的另外一位远亲,第 27 任总统塔夫托头上,塔夫托家族因此成为直到今天依旧有很大政治影响力的政治家族。

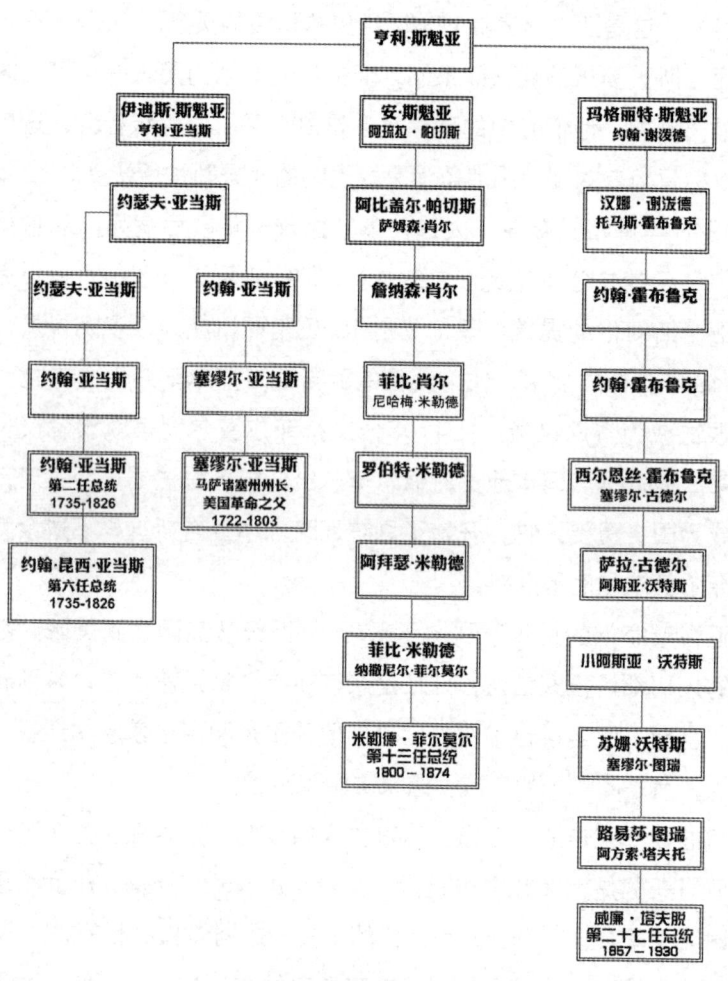

图 7 斯魁亚家族族谱

1992年大选，出身贫苦、连姓都随了继父的阿肯色州州长比尔·克林顿战胜了争取连任的出身政治家族的布什总统，给了家族政治一记响亮的耳光，让对美国民主灰心透了的自由派选民们燃起了希望，并认为这个国家还是人民的。

十几年后，克林顿家族已经变成美国新的政治家族。希拉里已经不是改变美国肮脏政治的人民的代表了，而是政治家族的一个代表。这就是豪门政治的体现，不管什么人，都能被同化到豪门之中。

1992年大选，出身政治家族的老布什总统之败是非战之罪，克林顿之胜是胜之不武，真正起决定性作用的是另外一个人。因此这场选举并没有说明豪门政治的不存在或者没落，而是体现了美国政治中的另外一种角色"搅局者"的作用。

罗斯·佩罗特当年在美国富人排行榜上名列57，身价44亿美元，参选美国总统所需的财力对他来说没有一点儿问题。他白手起家，从推销员开始，是实现美国之梦的完美体现，其能力和智力是无人怀疑的。最令其他商人望尘莫及的，是他属于"美国英雄"，而且是政府无能，我有本事的那种。

1979年伊朗革命后，激进的穆斯林冲击美国大使馆，把美国外交官及其家属全当了人质。出身海军学院的卡特总统对飞机能否在沙漠里飞行的问题完全没有经验，于是，糊里糊涂地下令去救援。结果沙漠里一刮风，飞机全飞不动了，特种部队全副武装在沙漠里喝了几天的风。偷袭不成，伊朗反而加强了戒备，由此再也不存在军事营救行动的可能了，美国政府只好老老实实靠外交手段解决。

美国在和苏联的争霸中已经占了上风，眼看就成为世界霸主了，现在却让伊朗人质事件给难为得一筹莫展。这使得美国人民对政府失望到家了：我们能够登上月球，却救不回人质？

但有一个人没有天天质问政府，他的计划是：既然政府无能，我自己干。

被伊朗扣押的人质里面除了外交官，还有在伊朗工作的美国公民。卡特在海军学院的师弟佩罗特有两名雇员也成为人质。于是，他出钱组织了一支雇佣军，居然把两名人质从伊朗救了出来，轰动了美国。一夜之间，佩罗特成为美国英雄。

在 1980 年选举中，卡特大败于里根，回家继续做家具去了。里根上任后，借伊拉克之手用两伊战争报了当年劫持人质之仇，后来他将主要精力集中在彻底打垮苏联上。里根时代的美国经济惨不忍睹，但是由于国际上的胜利，成功转移了人们的注意力，老布什也很顺利地接班了。1989年美国和苏联的争霸之战终于以美国完胜而告终，可是布什没高兴几天，昔日盟友伊拉克突然占领科威特，眼看连沙特都保不住了。布什总统得到联合国授权，指挥联军把伊拉克打了回去。

老布什在海湾战争的强硬表现可圈可点，应当很符合佩罗特这种美国硬汉的脾气。佩罗特一直是共和党的支持者，这时候他应该站出来为美国终于强硬了而喝彩啊，可是没想到他大力反对海湾战争，呼吁参议院投票表决美国是否从海湾撤军，其反战情绪远远超过了民主党，很多人认为他是不是患有"英雄成名后综合征"，有些精神错乱或者吃错药了？

佩罗特没有毛病，也没吃错什么，他只是多了一样东西：野心。非常精明的他从纷乱的时局中看出了谋国的机会。

5. 搅局者："既然政府无能，我自己干"

1990 年，美国人民处于非常不痛快之中。冷战结束，没有了核战争的威胁，人们开始把注意力集中在国内的经济上，他们猛然发现国家怎么成了这个样子？经济不景气，还去海湾打仗，人民的一肚子不满让佩罗特找到了感觉。

挣到了大钱，也成为英雄了，佩罗特觉得这一辈子就剩下没有当总统了。可是，此时的共和党这边干得不错，里根干了两届将总统之位传给副总统布什，如果在党内初选中挑战在位总统的话，是不太可能成功的。投奔民主党也有些迟了，而他那些观点也不一定让民主党人接受。于是，他决定走独立候选人的道路，所以首先要造舆论。20世纪80年代末开始，佩罗特开始发表政治言论。他告诉美国人民：美国政府出问题了，应该改革，而且不能通过现有的两个腐朽的政党来改革，必须由外人才能改革成功，这个外人就是他。布什的政策他自然是一概反对，1992年2月，他宣布竞选总统，并提出了一系列听起来很美的政策，比如平衡预算、向毒品开战、结束工作外包等，很快他的支持率就和两党候选人差不多了。

佩罗特选择的机会很好，因为两党正在初选，所以选举的新闻都集中在他身上，他的支持率持续上升，到了5月，两党初选的局势开始明朗了。共和党的候选人布什总统，在民众中的支持率越来越低，民主党的候选人克林顿因为拉链不紧的丑闻缠身，也没有太高的支持率，这使得佩罗特成为最有希望赢得大选的候选人。

然而聪明反被聪明误，佩罗特商人的精明让他忘了政治的险恶。商人为了盈利是不择手段的，佩罗特在竞选中雇人收集重要人物的私人情报，相当于破坏了政治规则。成功的商人都有独裁倾向，因为商场如战场，不能凡事开会民主协商，佩罗特被指责不会民主管理。而且商人向来都不如政治家圆滑，佩罗特在演说中屡屡失言。在两大党的抹黑行动中，佩罗特的支持率大大下降，到了7月，他的支持者只在50个州中的24个州收集了足够的签名，并把他列在本州选票上。可是佩罗特宣布再考虑一下是否参选，并转而支持克林顿。到了9月，50个州都把他列在选票上，他又重新开始竞选。经过一场成功的辩论，佩罗特在民意调查中领先，他的支持率为39%，布什的支持率为31%，克林顿只有25%。

1992年美国大选体现了美国选举的一个特点，虽然是全国范围的，却往往是部分地区之争。1992年大选的三名主要候选人，布什和佩罗特都来自德克萨斯州，克林顿的政治生涯也从德克萨斯州开始，等于是三名德州的政治人物在角逐天下。

这场大选，佩罗特全部用自己的钱，一共花了大约6000万美元，但最后选举的结果和上述民调结果正好相反，克林顿获得43%的选票，布什获得 37.4% 的选票，佩罗特获得 18.9% 的选票，剩下的零点几被其他候选人拿去。克林顿得票最多，但没有过半数。如果按照选举人票计算，克林顿获得 370 张，布什获得 168 张，佩罗特则一张没有。

在美国政治历史上，民意调查经常不准。是由于民意调查采样后，部分选民改变主意而导致的。1992 年大选，虽然克林顿比布什多拿了一倍多的选举人票，可是各州的选举人票是通吃，50 个州中有 17 个州领先的幅度小于 5%。佩罗特将近 19% 的选票大部分来自共和党人，也就是说没有佩罗特参选的话，无论是总票数，还是选举人票，布什都会领先的。在这次大选中，他成了豪门政治的搅局者，让本来一点儿希望都没有的克林顿成为总统。

从表面上看，佩罗特的出场打击了美国的豪门政治，但实际上正是因为他的出场，使美国出现了一个新的政治家族——克林顿家族，而且还间接地造成老布什下决心培养自己的后人，并让布什家族成为真正的政治豪门。

小罗斯福出任纽约州州长后，改革了纽约的社会福利制度，并设立专门机构进行发放和承包。此举彻底摧毁了坦慕尼俱乐部的政治基础，称霸纽约政坛 100 多年的坦慕尼俱乐部很快就销声匿迹了。

扫荡旧的豪门势力，是为了新的豪门势力开道。

小罗斯福竞选总统时，在他的支持者中有一位名为约瑟夫·肯尼迪的金融家。他从老、小罗斯福身上体会到裙带关系的用处，于是以前所未有的速度发展自己家族的势力。他用了 29 年时间培养长子小约瑟夫·肯尼迪，可惜在"二战"中战死，于是他马上培养次子约翰，最终使之成为总统，另外两个儿子也都成为联邦一级的政治人物。肯尼迪家族的兴起燃起了美国豪门的热潮。约翰·肯尼迪在担任参议员和总统期间与另外两位参议员结识并共事过，一位是来自康涅狄克州的布什参议员，另外一位是来自田纳西州的戈尔参议员。1962 年布什参议员考虑退休时，他的次子乔治·布什已经在准备竞选众议员，并梦想有一天自己也能成为总统。38 年后的大选，布什家族和戈尔家族的王侯对决，把 20 世纪裙带政治推到了最高潮。

布什家族近两代人并没有出色的才华，特别是小布什。如果人们不知道他爸是谁的话，很乐意当全世界人民笑料的小布什总统毫无疑问会被当成美国农民，而且还是很纯朴很闭塞的那种。他之所以能够当选和连任的一个因素，就是他的对手长得不如他诚实。小布什怎么看怎么像一位连飞机都没有坐过的庄稼汉，但是如果以为他是靠着一脸天真当上总统的话，就未免太天真了。

起码落选之后连得奥斯卡和诺贝尔奖的戈尔先生都没有这么天真。

6. 戈尔和布什的对决

2007年的诺贝尔和平奖的得主为美国前副总统戈尔和联合国的政府间气候变化专业委员会，这让很多人激动了一回。瞧瞧戈尔，当不上总统还可以得诺贝尔奖，要是他真的当上总统了，美国的前途能坏得了吗？劝进的声音也出来了，但比8年前胖了一圈的戈尔忒谦虚地回绝了。

和小布什在2000年大选中争得难解难分的戈尔，当年因为佛罗里达点票的问题而史无前例地要求重新点票，在花了好几个月最后维持原判。明眼人都知道，戈尔是因为再也当不了总统了才能得诺贝尔奖。

诺贝尔和平奖本身就是一个笑话，比如巴勒斯坦人和以色列人打来打去，发现打下去也没什么希望，于是在美国的调解下谈和，最后双方首脑加上美国总统分享了当年的诺贝尔和平奖。把奖金分完后，把协议当成废纸，双方继续开打。2007年的诺贝尔和平奖也是个笑话，得奖的理由是因为保护了环境。联合国的政府间气候变化专业委员会就是干这个的，环境保护是它分内的工作，而且它也没干出什么有成效的事。戈尔只不过在各种场合唱一唱环境保护的高调，并没有什么实际的行动。关心环境保护的人多了，比如我儿子，为了减缓全球变暖的趋势并拯救南极的企鹅，他已经很长一段时间要求我们每天晚上摸着黑上楼。他这种为了保护环境，甘愿冒着自己爸爸妈妈摔成骨折危险的实际行动似乎比戈尔先生更有获得诺贝尔和平奖的资格。由此看来，诺贝尔和平奖和美国的民主一样，都披着一件貌似公平的外衣，骨子里还是分了不止三六九等的。

总统竞选失败可以东山再起，历届总统中这样的例子很多。戈尔挟获诺贝尔奖之威，为什么不再接再厉一次呢？其原因是上次他输不起，不仅输不起，而且还讲气话，不仅讲气话，而且还讲了特别没有水平的气话。

2000年大选，在得知自己以微小之差失败后，戈尔很有政治家风度地打电话给小布什表示祝贺，也就是认输了。谁知刚刚放下电话，助手气喘吁吁地跑过来，告诉他根据可靠消息，佛罗里达州的点票有问题。佛罗里达州的州长是布什的弟弟杰布，戈尔一听立刻斗志旺盛了起来，马上拿起电话再找小布什："布什先生，对不起，我收回刚才说的话。"

沉浸在胜利的喜悦中的小布什听得一头雾水，收回刚才说的话是什么意思？你不承认失败了？心里说这个人有什么毛病吧？压倒性的多数是赢，极其微弱的多数也是赢，难道就因为我只赢了你不到一个百分点，你就死不认输？

正亢奋着的戈尔懒得和他啰唆，大喊一声："你弟弟不能决定一切。"

啪，电话挂了。

小布什拿着电话愣住了，你弟弟不能决定一切？这本来就不是我们家杰布能决定的，也不是我们家老爷子能决定的。

不要说凭小布什的智力是如何也不明白戈副总统什么意思，就是把他整个竞选团队（包括他老爸）都找来，也不明白戈副总统吃错什么药了。外人看热闹，可是圈子里的人应该都明白，佛罗里达的布什州长不要说干预点票了，摸一下选票箱都不成。美国选举最关键的规则是必须遵守的，如果计票有暗箱操作的话，美国整个的民主体制就没有存在的基础了。

戈尔团队列举的也不过是技术上的问题，并没有出现共和党人多算票，或者劫持投票箱然后把对手的票都销毁，或者用金钱、暴力手段影响选民的情况。于是，2000年美国总统大选没有结果，得等着佛罗里达重新计票，计算的结果是有误差，但布什还是多赢了500多票。然后小布什去当总统，戈尔去争取奥斯卡和诺贝尔奖了。

输了就认输，不要说气话，更不要说这种没有水平的气话。戈尔并不是等闲之辈，他老爸当了14年众议员，18年参议员，自己也当了8年众议员8年参议员，然后还当了8年副总统，在政治这圈子里混了半辈子了，怎么会连这点儿常识都不知道，说出这样没有水平的话来？

民主这个东西肯定不是实现一人一票那么简单，于是这世界上出现了很多真真假假的民主，就如同古人讲的龙生九子，各个不同。各国对这个民主的理解相差甚远，比如按台湾政界人物的理解，民主就是在议会里一言不合，大打出手，看谁的武功高。

但是，美国的民主讲究君子风度，议员们相互之间心里恨得咬牙切齿，可是见面时还得咬文嚼字，做到骂人不带脏字。输了就坦然认输，反正有的是翻盘的机会。不管对方是怎么赢的，只要他遵守选举规则，就算光明正大。戈尔并不是没有榜样，当年尼克松和肯尼迪之争，尽管知道肯尼迪家族靠着黑手党赢得选举，但尼克松并没有要求重新点票，即使他比戈尔有更充分的理由。尼克松并不是良善之人，他被称为狡猾的迪克，"水门事件"就露出其不择手段的嘴脸，成为美国目前仅有的被国会弹劾的总统。当年，尼克松认输并不是为了维护民主体制，而是他明白民主的外衣下面隐藏的东西是不能说出来的，说出来就葬送了自己的政治前途。果然，尼克松8年以后如愿登上了总统的宝座。肯尼迪则因为发现黑手党成为尾大不掉的毒瘤，开始下手清扫，结果遇刺身亡。他的遇刺和林肯的遇刺是美国总统遇刺中"非精神原因"的两次例外。

出身政治之家，28岁以后就在华盛顿从政的戈尔和尼克松比起来就有些太纨绔了。虽然美国的选举结果并不是真正由选民们用选票来决定的，但也不是布什一家人可以操纵的，虽然布什家族两代人中出了两个总统一个州长，当今美国各政治家族没有一个比得上的，可是单凭这点儿能耐，就想决定选举结果，可以说天真得可笑了。

戈尔先生并不天真，也不可笑，他说的是一时的气话，也是话里有话，他指的就是豪门政治。布什家族远远不仅仅他们父子三人这点儿势力，他的根源来自美国建国后，就活跃在美国政坛上的几大政治家族，虽然家族的姓氏改变了，但是其内涵并没有改变，这些政治家族的既得利益被布什家族继承了。看到布什家族八爪鱼般的历史之后，就会明白戈尔先生的话中话的真正含义了。

7. 政策上的改变还是人的改变

小布什执政的8年里共和党的民望越来越低。自从伊拉克战争开始后，几乎所有的人都相信下一届是民主党的天下了，就连布什本人也破罐破摔了，没有一点儿为本党争取连任的信心和作为。

然而，世界上想当然的事情，往往会出人意料。民主党这一盘稳赢的棋，最后落得一个险胜的地步，并不是共和党有什么作为，而是民主党自己太"阿斗"，其根源就在于一个女人。

当时美国政坛，以权力来论，地位最高的女人是众议院议长南希·佩洛西，众议院议长在美国总统继位序列上仅次于副总统。作为女人来说，她已经创造了多项政治纪录，是历史上第一位出任众议院议长的女性。她出任议长是因为民主党在2006年中期选举中夺回了众议院的多数席位，作为众议院民主党领袖，她由少数派领袖变成多数派领袖，因此就顺理成章成为议长，她也是美国历史上第一位作为议院政党领袖的女性。在成为众议院民主党领袖之前，她曾担任了几年副领袖，也是第一位出任这个职务的女性。她还是第一位出任议长的加利福尼亚人，第一位出任议长的美籍意大利人，创下这么多的第一不说，她还远比国务卿赖斯、参议员希拉里·克林顿长得像女人，而且是一位很迷人的女性。美国众院因为她的掌舵，让人觉得没那么枯燥。

自1987年起连任十届国会议员的佩洛西，虽然出自加利福尼亚州旧金山选区，但她并不是土生土长的加州人，而是华盛顿附近的巴尔的摩人，而且也是政治世家的后代。她的父亲是第二代意大利移民，从出生到死一直在巴尔的摩，母亲是意大利的移民，看来肯定不是职业妇女，其孩子光存活的就六个，佩洛西是最小的一个。

据统计巴尔的摩城的人口，黑人占了将近90%，很多地方即使是白天都不能去，其他地区称得上安全的也不多。著名的约翰·霍普金斯大学和医学院的校园之外，用不了走两三条街，就有可能在光天化日之下被抢劫，学校最常见的通知是某某学生或教师在某某地点被抢劫了，大家注意绕道走。可是在城中黑人区环绕之下的一小块地区却无比安全，无论多晚都不用担心出现一位持刀或握枪的黑英雄，这个小区叫作"小意大利"。顾名思义，黑人那种个人英雄主义或者小股游击队遇见黑手党那种团练只有抱头鼠窜的能耐，敢来这里生事的除非他活腻味了。

佩洛西的爸爸托马斯走出了"小意大利"，在巴尔的摩开创了达历山德罗家族的政治天地。他先进入马里兰州的政治圈，腰杆硬了以后，于1939年到1947年当了8年众议员，因此佩洛西是众院中继承父业的议员之一。离开众议院之后，托马斯从1947年到1959年当了12年巴尔的摩市市长，他的儿子小托马斯于1967年到1971年也干了4年巴尔的摩市市长，最后他自己不愿意连任了，就到商界赚大钱去了。

佩洛西22岁开始便投身政治，并在国会做实习生。她在大学中遇见了以后的丈夫保罗，结婚后随丈夫去了加利福尼亚州。保罗的哥哥是旧金山有名的政治人物，这样佩洛西开始慢慢地在民主党内成长，一开始在本地发展，直到孩子们都上了高中后，她开始正式进军政坛，经过近20年的奋斗从一名议员成为议长，并以2500万美元的身价名列议会内的富人之列。

佩洛西出任议长之时，是民主党在政治上最好的时机。美军深陷于伊拉克战争，国内经济开始下滑，选民在中期选举中用让民主党人控制国会两院的方式来表达了对共和党的不满和对民主党的期望。参众两院中，因为参院议长由副总统出任，所以作为众院议长的佩洛西是民主党在美国政坛的领袖，天时地利人和，有民意即有了两院的多数，再加上布什这个很平庸的总统，民主党在政治上想没有作为都难。

可是，佩洛西议长在这段时间内的表现让人感觉她好像是共和党派过去的，除了充分享受议长的专机待遇、多出风头对其他国家的内政品头论足外一事无成，留给选民的印象是，民主党只会批评，不能干实事，白白浪费了民主党在大选前最宝贵的一段时间，民主党给人的这种印象也正是造成麦凯恩人气蹿升的主要原因。因此，选民们觉得与其选出一个只会夸夸其谈的民主党总统，还不如再从共和党里挑一个保险的呢！由于佩洛西的表现，美国民众对国会的认可率下降到30年来最低点，只有14%，远远低于主流媒体大肆宣扬的对布什的认可率。

佩洛西正是活跃于美国政坛的平庸的政治世家子弟之一，他们并没有很强的政治天赋，却有很雄厚的政治背景，政治环境把他们培养得非常能够钻营和搞关系，因此长期占据要职。

美国政治是要改变，但并不是奥巴马喊的那种"政策上的改变"，而是让真正有能力的人来治理国家的改变，无论是平常人家，还是豪门子弟，只要他们能够干实事就够了。而这一点恰恰是最难改变的，因此美国的政治变得越来越老气横秋。

8. 一代不如一代的政治家族

从前面的介绍看来，美国的议员是扎根在选区的，而不是像很多国家是靠政党推举的。无论是众议员还是参议员，都有自己固定的选区。用美式民主的话来说，是该选区选民的代表。既然是代表，就应该是各色人都有，只要能代表本选区选民的利益就行了。什么人最能代表选区选民的利益呢？从道理上讲，应该是生活在这个选区比较久的人，这样他们了解本选区选民的需要和要求，能够把这些需要和要求诉之于国会。选出来的议员应该代表选区多数选民的意愿，为多数选民服务，这应该是民主的真正含义。

但是，美国的议员特别是联邦议员，在很大程度上成为职业而且是家族相传的职业。比如和小布什争总统位置的原副总统戈尔，他在成为副总统之前当了 16 年议员，在当议员之前他除了参军就是读书，没有干过其他事，因此议员就成了他的职业。往上数一代，他爸爸也是 28 岁开始当议员的，一共当了 32 年，一样把议员当成了职业。戈尔家几乎把议员当成了祖传的职业。

这种情况不仅出现在戈尔家，有人对美国 1965 年的国会议员、州长和大城市的市长的家庭成分进行了分析，得出了下面这个结果。

背景	国会议员	州长	市长
继承父业	13.33%	2.7%	无资料
政治人物之子	30.00%	8.1%	8.7%

1965 年美国国会议员、州长和市长家庭背景

国会议员、州长和市长全是由地方选举选出来的，居然有 30% 的国会议员把政治当成了家传的职业，13.33% 的国会议员的老爸就是国会议员，也就是说每七到八个国会议员中，就会有一位在会议大厅里特自豪地痛说"革命家史"：想当年国会经常进行激烈辩论，我老爸在这个位子上尿了好几回裤子。

同样是民选的，州长和市长出身政治之家的比例只有议员的比例的 1/3 不到，继承父业更是少到忽略不计。正因为这个统计结果，给了我们一个模棱两可的结果。从议员的数字看，美国政治有很大的世袭贵族的成分。但从州长、市长的数字看，世袭的成分甚至可以作为统计的误差了。为什么国会议员这个算不上职业的人民代表具有这么严重的家族因素？

政治上的子继父业，让正直的人们看得咬牙切齿。其实在各行各业中，这种现象非常普遍。除非自己从事的职业实在说不过去，比如在美国的墨西哥人没有几个希望自己的孩子将来也帮人家剪草打零工。多数有正当职业特别是有产业的家庭都希望自己的孩子继承父业，律师、医生、科学家等专业人员尤其如此，警察和消防员也不例外。比如医生这个行业，家族

化和裙带关系比政治行业严重得多，在升迁上相当地不平等，可是因为这是他们专业内的事，只要提拔的不是庸医、治不死人，外人也不会在意。政治则不同，因为要出任公职，一旦出现亲属关系便总会让人联想到世袭。世袭是不可避免的，可是世袭又是被人所鄙视、所眼热、所讽刺的，因此政治家族的子弟如果希望继承家里的事业的话，不仅要努力，而且要伪装，从小就得压抑个人的欲望，不仅要做好孩子，而且还要做优秀的孩子，给人以靠自己本事获胜而不是靠家里的背景和关系获胜的印象，这样的压力是非常大的。

政治家族的子弟还有一个愿望，就是实现祖辈父辈不能实现的梦想。比如戈尔和罗姆尼，他们之所以竞选总统，在很大程度上是为了实现他们父辈没能实现的梦想。参选总统，已经不是他们的政治野心了，而是他们家族的事业，他们不做也得做，是没有讨价还价的余地的。可是如果一个医生的孩子，他最多就是成为一个比较出名的医生，实现这一点比成为州长甚至总统容易多了。

成了政治家族的人都不再是穷人了，孩子从小不仅锦衣玉食，而且生活在上流社会的圈子里，不再有他们父辈和祖辈那种要拼命挤进上流社会的渴望和干劲儿了。他们之中很多人虽然很出色，虽然很努力，也有很多人有很好的机遇，但是他们缺乏像克林顿这种人对权力的贪婪，在关键时刻就显现出世家子弟的致命弱点来。

美国的民主选举制度，无形中成为政治遗产税。进入20世纪后，鉴于大财阀家族越来越富有，长此以往会造成富可敌国的现象，美国不断加强遗产税，主要是对于接受大笔遗产的人课以重税。这个政策造成很多的富豪家族很快衰落。因为他们的子孙和他们相比，由于从小富裕惯了，没有什么赚钱的本事，就是吃老一辈的老本儿。遗产让国家拿走一半，他们再挥霍一半，传到孙子那辈本来已经剩不下多少了，国家还得拿走一半，结果致使美国富极一时的家族纷纷三代而亡。

政治家不存在捐献的问题，因此把地盘给孩子就是了，无论是州里的位子，还是议会的位子，甚至总统的位子，都希望孩子能够继承。不管好孩子还是坏孩子，好歹是自己的孩子。从职业培训的角度看，比如专业运动员和音乐人才，最好从小培养，这样容易出类拔萃。但是政治家族的从小培养，其收效并没有那么显著。比如 2000 年总统选举，两名政治家族的后代，小布什和戈尔就提供了这种相反的例子。

小布什的父母双方虽然都来自政治家族，但不知道出于什么原因，对自己的孩子并没有从小培养，最多就是按校友关系把大儿子小布什送进耶鲁的校门，小布什的学习成绩极其一般，在得了很多的 C 之后毕业了。虽然后来又从哈佛拿了 MBA，但最后还是去继承家族的另外一门职业，到德克萨斯石油工业就业去了。期间年轻的小布什也曾竞选了一次国会议员，输了之后便死心塌地做石油买卖去了。除了帮着老爸竞选，没有任何政治经验。直到老爸落选后，家里才开始培养他，并于 1994 年当上德克萨斯州州长，到了 2000 年大选，全部从政经验只有这 6 年的州长经历，其新鲜程度比 2008 年参选的奥巴马有过之无不及。

他的对手戈尔就不一样了，老戈尔自己竞选总统的雄心没有实现，于是从儿子小戈尔出生开始就下了力气，连出生的消息都上了田纳西州当地报纸的头版。小戈尔在学校时，同学们给他取了个绰号叫"艾尔王子"。6 岁时戈尔已经被当成未来的政治家了，28 岁时继承父亲在众议院的席位，36 岁时成为参议员，不到 40 岁就在父亲的鼓励下参加了一次总统竞选。4 年后作为副总统候选人，他与克林顿一道击败了竞选连任的老布什，8 年之后，一如他父亲设计的，小戈尔终于作为民主党候选人竞选美国总统。

2000 年的竞选，因为两党的候选人都出身政治豪门，因此被称为"王侯之争"。在这场争霸战中，戈尔输给了政治上很生涩的小布什。无论在选举中还是在选举后，戈尔把世家子弟从小娇生惯养、经不起压力和挫折等缺点暴露无遗。而小布什却很快具备了熟练的政治手腕，体现出真正的领袖素质。这不禁让人发问，为什么长期从政经验丰富而且表现不俗的政治世家子弟反而不如半路出家的政治家族的浪荡子呢？

近代以来，政治世家子弟成功当选总统的只有两例，除小布什外，另外一例是约翰·肯尼迪，两人同样是半路出家的政治豪门浪荡子。肯尼迪的父亲着力培养的是长子约瑟夫，但约瑟夫在"二战"中阵亡，因此只能培养次子约翰。约翰·肯尼迪不仅成功了，而且还成为不错的领袖人物。布什和肯尼迪的例子足以说明，政治家族按常规培养子弟，是很难造就堪当大任的人才的。

炀帝的儿子皇泰主在被杀前许愿："愿自今以往，不复生帝王家。"这样的临终愿望在中国历史上出现了很多次。出生在政治豪门，一生下来就注定将来有权有势，在平常人眼中是很幸福和值得羡慕的事情，可是在很多政治家族子弟的眼中，这未尝不是一种悲哀。他们表面上行为得体，循规蹈矩，内心却形成很强的叛逆性格，加上从小就存在并不断加剧的心理压力，让他们一生处于相对人格分裂的状态，对政治的兴趣很难达到贪婪的程度。于是，面对克林顿这种红着眼睛进入政治森林的饿狼，这些豪门子弟的表现往往和绵羊一样。政治这个行业是"人吃人"的行业，不吃别人，就得被人吃。

于是，现有的政治豪门一代一代地衰落下去，所占领的地盘渐渐地让给新生的家族，正是这种美国政治体制的新陈代谢功能给予美国式的民主以一种公平竞争的假象。2008年和2016年大选，反感希拉里的人用比尔说事，支持希拉里的人更用比尔说事，当年被传成形同陌路的夫妻现在成了灵与肉交流的伴侣。去除掉家里的私事，克林顿夫妻的确是一对"政治动物"，身上都有着政治基因。已经成为政治家族的克林顿家族的后代毫无疑问在政治上不会有他们夫妻的成就，奥巴马家也很可能成为政治家族，他的后代同样会一代不如一代。

小时候到南方探亲，看到农贸市场出售河蟹，一串螃蟹，个头从大到小像套圈一样，正应着那句话：一蟹不如一蟹。美国的政治家族就如同农贸市场的那串螃蟹，也是一代不如一代。也正因为如此，新人和新的家族才有出头之日，美国的政治结构才处于一种相对稳定的震荡状态，这就是美国政治制度能够继续维持下去的关键。

后 记

本书的第一版是在 2008 年那个大选年出版的，8 年来，美国的政治生态发生了一系列变化。更重要的是 2016 年大选很可能成为 100 多年来美国两党政治的一个分水岭。

不管会发生何等变化，美国的政治体系或者说美国的民主政治体制的本质是不会改变的。美国的强大不是因为它的制度，而是因为它的历史机遇和地理优势。在全球化的今天，地理上的优势已经很难成为决定性因素了，国家兴衰取决于能否应对时代的挑战。

美国建国前后的时势和具体情况，使得美国只能选择"美式"民主政治体制。在过去的 200 多年里，美国有过很多次的折腾，并且从这些折腾中吸取了很多经验和教训。他们今天和将来的折腾是建立在这些经验和教训之上的，可以说到了"三折骨而成良医"的程度。希望效仿"美式"民主的国家首先要考虑有没有本钱、有没有时间、有没有时势，去结合本国具体情况，并接受这种折腾，尤其是大国。

今后，美国的政治领域还会继续发生或大或小的折腾，其他国家也一样，有些是可以避免的，有些是无法避免的，让时间证明一切吧！